在歷史的傷口上重生

德國走過的轉型正義之路

花亦芬 著

各界推薦

　　台灣的轉型正義必須放置在世界史的座標上，才能深刻地從「人類共同體情感」當中獲得救贖。本書從地景空間和藝術創作交織出歷史記憶的真實與困難，乃至於討論檔案開放和傳記書寫，指出加害者否認過去反而給自己造成心靈創傷，讓轉型正義不再只是抽象的名詞。更重要的是，本書並非單純介紹德國戰後兩次轉型正義的經驗，處處可見作者有意留下線索，讓台灣社會尋找自身的可能方向。不可不讀！

　　──台灣民間真相與和解促進會理事長／中研院法律所副研究員
黃丞儀

　　經歷抄家滅族悲劇事件，受害者和加害者都可能午夜夢迴發展出創傷後壓力症。此心靈創傷會影響子孫三、四代。撫平此傷痛需在友善的情境下，有效地再度探討及回溯整個創傷經驗。誠如作者所言：「但透過『可以無所不談』，當揭開傷痕的同時，如果能彼此坦白、願意以真誠面對過往的心互相看見，療癒終究會在彼此心中慢慢展開」。

　　──台大醫學院精神科教授暨醫院精神部主任、台灣精神醫學會理事長（退休），現職台大醫學院精神科兼任教授暨醫院精神部
兼任主治醫師　林信男

　　台灣是透過黨外運動造就民主政治，但是更重要的轉型正義的落實尚未展開，花亦芬教授透過嚴謹的歷史考察和深度的論證，透過德國的經驗來彰顯轉型正義的法治、公民參與、誠實透明面對歷史、耐性與包容等基本原則，這是一本非常值得我們參考的作品。

　　　　　　　　　　——國立臺灣大學社會系教授　陳東升

　　轉型正義終極的目的在促成加害者自我反省並真心投入化消其過去所製造的仇恨與猜忌。他山之石可以攻錯。本書透過披露戰後德國轉型正義過程的掙扎與努力，為打造一個仇恨無所用力的社會，提供足資借鏡的範例。

　　　　　　　　——中央研究院社會學研究所特聘研究員　柯志明

　　在民進黨全面執政、政黨徹底輪替之後，轉型正義的追求在台灣已從紙上談兵邁向具體呈現。但「轉型正義」的真諦為何？極權體制下的哪些不公不義應被翻轉？可就眾說紛紜、莫衷一是。

　　花亦芬教授的大作《在歷史的傷口上重生》，無疑地解答了大家的疑惑。她以歷史的眼、溫暖的心、圖文並列地和大家分享德國在七十年間兩次轉型正義所走過的路，不只可做為我們檢視加害者、彌補受害者的借鏡，也教導我們如何從歷史傷痛中體認基本人權的普世價值並維護之。

　　　　　　　　　　　　　　　　　　——律師　陳玲玉

　　本書詳細論述德國如何勇敢地面對過往的錯誤走向重建。花亦芬教授帶著我們從歷史現場出發，透過不同的主題和人物，與歷史的傷痛進行深度對話，讓我們瞭解在追求轉型正義的過程中所需要的努力和遭遇到的問題。書中的敘述動人而深刻，閱讀它如同進行一趟思想和心靈之旅。在轉型正義備受關注的今天，這本書提供最好的借鏡。

──中央研究院近代史研究所研究員　李達嘉

　　當台灣社會熱烈討論「轉型正義」，而新執政的民進黨政府蔡英文總統，也把轉型正義列為優先施政的重點時，花亦芬教授這本新書探討德國轉型正義走過的路，確實且及時的帶給我們最好的反省和思考。

　　轉型正義絕不是口號，也不是簡單說說就可以完成的工作，從德國人民、政府、社會如何面對歷史的錯誤，如何從法律、政治、文化、教育層面，痛定思痛絕不逃避，以公義和寬容的心全面徹底的追究傷害者、被害者和整個社會旁觀者，探討為什麼發生歷史的過錯？彌補歷史的過錯對現在和未來可能造成的傷害，療癒修復受傷的心靈，建立創造健康的價值觀和深化民主保障人權的基礎，這是德國這個偉大的國家幾十年來不斷努力走過的艱辛路程。

　　台灣人民有這樣的覺醒嗎？台灣社會有這樣的反省嗎？台灣政府有這樣的作為嗎？這些問題的答案會說明台灣將是個什麼樣的國家。

──《民報》董事長　陳永興

　　這本書出版得很及時。關心臺灣轉型正義的人，無論是知識分子與學者、博物館主事者、公共藝術家、政治人物與一般人，相信都可以從這本書得到啟發。希望臺灣即將展開的第二次轉型正義，透過他山之石的借鑑，不會淪為政黨的族群政治惡鬥，而是能夠逐步釋放各族群的長期歷史怨憎與悲情，團結新舊各族群，並深化臺灣的民主文化。

　　——中央研究院台灣史研究所副研究員　林文凱

　　花教授是我幾年前在台大校園紀念陳文成事件的追思會中，聆聽她的演講時聽她闡述德國轉型正義的歷史及意義。當時，我就對這位年輕有豐富學識及勇氣的女性學者留下深刻印象，同時也感到非常慶幸，台灣有這位傑出人才能為台灣受犧牲的受害者挺身而出，打抱不平。

　　從她要出版的台灣第一本探討德國兩次轉型正義的《在歷史的傷口上重生》大作中，圖文並茂細述德國在希特勒時代，納粹殺害猶太人及異議者至戰後再歷經東德共產政權的政治迫害的二段歷史，而進行二次轉型正義的歷史記憶，可借鏡作為台灣經過慘痛的228及白色恐怖、美麗島事件，經比較上極和平的反對運動，以至解除戒嚴、國會全面改選、總統直選、廢除刑法第100條內亂罪，而三次政黨輪替，加害者國民黨淪為少數黨，使民進黨在行政與立法體系均佔優勢多數之有利情勢下，台灣開始能真正落實轉型正義。本書中有不少具有歷史價值的啟示及指引，乃頗值所有台灣人研讀轉型正義的導航書。

　　——全國律師公會228司法公義金管理委員會主任委員／
　　曾任臺灣人權促進會會長／國際特赦組織台灣分會理事長
　　李勝雄律師

　　這段路忽然塞起車來，更令人難耐的是司機正在收聽的政論節目。主持人用那種分析股市的專家口氣，吸引到的 Call in 聽眾也是那種語無倫次的人，最後主持人和聽眾乾脆吵了起來。就像我們每天從信箱取出來的各式文宣廣告，通常直接投入鄰長掛在門口的大垃圾袋，多看一眼都覺得浪費生命。口水往往淹沒真相，垃圾容易混淆事實，21 世紀的台灣在短短的時間內有了第三次政黨輪替，轉型正義的渴望不止是解決過去的政治遺緒，而是社會的價值和文化內涵的重新定義。這本書的出現讓我們有了信心，連如此複雜的德國都可以做到，何況相對簡單的台灣？我們可以從歷經兩次浩劫的德國社會，如何透過轉型正義來療癒痛苦和仇恨，在國際社會重新站起來的過程得到勇氣，加快速度不要再塞車，不想再忍受口水和垃圾。　　　　　　　──作家　小野

　　在這塊土地上，我們與德國有著類似的歷史。我們或許是加害人，或許是受害者，但我們絕對不能成為旁觀者。讓歷史被聽見，被看見，是我們須盡的義務，也是台灣作為一個寬容、自由、民主社會的前提。

　　這本書，推薦給所有對正義、對真相執著的台灣人。　　　　　　　──清華大學社會學研究所副教授　姚人多

　　美國導演史蒂芬・史匹柏今年受哈佛之邀致詞，他說「英雄裝備」包括愛、勇氣以及「用來征服的惡棍」，他解釋這些「惡棍」包括階級仇恨、政治仇恨等。英雄也曾為惡棍，諾貝爾文學獎得主葛拉斯曾出版《剝洋蔥》一書自我揭露參加「希特勒青少年團」

的難堪歷史。惡人想起過往，淚亦千行。花教授這本書，帶領我們回到現場。歷史如果是一幅肖像，這本書就是一道林布蘭光。
　　　　——台灣菲斯特管理顧問公司顧問／新思惟國際講師／
　　　　　　家醫科醫師　楊斯棓

歷史記憶與轉型正義，是台灣當前關鍵的一道題；曾走過納粹與冷戰兩道傷痕的德國，提供豐富的思辨紋理——後世的政治脈絡，如何牽動對歷史敘事的篩選？集權反抗者、共謀者的故事如何書寫；倫理上如何定位？對特定受難族群的紀念，是否造成其他受難者的相對剝奪感？花亦芬教授以宛若旅行文學的佈局，從關鍵歷史現場，帶入這類問題的思考。閱讀轉身之際，我們或許能得到某些，面對自身歷史更坦然的立足點。
　　　　——英國華威大學社會學博士／《端傳媒》評論總監　曾柏文

轉型正義是一項不斷同理的歷史過程，台灣作為一個背負著集體傷口的國家，此書猶如一面鏡子，讓我們清晰看見同理的艱難，細膩，與不得不然。　　　　——新聞工作者　黃哲斌

當大家都在談咱台灣需要「轉型正義」這件事時，花亦芬教授所寫這本《在歷史的傷口上重生》，描述有關德國在這件事上所做的努力和成果，正好是非常值得我們借鏡的好書。看了這本書，我們才會更清楚了解「轉型正義」之意，也才會知道「轉型」並不是一蹴可及，而是需要時間，甚至給予修正的空間，更重要的，是知道其結果不可能是面面俱到。再者，轉型的過程中也避免不了會讓受害者有再次被掀開舊傷痕之痛。對這些，都必須用堅忍的毅力給接受下來。這樣，我們的社會才會逐漸康復起來，而不至於再次重蹈歷史錯誤行徑的覆轍。

　　　　　　　　——台灣基督長老教會牧師　盧俊義

你奉公守法，凡事照規矩來，從不欺負人，你顧好自己和家人，你是一個好人，至少你努力。你覺得社會開始混亂，大家都有話要說，只想到自己，你討厭這種不和諧，你討厭會吵的有糖吃，你覺得默默工作才對。你沒有立場，你保持中立，你理性崇尚安定，你不愛衝突，你希望今天和昨天一樣，你穩定中求進步。過去就讓他過去，重要的是現在，現在需要拚經濟，不要回頭，不要揭瘡疤。但，不揭瘡疤，你怎知道當初怎麼爛掉的？然後現在爛掉的可能會是你孩子的腿。

　　你，對，就是你，在任何時代，你可能都是受害者的典型，或不公義的工具。

　　你現在可能沒問題，但你接著會有問題，或者你，造成了問題。你就是那個讓你的孩子陷入風險裡的人。因為那是別人的事。你當然可以不在乎，繼續你日常辛苦的工作，那麼，下一個受害的可能就是你，或你的孩子。因為你也是別人眼中的別人。不要

輕易地忘記，不然你和你所憎惡的行為沒什麼差異。你要怎麼教孩子？

　　我被這段文字震撼，「一個對過往創傷無力哀悼的社會，會影響到的，不僅是當事者自己的世代，而且還會繼續往下影響到後世子孫。因為當大家對發生過的重大歷史悲劇噤聲，別過頭去不想（或不敢）釐清真相，後代子孫在這樣的環境裡成長，不知不覺中學到的，就是不要相信自己真實的感受。」一個不相信自己真實感受的人，也不會相信別人真實的感受，真正的提問，或許是，為什麼事情可以被操弄到這種地步？我相信，過去的不公不義之所以需要處理，不只是為了逝去的那段歲月，同時為了飽受悲劇後果糾纏的現在、以及只能懷著忐忑恐懼心情望向的未來。你相信嗎？

　　也許，會有點麻煩，我還是傾向要正義。把過去的正義找回來，把那些細節釐清，讓我們清楚，知道哪些可能是壞事，哪些可能會壞事，然後我們往前走，並且避開那些個可能讓我們再次被操弄的可能。不然，你憑什麼教孩子？不然，麻煩會更大。

──廣告導演　盧建彰

江文瑜（國立臺灣大學語言學研究所教授）

曾麗玲（國立臺灣大學外文系主任）

魏德聖（導演）

顏厥安（國立臺灣大學法律系教授）

張茂桂（中央研究院社會研究所研究員）

何榮幸（《報導者》總編輯）

南方朔（評論家）

平　路（作家）

吳念真（導演）

王浩威（精神科醫師）

黃嵩立（國立陽明大學公共衛生研究所教授）

范　雲（國立臺灣大學社會系副教授）

吳叡人（中央研究院台灣史研究所副研究員）

沈清楷（「哲學星期五」發起人）

朱宥勳（作家）

黃益中（大直高中公民教師、《思辨》作者）

湯舒雯（德州奧斯汀大學博士生）

聯合推薦

謹以此書獻給我的外公、外婆，祖父、祖母，
感念他們走過的風雨歲月。

謝　辭

　　2015 年 3 月底，我接獲德國外交部的邀請，於 5 月 3 日至 8 日到柏林與德勒斯登（Dresden）參加德國紀念二次世界大戰終戰七十週年參訪活動。參訪主題是「與德國對話：終戰七十週年看德國如何面對二十世紀的歷史」（Dialogue with Germany: How Germany is dealing with the history of the 20th century on the occasion of the 70 year anniversary of the end of the second World War）。參訪團的成員來自十七個國家。這個邀訪是個意外的驚喜，也是一趟意義豐饒的旅程。

　　當我離開台北，啟程要到柏林的飛機上，就已經開始規劃，要為台灣寫一本有關德國如何走過兩次轉型正義的書。當時我並不確定，台灣是否有機會在近期內展開屬於我們自己的轉型正義工程。整整一年埋首在浩繁無盡的史料文獻裡，不僅要處理許多重要課題，同時也要不斷思考，該如何將人性的脆弱與堅毅放進複雜多端的歷史脈絡裡來檢視。夜半時分，常常在面對滿桌滿室的文字與圖像資料時，腦海也不時浮現出過往記憶：1989 年 9 月 24 日當我初抵西德科隆展開留學生涯後一個半月，11 月 9 日，柏林圍牆突然倒塌了。十年留德歲月，就這麼看著德國與中東歐在新的歷史扉頁上前進又徘徊。有機會如此近距離觀看當代世界重大歷史現場展開一幕又一幕的急劇變化，這些觀視帶來的長期省思也形塑了我日後思考「歷史」與「人的存在」最根本的基調。

　　這本書的問世要感謝許多人的支持與幫助。首先要感謝的是，德國在台協會（Deutsches Institut Taipei）處長歐博哲博士（Dr. Martin Eberts）、德國學術交流資訊中心（DAAD）主任徐言博士（Dr. Stefanie Eschenlohr）、以及德國在台協會新聞部麥斯文（Sven Meier）先生提

供許多幫助，讓我去年的德國參訪活動順利成行。在與許多德國聯邦政府單位與 NGO 對話的密集參訪行程中，尤其高興能與聯邦國防軍軍事史博物館（Bundeswehr Military History Museum）館長 Prof. Dr. Matthias Rogg 對談，了解德勒斯登在二戰歷史記憶上遭遇到的問題。也很高興有機會聽到精神科醫師 Dr. Helga Spranger 講述德國如何透過「戰火下孩子輩」（Kriegskinder）心理困境的研究與治療，在走過轉型正義階段後，開始探索德國社會自我心靈療傷工作展開的概略。此外，也要感謝這麼多年來，我在臺大歷史系開設德國史相關課程班上的學生。他們在學習上曾遭遇過的困難、曾提出來過的問題，都幫助我在寫作本書時，更加細膩地去思考，如何以台灣讀者容易感受理解的方式，將德國在二十世紀走過的曲折路程、以及兩次轉型正義經歷到的種種傳達出來。

感謝圓神出版社簡志忠社長的邀請，讓這本書在先覺出版社出版。感謝簡志興執行長、企劃賴真真、總編輯陳秋月、主編莊淑涵、編輯鍾旻錦、美術編輯林雅錚、排版莊寶鈴、以及行銷吳幸芳、詹怡慧諸位女士。他們在出版背後付出的心力，讓這本書的問世有幸成為作者與出版者共同努力的美好結果。

最後，我要感謝許多前輩與朋友在本書出版前撥冗閱讀書稿，提供寶貴的意見。謝謝我敬愛的林信男醫師、陳永興醫師、陳東升教授、柯志明教授、李勝雄律師、陳玲玉律師、盧俊義牧師、小野老師，也謝謝學界好友李達嘉教授、姚人多教授、黃丞儀教授、林文凱教授，同時也感謝在社會不同領域努力堅持理想的朋友楊斯棓醫師、曾柏文先生、黃哲斌先生、盧建彰導演，為本書書寫推薦語。此外，也要感謝黃嵩立教授、張茂桂教授、顏厥安教授、范雲教授、吳叡人教授、江文瑜教授、曾麗玲教授、吳念真導演、平路女士、南方朔先生、王浩威醫師、何榮幸先生、魏

德聖導演、沈清楷教授、黃益中老師、朱宥勳先生、與湯舒雯小姐對本書的推薦與支持。

花亦芬謹識於蒔碧山房 2016/07/06

目錄
Contents

第二篇

紀念園區、紀念碑、與史料展

第五篇
收拾善後，轉換悲情

緒論
賦予歷史記憶真正有尊嚴的框架

刺痛我們的，比撫觸我們的，
讓我們感受得更深，也令我們更警醒。

——法國散文家　蒙田
MICHEL DE MONTAIGNE,（1533-1592）[1]

　　一個需要進行轉型正義的社會，其實是個滿載創傷的社會。[2]1967 年西德心理分析師米雪莉西（Alexander & Margarete Mitscherlich）夫婦在他們出版的《無力哀悼》（*Die Unfähigkeit zu trauern*）[3]一書裡指出，一個對過往創傷（此書尤指第二次世界大戰在德國留下來的創傷）無力哀悼的社會，會影響到的，不僅是當事者自己的世代，而且還會繼續往下影響到後世子孫。因為當大家對發生過的重大歷史悲劇噤聲，別過頭去不想（或不敢）釐清真相，後代子孫在這樣的環境裡成長，不知不覺中學到的，就是不要相信自己真實的感受。畢竟當一切都被遮掩得四平八穩時，追問真相可能只會惹來麻煩。然而，粉飾太平果真可以給社會帶來和諧嗎？麻煩就在，一個不相信自己真實感受的人，也不會相信別人真實的感受。而一個從小在自己生活環境裡無法領略坦白地「就事論事」是可貴價值的人，長大以後很難相信棘手的事可以透過「就事論事」逐步找到解決之道。

　　因此，當社會有進行轉型正義的必要，但大部份的人卻裝做

沒事，沒有探尋真相的勇氣，最後大家得到的，不是社會真的在
「時間療癒一切」的默然之中自行走向和解；而是得到了一個互
信基礎薄弱的社會。世代抗爭、族群對立、教科書衝突……等等，
是創傷社會經常連番輪流上演的戲碼。從這個角度來看就可理解，
過去的不公不義之所以需要處理，不只是為了逝去的那段歲月，
同時也是為了飽受悲劇後果糾纏的現在、以及只能懷著忐忑恐懼
心情望向的未來。

　　是的，過去不會因為被刻意掩埋而消失。反之，沒有被好好
處理的過往只會潛入土裡，日後長出更加怪異扭曲的結果繼續糾
纏後人。同樣的，沒有被好好釐清的「歷史記憶」只會成為負面
的記憶與社會集體心靈的陰影，最後淪為不斷循環的以惡制惡。

　　如何從負面的歷史記憶轉化為正面的歷史記憶，「正義／公
義」（justice）的介入是最關鍵的──不管在憲法制定、司法裁決、
社會價值觀的重建、教育文化的論述、以及透過以上各方面努力
而獲致的和解修好上。在這方面，世界上沒有國家像聯邦德國這
樣，從二戰結束後，短短五十年內必須經歷兩次性質大不相同的
轉型正義，並以此成功地將自己轉化為國際社會值得信賴的夥伴。

　　聯邦德國進行的第一次轉型正義，肇始於二戰之後西方盟
軍對納粹戰犯的審判、以及推動德國公部門與企業高層「去納粹
化」的工作。但因不久後冷戰爆發，這波轉型正義只持續到 1948
年。之後要等到一九六○年代，隨著耶路撒冷大審判、法蘭克福
大審判、六八學運、以及一九七○年代美國拍攝的《納粹大屠殺》
（Holocaust）電視影集在西德獲得極高收視率，西德社會才又重新
踏上轉型正義之路。為了回應過去各國受難群體施加的壓力，西
德對納粹戰犯的追訴也改為不受效期限制；對納粹時代所犯過錯
的反省，也透過聯合國對教科書的規範 4 與「國際大屠殺紀念日」

的制定，有明確而恆久的遵循理路。

第二次轉型正義是在兩德民主統一後，為了處理前東德共產政權的黨產與政治迫害問題而推動。在某個層次上，這次的轉型正義正面回應了一九八〇年代東德民運對「正義／公義」價值的追求。然而，正因轉型正義必須架構在民主法治的基礎上進行，也受到法治國家在司法審判上必須要有明確事證的框限，無法無限上綱地追討，因此有不少前東德民運人士對無法獲得想要的公道感到悵然有所失，如同著名的前東德民運人士 Bärbel Bohley 曾失望地說過一句有名的話：「我們要的是正義，得到的卻是法治國家。」（Wir wollten Gerechtigkeit und bekamen den Rechtsstaat.）Bohley 的失望並不意謂著，德國第二次轉型正義是草草應付了事，但卻清楚點出一個事實：轉型正義最後落實的，不是過往的個人冤屈全部得到平反，而是讓過去被威權宰治的政治進入「民主法治國家」應有的正常運作。東德時期人權牧師、現任德國總統高克（Joachim Gauck）雖然很能理解前東德民運人士的失落感，但也指出轉型正義在法治上應該謹守的分寸：

> 生活在毫無自由與公義社會的人，對「正義」（Gerechtigkeit）會產生特別的渴求：他們雖然不知「正義」究竟如何運作，卻極為嚮往。許多在極權專政社會生活過的人，非常憧憬能生活在比較具有正義精神的社會。但他們卻不知，要讓社會具體落實像正義這樣的理念，究竟該走過哪些過程。[5]

雖然德國在轉型正義上所做的努力與在實質上所獲致的成果，為人類歷史留下許多寶貴的經驗；但本書並不是一本要講德國轉型正義做得有多成功的書。反之，透過這本書我們將看到，

當轉型正義工程開始上路，就像打開潘朵拉的盒子那般，過去會以大家雖然有些熟悉、但卻不知究竟盤根錯節與晦澀扭曲到何等地步的身形不斷、不斷地冒出，來到我們身處的現在。然而，德國轉型正義的經驗可貴之處也在於，為了深化民主，他們勇敢地踏上「改變傳統思維」（umdenken）與「從傳統路徑轉向」（umkehr）的歷程。透過勇敢地正視那深不可見的黑暗過往，將民主與人權價值不斷深植在戰後重新立國的基礎上。在這個轉型過程中，他們當然也犯了不少錯誤，但是，透過不斷指出問題之所在，務實地面對，他們也藉此將自己的民主體制錘鍊得更精實。因此，本書主要探討的重點，在於德國在兩次轉型正義過程中，產生過哪些問題？有過哪些爭議？他們如何面對？如何反省缺失在何處？後續又如何尋求解決之道？誠如歷史學者 Peter Graf von Kielmansegg 所說：「因為這場災難，德國才真正學會如何落實民主；因為這場災難，德國才學會如何融入歐洲國際社會；因為這場災難，德國人被迫重新定義自己。」[6]

　　整體而言，轉型正義主要牽涉到兩個領域，一是司法，一是歷史。換言之，除了在民主法治體制上必須處理「司法平復」及「不當黨產」的問題外，「歷史記憶」與「檔案開放」是另外兩個重點。相較起司法問題必須交由專責機構從法律專業上裁決，歷史方面的問題則牽涉到，如何透過公共參與促使公民社會展開為期更長遠的價值重建工程。如果說，轉型正義是一個邁向多元的社會透過民主方式為長久的和平共存所進行的自我啟蒙，那麼，如何避免在轉型過程中製造二度傷害、甚至留下社會內部未來難以彌補的裂痕，是需要透過好好處理過往，建構富有普世價值精神的歷史記憶框架來達成。

　　為了減輕讀者在閱讀上的負擔，本書在書寫上透過不同的主

題與不同人物（加害者與受害者）的生命經歷為梗概，將二十世紀德國史以及德國兩次轉型正義處理的過程、及遭遇到的問題，交織成一個互相映照、彼此連動的網絡來探討。希望用這樣的方式提醒讀者，這個網絡的形成是一個持續不斷在進行對話的動態過程。因為轉型正義不僅應該關心受難者受難的歷程；歷史記憶工作更該負起責任好好思考，如何透過歷史書寫，對極權政治所引發的「惡」進行深刻的檢視與剖析。誠如當代德國重量級的歷史學者溫可勒（Heinrich August Winkler）所指出，經過希特勒慘無人道的極權統治後，過去普魯士王室御用史家蘭克（Leopold von Ranke, 1795-1886）提倡歷史研究應該考察「實情究竟是如何？」（"wie es eigentlich gewesen ist"）的見解已不足用；當代史學研究更該有勇氣去探問：「為什麼事情可以被操弄到這種地步？」（"warum es eigentlich so gekommen ist"）[7]。

的確，表面上看起來科技突飛猛進的二十世紀，其實也是人類被不同極權主義用各種「科學」手段史無前例大迫害的世紀。波蘭當代女詩人辛波絲卡（Woslawa Szymborska, 1923-2012）就曾為二十世紀人類面臨的悲愴處境寫過一首詩〈在世紀的尾聲〉[8]：

我們的二十世紀本來應該比以前更好
現在它已經來不及證明這一點了
它的年事已高
步履蹣跚
呼吸急促

發生了太多
本來不應該發生的事

而那些本來應該到來的
沒有到來

春天和快樂本來要和其他的事物一樣
是該更加接近的

恐懼本來應該離開山頂和峽谷
真相應該比謊言
更快抵達目的地

有些不幸
本來應該不再發生
比如說戰爭
饑荒　以及其他

無助之人的無助
還有信任之類的東西
本來應該受到尊重

誰想要享受這個世界
他面臨的就是一個
不可能的任務

　　為了梳理二十世紀複雜的歷史與極權政治之間的關係，並且連結歷史記憶、檔案史料解讀各方面相關的問題，本書在討論與納粹歷史及其轉型正義的部分，選擇以德國首都柏林與德國古城

德勒斯登（Dresden）這兩個城市為例，聚焦詳細說明。第一篇〈在記憶傷口上重生：柏林〉探討柏林如何藉由在「歷史現場」重建「歷史記憶」的原則，推動具有反省深度與普世價值意義的歷史思維，讓自己從戰火的廢墟裡重生，也將自己打造成與倫敦、巴黎大不相同的聯邦德國新首都。第二篇〈紀念園區、紀念碑、與史料展〉則透過剖析柏林及其週邊城鎮設置各種大屠殺紀念園區與紀念碑的經過，探討在從事歷史記憶工作上會遭遇到的問題，以及德國社會對這些問題的處理。史料展的部分則與目前還無法立碑紀念的爭議歷史記憶有關。例如二戰時期德國軍方與大屠殺的關係究竟該如何界定？這個問題曾在德國、甚至國際社會引發過重大爭議。本章將探討德國公民社會與學術研究對軍方的「噤聲」曾有過何種回應？他們如何自發地舉辦史料展來為日後邁向更周全的歷史詮釋做準備？這個過程中又遭遇到了哪些問題？

第三篇〈錯誤歷史記憶的困局：德勒斯登〉處理的是德勒斯登這個古城在 1945 年 2 月中旬因為慘遭盟軍猛烈空襲，接著又困於納粹在最後垂死掙扎之際故意佈下誇大的國際新聞宣傳，渲染德勒斯登因盟軍空襲蒙受慘烈傷亡，以至於留下錯誤的歷史記憶。而這個錯誤的記憶接著竟被號稱反法西斯的東德共產黨利用來作為冷戰時期號召東德人民反西方的歷史證據。長期以悲情自視的德勒斯登古城因此一步一步陷入錯誤歷史記憶的困局。兩德民主統一後，德國歷史學界雖然積極澄清歷史真相，然而，目前仍然敵不過紀念德勒斯登空襲受難的場合幾乎被仇外團體一再利用來作為煽動排外情緒的最佳場域。如何擺脫錯誤歷史記憶帶來的嚴重糾結，對當前德國政府而言，仍是相當棘手的挑戰。

第四篇〈開放東德秘密警察檔案〉說明在處理東德共產黨極權統治的轉型正義過程中，秘密警察檔案的開放何以被前東德

民眾視為最重要的工作？前東德民運人士又如何與西德資訊安全專家合作，逐步在民主法治架構下，將聯邦秘密警察檔案館（Die Behörde des Bundesbeauftragten für die Stasi-Unterlagen, 簡稱 BStU）打造起來？檔案館開放後，為德國第二次轉型正義帶來哪些效應？引發出哪些問題？不同的人用何種態度面對檔案開放帶來的衝擊？他們各自的因應之道為何？

除了正義／公義的平復外，「歷史記憶」在建構上，不該局限在只是去定義「什麼是我們需要的歷史」，而更應該連結到社會心靈的修復與療癒。因此，在建構「歷史記憶」的過程中，如何讓受害者與加害者都能清楚看到，因為不幸悲劇的發生，不只受害者的心靈被烙上深深的傷痕，其實加害者的心裡也有陰影。所有當事人及其後嗣都應正視自己迴避不了的這些負面心緒。

因此，本書第五篇〈收拾善後，轉換悲情〉除了討論歷史記憶灰色地帶的問題外，將更進一步去闡釋，不論是受害者還是加害者，大家都應正視一個嚴肅的問題：那就是，與轉型正義相關的歷史事件會影響到的，不僅是受害者及其後代，其實也包括加害者及其後代。從德國這種有積極妥善處理轉型正義的社會所獲得的經驗來看，重大歷史悲劇在社會心靈上深深烙下的巨大陰影，需用三、四個世代的時間才有辦法慢慢走出。換言之，如果沒有轉型正義的介入，受到歷史創傷糾纏的社會不僅在政治與公共事務上會一直被發膿的傷痕撕裂；加害者也會在自己日常生活裡，不自覺地被家人間某種不能互相坦誠訴說的陰霾所籠罩，在無形中嚴重傷害親子互信關係與家庭教養。這也就是說，不願承認自己是共犯結構一員的加害者，並不會因為否認歷史真相存在就會讓過去發生過的事情消失。但是，他們不自覺地想抗拒好好正視歷史真相的心態，卻會陷自己與自己的子孫進入「自己害自己受

害」的惡性循環中。

　　轉型正義的落實深刻連結到解開歷史迷思、撥開歷史迷霧，好好重新梳理過往。因為過去的悲劇究竟是如何發生，不是我們將檔案開放就自然而然可以「認識」得到；而是需要我們有著現代公民社會的價值覺知，才能照見轉型正義需要處理的陰鬱幽微。畢竟歷史不是被特定的人依其詮釋脈絡定義後，別人或後人就無法再擅自闖入，否則「危險自負」的禁地。越是被各種思想警察嚴嚴把關的歷史，越是在告訴我們，那個「過去」還沒有真正過去；那個「過去」所連結到的歷史迷思依舊盤旋縈繞，而且正深深地影響著我們。

　　從台灣的角度來看，我們也應覺知，公民社會需要的普世價值對台灣社會而言，不全是我們的傳統主流文化高度看重的理念。誠如德國現任總統高克在 2016 年 3 月 23 日訪問中國時，在上海同濟大學發表演講，在其中他談到，德國在啟蒙時代的思想發展上雖有像康德（Immanuel Kant）這樣的大哲學家出現，但是德國社會在過去傳統上卻有另一股強烈的思潮抵制對普世人權的重視：「取而代之的是，德國長期以來在文化上認為自己有另一種特殊的處境——一種例外主義（筆者註：即「德意志特殊道路」，"deutscher Sonderweg"）——因此認為，符合普世價值的看法並不一定符合德國的需求。但是到頭來，這種態度反而讓納粹主義引發了大災難以及第二次世界大戰帶來的悲劇。這些教訓最後才讓聯邦德國真正認清，必須向最根本的普世價值敞開：不可踐踏的人權、法治、權力分立、代議民主制、主權在民」。[9] 高克總統這段話清楚顯示出，德國在轉型正義過程中深切體認到：如何清除社會裡根深蒂固存在的威權思想遺緒，不應將之視為理所當然應該繼續存在的「傳統」，而應將之視為阻擋社會良善價值茁壯成長的負面壓抑

力量。換言之，德國歷史文化裡，不是沒有重視公民自由與普世價值的根苗（甚至有不少大哲學家遺留下來十分有啟發性的思想精粹），但不幸的是，這些可貴的思想卻曾長期被威權／極權保守勢力嚴嚴地壓抑住，不讓它們在德國社會有茁壯成長、可以被具體落實的機會。

威權勢力如何能夠長期得勢盤據呢？曾親身體會納粹迫害之苦的猶太裔歷史學者 Fritz Stern 回溯納粹德國歷史時，意味深長地指出：「我逐漸了解到，世界上沒有一個國家可以免於被『喬裝成具有宗教意味的鎮壓運動』（pseudo-religious movements of repression）所誘惑，就像曾經讓德國沉淪的力量那樣。民主自由的脆弱是我的生命與學術研究想要揭露的最簡單、但也最深沉的課題。」[10] 是的，最簡單，但也最深沉。最簡單，因為它讓我們看到在威權／極權體制下，人性可以何等軟弱、文明竟如此容易失守；最深沉，因為如果大家真的願意在自己視為鄉土的土地上世代安居，歷史記憶的建構也必須要懂得好好修築道路，讓大家都可以走上有燈火照亮、能夠平安踏實回家的路。

德國二十世紀的歷史以及轉型正義的經驗讓我們看到，一個國家在短短七十年內如何經歷人類史上從未有過的大災難與大復原。這個經歷既提醒世人，民主需要恆常小心守護；同時也鼓勵我們去看見，只要願意真誠反省認錯，修好與和解不僅可能，而且以反省與寬容為基調的民主社會，更容易得到國際的支持與肯認。

隨著兩德民主統一超過二十五年，德國為了第二次轉型正義設立的聯邦秘密警察檔案館也將開始慢慢被整併到其他聯邦檔案館中。[11] 雖然有需要的人仍可隨時調閱資料，然而，調閱人數大幅減少的現象正清楚說明，德國第二次轉型正義所需處理的歷史創

傷已經清理得差不多了。剩下來的工作，主要是更深入地透析極權體制的運作，以便思考如何更穩固地捍衛民主自由。

　　面對台灣，我們也該透過轉型正義連結到的歷史記憶好好探問：威權政治以及黨國體制為什麼可以如此長期地踐踏台灣人民的生命尊嚴？共犯結構究竟如何形成？侵犯人權的惡事又如何做到？這一切真的是過去歷史情境與傳統文化影響下必然要有的結果嗎？難道沒有其他力量或多或少可以加以抗衡，讓惡的勢力不至於蔓延如此？還是，為什麼抗衡的心力一直敵不過惡勢力的運作？

　　在轉型正義的工作上，台灣雖然起步較晚，但有幸的是，我們的公民社會終究在邁向成熟的過程中，民主多元價值越來越鞏固。從二十世紀全球轉型正義的歷史經驗來看，台灣民主化所走的路，並不像德國、南非或中東歐那樣，是透過轉型正義來引領民主轉型；反而是先透過公民社會逐漸成熟，來催化民主轉型，最後再回過頭來處理轉型正義的問題。這種「慢熟」也許是一條比較崎嶇的路，也錯失了不少讓受害者的冤屈及時獲得平反、公義得以伸張的機會。但相較起一些已經歷過轉型正義、但民主價值仍有待深化的社會目前所累積出的經驗來看，[12] 如果台灣接下來可以好好處理轉型正義的各種問題，對人類的民主化歷程而言，也許我們未來回顧這幾十年來走過的這條崎嶇民主之路，是可以提供國際社會另一種新可能的參考。無論如何，最重要的還是，政府與公民社會要真能體認到，徒有和好的意願，但沒有深入檢視過去的錯誤行為、也沒有從這些錯誤中省思如何汲取教訓好好深化民主，很難讓當前獲致的和好可以成為永續留給後人的祝福。

　　未來會長什麼樣沒有人知道。我們唯一可以做的，是在此刻當下，為未來栽下美好的種子，並用良善的價值耐心守護。

　　政治與司法上的轉型正義工程通常有一定的時程，會有寫結案報告的一天；但歷史記憶的書寫與建構，只會在時間長河裡不斷地面對新時代的挑戰。因此，審慎思考如何賦予歷史記憶真正有尊嚴的框架，不僅攸關公民社會是否可以擁有足夠寬闊的視野與認知高度，來了解轉型正義工程想要追求的普世價值；更攸關當我們一起走向未來時，不同社群的人都願意從自己的立場真誠地肯認：跟我背景或想法不太一樣的人，也有權利說出攪擾他們內心深處的歷史傷痛；他們也同樣有權利，要求國家提供讓他們感到安心的政治、社會環境，好放下負面的歷史記憶，追求自己嚮往的美好未來。只有當我們願意互相支持，正視違反人性的威權體制給社會不同群體帶來了不同的傷痕與陰影，我們才有機會一起打造正向的歷史記憶，那是幫助明天的我們可以活得更有尊嚴的記憶。

第一篇

在記憶傷口上重生：柏林

「真相」不一定「美」，但渴望了解「真相」的心是美的。

The truth isn't always beauty, but the hunger for it is.

——南非作家，諾貝爾文學獎得主 Nadine Gordimer ——

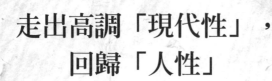

1
走出高調「現代性」，
回歸「人性」

不要做加害者，
不要做受難者，
尤其是，千萬不要、永遠不要做旁觀者。

THOU SHALL NOT BE A PERPETRATOR,
THOU SHALL NOT BE A VICTIM,
AND THOU SHALL NEVER, BUT NEVER, BE A
BYSTANDER.

——以色列歷史學者 YEHUDA BAUER——

　　柏林的現代，不在於想讓人嘖嘖稱奇、不在於努力要驚艷四方；而在於回歸城市應有的日常生活面，回歸人性。不走紐約、倫敦、巴黎的富豪奢華風，以高房價與高租金來震懾想要親近它的人；也不走北京、上海的高調誇耀風。這不是因為德國經濟欠佳，而是因為過去這裡曾是最高調講「現代性」的地方（圖 1～3）。

　　十八世紀初普魯士建國時，柏林大量吸收在法國遭受迫害的喀爾文教派信徒作新移民（Huguenot émigrés），引進先進技術與知識，奠定了邁向近現代化的政經基礎。從那時候起，柏林就是普魯士推動國家進步的樞紐。[1] 威瑪時代的柏林，更是二十世紀初期以「前衛」風采吸引世界各地許多人湧入的城市。當時這個大都會有四百多萬人口，比今天的柏林要多上許多。雖然不像巴黎煥發著特有的浪漫風華，但柏林卻像是個萬花筒，不斷折射出令人興奮雀躍的都會新風貌。威瑪共和的憲法是當時世界上最先進的憲法，它保障出版自由，不受任何官方檢查制度干擾。因此柏林快速發展成傳播與出版業重鎮，光是報社就超過五十家。根據威瑪憲法，婦女在政治權利上享有的保障，也比老牌民主國家如英、法、美等國還要多。在這樣的時代氛圍下，「新女性」（the new woman）意識高抬（圖 4），威瑪共和時代的女性參政、讀大學、就業、進入消費市場的情況，都是領當時歐洲時代風騷。在言論自由與性別平等皆受保障的情況下，當時德國公民參與

1.

離布蘭登堡門不遠的「Willy Brandt 紀念館」（Forum Willy Brandt）櫥窗裡，展示著前西德總理 Willy Brandt 於 1970 年 12 月 7 日在華沙猶太區的陣亡將士紀念碑前，代表德國向波蘭下跪致歉的巨幅照片，這是柏林市中心重要的街景之一。

◎ 攝影：花亦芬

2.

在昔日柏林圍牆豎立處，柏林以許多歷史照片、地圖、文字說明，清楚解釋過去的歷史，提供來往路人與觀光客了解這個城市的過去。
◎攝影：花亦芬

3.

德國外交部頂樓的裝置藝術。以一般尋常百姓意象點出當代德國成立的基礎在於公民社會。
◎攝影：花亦芬

政治的熱度遠勝於美國及其他西方國家。[2]

　　在藝術上，柏林是現代藝術「達達主義」（Dadaism）嘲謔反諷現代生活以及「新切事主義」（Neue Sachlichkeit, "New Objectivity"）暗諷社會百態眾聲喧嘩的場域（圖 5）。除此之外，即便是一般民眾住宅，也有像 Bruno Taut 這麼有創意的建築師，為他們設計舒適的公寓型社區（圖 6～7）。就連交通號

4.

Otto Dix 以在柏林活躍的新聞記者 Sylvia von Harden（1894-1963）為模特兒，畫下他心目中柏林「新女性」（the new woman）的形象：俏麗的短髮、戴著單片眼鏡、在咖啡廳裡一邊喝雞尾酒一邊抽菸。

圖片提供：典匠資訊

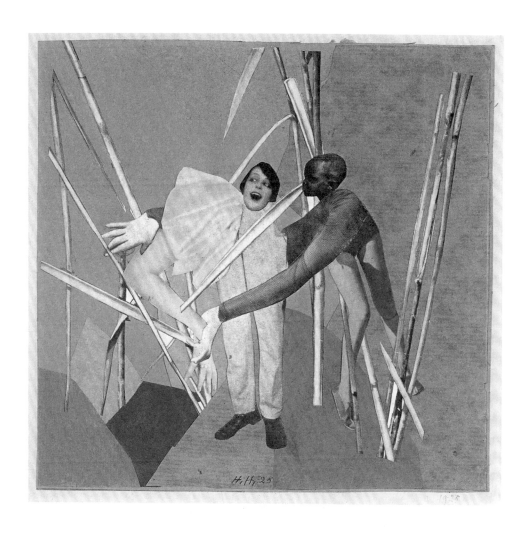

5.

女性藝術家漢娜‧賀荷（Hannah Höch）喜歡結合戲謔的達達主義與社會批判的「新切事主義」創作個人風格強烈的「攝影蒙太奇」（photomontage）。圖為她於 1925 年創作的《灌木叢裡的戀情》（*Love in the Bush*）。刻畫一位黑人男性與一位歐洲白人女性意欲交歡，但這位歐洲女性的頭卻是長在男性的身上，而非洲男性的下半身則是女性身軀。

© Hannah Höch / BILD-KUNST, Bonn - SACK, Seoul, 2016

6.
———
德國建築師 Bruno
Taut 與 Martin Wagner
於 1925-1927 年間在
柏林興建「馬蹄鐵
社區」。
（Hufeisensiedlung, Berlin-
Britz）

7.
———
德國建築師 Bruno
Taut 於 1926-1932 年間
在柏林興建的現代
公寓「湯姆叔叔的
小屋」。
（Onkel-Toms-Hütte,
Berlin-Zehlendorf）

誌，當時的柏林也積極引進領先世界的設施。例如，最摩登
時尚的市中心波茨坦廣場（Postsdamer Platz）上，有個高 8.5 公尺
的五角形號誌塔（圖 8～12）。這個交通號誌塔對應了匯集
到這個廣場的五條大馬路。這是德國第一個交通號誌設施。
1922 年設置時，為了凸顯柏林的現代性，特別捨棄傳統新古
典主義繁複的設計風格，刻意仿效美國紐約第五大道在 1918
年設置的交通號誌具有的現代簡約風格。

　　在此同時，柏林也是同性戀、解放的婦女尋求自我展現
的自由城市、以及愛因斯坦意氣飛揚教書的地方。正如研究
威瑪共和歷史的學者 Eric D. Weitz 所說：「沒有任何團體、

8.

柏林市中心波茨坦廣場（Postsdamer Platz）是五條大馬路匯聚之處。由此可以延伸向這
個大都會的五個不同方向。圖為 1924 年 12 月入夜後，波茨坦廣場交通依然繁忙的景
象。值得注意的是，這個交通號誌塔是德國第一個交通號誌設施。

9.

1933 年時的波茨坦
廣場。中間可以見
到交通號誌塔。右
後方是猶太裔建
築師 Erich Mendelsohn
在 1931-32 年 間 設
計興建的九層商辦
大樓「哥倫布屋」
（Columbushaus），以
玻璃帷幕的表現主
義建築風格宣示追
求現代性。

10.

波茨坦廣場在二戰
時被猛烈轟炸。冷
戰期間，柏林圍牆
從波茨坦廣場中間
穿過，原來市中心
的繁華變成冷戰
對立的肅殺。圖為
1989 年 11 月柏林圍
牆倒塌後，人群穿
越圍牆，前往西柏
林的景象。

沒有任何個人可以宣稱，柏林是他的。柏林不是哪個人可以操縱得了，柏林也不可能受制於特定一群人自己達成的協議。這種情況，也可以說是柏林現代性的一個面向。」[3]

　　然而，在大都會無奇不有、爭妍鬥豔的背後，這也是一個到處見得到從第一次世界大戰戰場返鄉回來，有著大量傷

11.

波茨坦廣場上過去樹立的柏林圍牆如今被切成一塊一塊，中間穿插了許多說明板，講述這個廣場過去的歷史。

© 攝影：花亦芬

兵四處蹲坐在牆角乞討的城市（圖 13）。街道上來來往往、急著擁抱「前衛」的人潮，常常若無其事地從這些人身邊走過。著名畫家 Otto Dix 便曾以大都會裡隨處可見的傷兵為題材，創作過許多作品。刻畫他們身心受到劇烈創傷，並批判軍國主義帶給國民巨大的傷害（圖 14 ～ 15）。

12.

目前波茨坦廣場可說是德國當代建築群聚之地，但是以建築風格而言，不再具有當代建築前衛性指標的意義。1922 年設置的號誌塔，目前以複製品的形式豎立在人行道上，不再作為交通號誌燈。

© 攝影：花亦芬

13.

1923 年腳被截肢的
傷兵坐在柏林街頭
乞討。這樣的景象
當時隨處可見。

14.

Otto Dix 於 1920 年所
作的版畫《傷殘戰
士　》（*Kriegskrüppel,
"War Cripples"*），記
錄了第一次世界大
戰結束後，德國到
處看得到受傷慘重
的退伍軍人。

　　這些在君主時代滿懷軍國主義思想投入第一次世界大戰
的國民，從打敗仗的戰場回來後，卻回到一個新成立的民主
共和體制裡，雖然國名還是叫作 Das Deutsche Reich（德意志
國）。他們原先渴望透過戰功在社會階級上獲得晉升的美夢，
不僅完全破滅；他們腦袋裡原先塞滿的軍國威權思想，面對
民主共和帶來的種種衝擊，也裝不進新的公民意識加以應對；

15.

Otto Dix,《對那個偉大時代的回憶》（*Erinnerung an die große Zeit*）

1923. 37,8 x 30,1 cm. Dresden, Staatliche Kunstsammlungen, Kupferstichkabinett.

© Otto Dix / BILD-KUNST, Bonn - SACK, Seoul, 2016

他們受創的身心讓他們失去正常的工作能力，難以適應快速
轉型的社會。在這樣的情形下，如何期待他們擁有健康的心
態，在短時間內成為捍衛民主自由的共和國公民呢？

　　相當善於社會嘲諷的畫家 George Grosz，便曾以《共和
國裡沒有獨立思考能力的機器人》（圖 16）這幅畫點出，德
國當時有為數可觀的傷殘退伍官兵，這一大群人、以及受他

16.

George Grosz,《共和國裡沒有獨立思考能力的機器人》（*Republican Automatons*）. 1920.

Museum of Modern Art (MoMA). Watercolor on paper, (60 x 47.3 cm).

Advisory Committee Fund. Acc. no.: 120.1946.

© 2016. Digital image, The Museum of Modern Art, New York/Scala, Florence

們影響的家庭成員構成威瑪共和內在一個致命的大問題：具有民主素養、公民思想與獨立思考判斷能力的共和國公民人數並不多。近程來看，這個問題當然與普魯士自十八世紀初期起一直雷厲風行推動軍國主義有關。如當時一句有名的話貼切點出的：「普魯士王國不是一個擁有軍隊的國家，而是一個擁有國家的軍隊。」（Die preusische Monarchie ist nicht ein Land, das eine Armee hat, sonder eine Armee, die ein Land hat.）從遠因來看，則須回溯到德意志在中古時代原先發展得相當不錯的市民階層（Bürgertum）在「三十年宗教戰爭」（1618-1648）戰火摧殘下，大部分遭到致命的踐踏蹂躪，以至於後來德意志政治、社會的公權力幾乎被少數權貴與知識菁英把持。一般平民對公共事務的關心幾乎不被當作一回事，老百姓也因此養成任由執政者恣意而為的消極心態，只要自己日子過得去，國家不要落入外國勢力統治，多說也無濟於事。4

　　在這樣的情況下，柏林卻在高調追求前衛、解放、現代化的推波助瀾下，從戰爭的創傷裡蹦發出不羈的活力，以極快的速度迎向解禁的時代。正如當時著名的媒體人與評論家圖悠斯基（Kurt Tucholsky）所說，除了柏林以外，德國只是一個被一群市儈的鄉巴佬統治的國度。德國需要藉著柏林綻放出來的光芒驅走鄉下地方的黑暗。5然而，知識菁英卻忽略了，這個戰後躍升起來的大都會，

內在藏著一個嚴重撕裂的社會：階級對立，左右派激烈叫陣，「新女性」急於擺脫傳統女性枷鎖，「新中產階級」急著脫離勞工階級，但卻被政經地位牢牢穩固的「舊中產階級」無情地排斥、鄙視……。凡此種種，都讓柏林成為德國其他地區的人發洩焦躁之氣的箭靶。柏林所帶動的種種「進步」，也被舊勢力、國族主義保守派、反猶太組織大力攻擊，藉以召喚群眾重返「真正的」德意志精神。6

　　威瑪共和失敗後，弔詭的是，如何以「現代性」打造柏林的迷思，並沒有在德國消失。希特勒還是抓住這個關鍵詞，高倡要將柏林打造成超越古羅馬的世界之都，好將聖彼得堡比下去。7

　　然而，什麼是希特勒心目中柏林應有的現代性呢？他聘用了許培爾（Albert Speer）擔任他的御用建築師以及首都都市規劃總監（Generalbauinspektor）。許培爾以古羅馬帝國的建築意象，打造了一個以南北軸線為主動脈的新柏林，企圖彰顯希特勒「日耳曼世界帝國之都」（Welthauptstadt Germania）的堂皇宏偉。位在這個南北軸線北邊的終點是「大會堂」（Große Halle, 圖 17 ～ 18）。這個原址在今天德國總理府（Kanzleramt, 圖 22）至火車總站之間的「大會堂」既是國族聖殿、也是國會所在地，內部的觀眾席預計可容納十五萬至十八萬人，以便向全世界顯耀德意志帝國的國威（圖 19）。

　　走過二戰（圖 20）與冷戰，戰火廢墟裡重新站起來的德

17.

許培爾（Albert Speer）
於 1939 年為打造新
柏林而設計的新都
市計畫模型。下方
是火車站南站，沿
著主軸線穿過凱旋
門，往北抵達「大
會堂」。

18.

許培爾（Albert Speer）
設計的「大會堂」
石膏模型。在他的
構想裡，這將是柏
林最重要的建築地
標。

Bundesarchiv, Bild 146-
1986-029-02/ Photo: o.Ang.

19.

1945 年 11 月至 1946
年 10 月國際軍事法
庭舉辦「紐倫堡大
審」，許培爾（Albert
Speer）是首審的重
要納粹戰犯之一，
他坐在最後一排從
右邊數來第五位。

20 .

1945 年 5 月，蘇聯
紅軍開進柏林。

國，面對過去所犯的錯誤，除了深切反省，也謹慎提防過去的覆轍絕對不可再重蹈。就像西德六八學運的健將、後來成為德國外交部長的 Joschka Fischer 曾調侃說，希特勒帶給德國的傷害，還包括德國日常語言上多了不少禁忌。例如：「去參加青年領袖（young leaders）會議是很棒的事；但當『青年領袖』這幾個字是用德文來說（junge Führer），你就不會想踏入那種場合了。」（"it's nice to go to a conference of 'young leaders', but you don't want a conference of 'junge Führer'."）。[8] "Führer" 是德文「領袖／元首」（leader）之意。納粹時代，德國人對希特勒的稱呼就是 "Führer"。二戰之後，尤其是隨著聯邦德國轉型正義工程的推展，不少納粹時期常用的字彙，逐漸成為德國政治檯面上被貼上禁忌標籤的字眼。這應是現代德文有時喜歡夾雜外文字的原因之一。牛津大學歷史系教授 Timothy Garton Ash 就曾說，因為希特勒的關係，現今德國政壇使用的政治語彙刻意被限縮到狹隘、謹慎、與無聊的地步（because of Hitler, the palette of contemporary German political rhetoric is deliberately narrow, cautious, and boring.）。[9]

　　與希特勒傲視群國的「大會堂」設計思維完全相反，今天聯邦德國的總理府（圖 21 ～ 22）雖是全新建築，卻平實到幾乎有些不太起眼。面對總理府，右手邊是瑞士大使館（圖 23），選擇這個歐洲中立小國作為總理府的鄰居，是很有意思的安排。與總理府面對面的，則是德國國會（Bundestag）辦公大樓。這個建築跨過 Spree 河兩岸興建，中間以空橋相連。

21.

平實而親民的聯邦
德國總理府。

◎攝影：花亦芬

22.

聯邦德國總理府前
面的草坪是民眾與
觀光客散步遊憩的
綠地。

◎攝影：花亦芬

國會辦公大樓刻意跨越河的兩岸，象徵兩德統一在民主政治之下。在兩棟建築之間的 Spree 河岸，可以看到一排白色十字架做成的紀念牌，紀念冷戰時期為了從東德逃到西德而在此處被射殺的犧牲者（圖 24）。

　　在柏林這個新首都，大部分的公共建築是改造整修舊建築後所產生的新舊交融體。[10] 其中最醒目的，是象徵全體民意的國會大廈（Reichstag, 圖 25 ～ 26）的透亮玻璃穹窿頂。英國建築師 Sir Norman Forster 這個精彩設計清楚點明，最廣泛代表德國民意的聯邦機構努力追求的，就是民主政治的公開透明。

　　是的，作為兩德民主統一後的首都，柏林不再想走上爭奇鬥豔的路。俾斯麥的鐵血軍國主義與希特勒的法西斯政

23.

聯邦德國總理府右手邊是瑞士大使館。

© 攝影：花亦芬

24.

兩棟國會辦公大樓
之間的 Spree 河岸，
豎立著紀念牌，紀
念為逃離東德而被
射殺的犧牲者。
ⓒ 攝影：花亦芬

25.

德國國會大廈穹窿
頂。

26.
———
德國國會大廈前，排長龍
等著進去參觀的人潮。
© 攝影：花亦芬

27.
———
原本被納粹縱火焚燒的帝
國議會，二戰期間也被盟
軍轟炸。1945 年 6 月 3 日
挺進柏林的蘇俄紅軍拍下
當時帝國議會被轟炸後殘
破的景象。

權，都深知如何打造具有代表性的城市美學景觀，來展現他
們心目中的帝國威儀。經過二戰與冷戰，柏林看見自己的傷
痕累累（圖27）。如今反而選擇作為時時掀開自己歷史傷口
的城市，讓這個德國新首都的景觀有著相當獨特的歷史反省
基調（圖28）。它圈起許多舊建築、打造了不少紀念園區，
要從圈出來的空間，帶人回溯時間長河裡的過往，好好定睛
「國家暴力」可以將個人身心摧殘到何種慘狀。它還要在歷
史空間裡填上許多故事──加害的故事、受難的故事、悔罪
的故事、以及和解的故事。

　　揭示傷口不只指向過去。揭示傷口也是承認歷史的暗礁

28.

2015 年 5 月布蘭登堡門前，以受傷、殘破、垂首的戰馬意象紀念二戰終戰七十週年。
◎攝影：花亦芬

的確存在，並清楚表明此刻當下可以承受得住衝突的程度，
對於有些過往的晦澀還不知如何詮釋的躊躇；以及願意帶著
傷痕的印記走向未來的知恥與覺醒。

2
五月八日：
邁向轉型正義的崎嶇之路

讓我們盡最大可能正視歷史的真相究竟是什麼。

SCHAUEN WIR SO GUT WIE ES KÖNNEN,
DER WAHRHEIT INS AUGE.

——聯邦德國前總統　理查・魏茨克
（RICHARD VON WEIZÄCKER）——

　　在二戰戰史上，台灣對 5 月 8 日意義的認知，通常是受英美慶祝「勝利日」（V-Day, "Victory in Europe Day"）的影響。但是對德國而言，這一天要成為歷史記憶裡重要的一天，卻是走過相當曲折的歷程。回顧這個歷程，不僅可以讓我們看到，冷戰時期東西德如何交鋒；也可看到，德意志聯邦共和國邁向民主化與轉型正義的崎嶇之路。

　　1945 年 5 月 8 日納粹政權向盟軍投降後，德國領土被美、蘇、英、法四國分區占領統管。1949 年 5 月 23 日，美、英、法三國占領區合併成立「德意志聯邦共和國」（Bundesrepublik Deutschland，簡稱 BRD），並頒布「德國基本法」（das deutsche Grundgesetz）。蘇聯占領區則在 1949 年 10 月 7 日成立「德意志民主共和國」（Deutsche Demokratische Republik，簡稱 DDR）。

　　霍伊斯（Theordor Heus, 1949 年 9 月 12 日出任西德第一任總統）是戰後第一位說出德國主流社會對 5 月 8 日看法的西德政治高層。1949 年 5 月 8 日，他在西德國會參議院（Parlamentarischer Rat）上說：「基本上，5 月 8 日對我們每個人而言，兼具高度悲劇性與值得高度質疑的歷史弔詭性。為什麼呢？因為我們既被拯救、同時也被毀滅。」[11] 由於當時德意志聯邦共和國還沒有正式成立，而西德社會對這一天充滿許多負面想法，認為 5 月 8 日代表戰敗的屈辱、國家被強國控管、很多人失去家園被驅離……等等（圖 1），因此西德政壇在 1949 年 5 月 8 日這天並沒有發表任何紀念演說，而是延後到當年 5

1.

猶太裔漫畫家 Herbert Sandberg 是布痕瓦德（Buchenwald）集中營生還者，他有好幾位家人死於奧許維茨集中營。1947 年 7 月 1 日他以 x 光發明五十週年為出發點，畫了一幅嘲諷二戰後柏林社會普遍心態的漫畫《比 x 光還厲害的靈魂攝影》。其上的說明寫著：「就在五十年前，倫特根（Röntgen）在他第一堂大學演講課發表 x 光研究心得。現代科技已經成功製造出一台新機器，不只可以透視身體，也可以透視靈魂。我們的雜誌 Ulenspiegel 特別用這台機器掃描了一些路上往來行人，看看他們心裡究竟在想些什麼。誰被畫進去了呢？SLUB Dresden / Deutsche Fotothek / Herbert Sandberg

月 23 日以通過德國基本法（das deutsche Grundgesetz, 圖 2 ～ 3）的方式，
建立了德意志聯邦共和國。藉由這個具體的國家改造行動，
表達他們勇於接受二戰結果，同時也將努力讓這個國家往民
主方向邁進。

　　雖然在當選總統前，霍伊斯誠實說出德國人面對終戰
的心情相當糾結複雜，但對於德國基本法的寫就，他貢獻
良多。在基本法條文的文字表述上，他主張應該要傳達出
「情感的價值」（Gefühlswert）；人民基本權利的制訂應以德
意志自由主義思想為依歸，而非刻意強調國家威權。[12] 1949
年 9 月霍伊斯當選第一任德意志聯邦共和國總統後，政治傾
向溫和左派的他立即發起「拒絕遺忘運動」（Feldzüge gegen das
Vergessen）。他一再透過演講，提醒當時普遍傾向沉默的德國
人，對屠殺猶太人的過往「必須負起歷史記憶的義務」（Pflicht
des Erinnerns）。[13] 1952 年 11 月 30 日他親自造訪位於中北部的勃根-
貝爾森（Bergen-Belsen）集中營，為紀念碑揭幕，並發表一篇名
為〈以肅穆敬畏之心站在死亡面前〉（"Ehrfurcht vor dem Tod"）的
演講。[14] 在演講中他提到，德國人對猶太大屠殺所做的事，
是「集體之恥」（Kollektivscham）；而且他強調「我們很清楚過
去做過這些事」（Wir haben von den Dingen gewusst.）。致詞結束後，
他一一唸出在這個集中營受難者的名字（圖 4 ～ 5）。

　　然而，相對於霍伊斯總統一再強調，德國應勇於
面對二戰的道德責任；實際主掌政權的艾德諾（Konrad

GRUNDGESETZ FÜR DIE BUNDESREPUBLIK DEUTSCHLAND

vom 23. Mai 1949

Der Parlamentarische Rat hat am 23. Mai 1949 in Bonn am Rhein in öffentlicher Sitzung festgestellt, daß das am 8. Mai des Jahres 1949 vom Parlamentarischen Rat beschlossene Grundgesetz für die Bundesrepublik Deutschland in der Woche vom 16. bis 22. Mai 1949 durch die Volksvertretungen von mehr als Zweidritteln der beteiligten deutschen Länder angenommen worden ist.

Auf Grund dieser Feststellung hat der Parlamentarische Rat, vertreten durch seine Präsidenten, das Grundgesetz ausgefertigt und verkündet.

Das Grundgesetz wird hiermit gemäß Artikel 145 Abs. 3 im Bundesgesetzblatt veröffentlicht:

Präambel

Im Bewußtsein seiner Verantwortung vor Gott und den Menschen,

von dem Willen beseelt, als gleichberechtigtes Glied in einem vereinten Europa dem Frieden der Welt zu dienen, hat sich das Deutsche Volk kraft seiner verfassungsgebenden Gewalt dieses Grundgesetz gegeben.

Die Deutschen in den Ländern Baden-Württemberg, Bayern, Berlin, Brandenburg, Bremen, Hamburg, Hessen, Mecklenburg-Vorpommern, Niedersachsen, Nordrhein-Westfalen, Rheinland-Pfalz, Saarland, Sachsen, Sachsen-Anhalt, Schleswig-Holstein und Thüringen haben in freier Selbstbestimmung die Einheit und Freiheit Deutschlands vollendet. Damit gilt dieses Grundgesetz für das gesamte Deutsche Volk.

2.

德國基本法前言：「基於對神與對全人類的責任，為了歐洲全體與世界的和平，而有德國基本法之制定。」

3.

兩德民主統一後，柏林新成立的國會區 Jacob-Kaiser-Haus 以「基本法」前十九條條文作為景觀設計主題。

4.

1952 年 揭 幕 的 勃
根—貝爾森（Bergen-
Belsen）集中營紀念
碑。

5.

1946 年 4 月 14 日勃
根—貝爾森（Bergen-
Belsen）集中營紀念
解放週年。兩位當
年 受 難 者 重 返 故
地，在罹難者集體
安葬處痛哭哀悼。
© Imperial War Museums
（BU 12578）

Adenauer,1876-1967）總理卻不然。艾德諾屬於保守派的基督教民主黨（CDU）。他自 1949 年以 73 歲高齡擔任西德第一任總理後，又接著連任三個任期。也就是自 1949 年至 1963 年西德建國最關鍵的初期完全在這位老人家掌權下。1951 年西德成立外交部，艾德諾自己還身兼外交部長至 1955 年。在他執政時期，西德的外交政策就是努力向西方世界靠攏。然而，面對國內政局，二戰之後盟軍發起的「去納粹化」（Entnazifizierung, "denazification"）轉型正義工作（圖6），[15] 在艾德諾上台後，便以這些做法嚴重撕裂社會、反而讓被清算的納粹國族主義者有藉口重新集結為由，被擺到一邊。不少原本在納粹時期擔任高官的人，本應被剝奪回任公職的資格，也在艾德諾時代紛紛重返公部門掌握重要職位。[16] 當時西德官方對二戰歷史記憶所做的工作，主要聚焦在對兩個歷史事件的記憶：第一，1944 年 7 月 20 日由毛奇伯爵（Graf Moltke）與史陶芬伯爵（Graf Stauffenberg）等人所發動的

6.

二戰一結束，德國境內許多在納粹時代被稱作「希特勒路」的路名與路牌馬上被占領德國的盟軍更換掉。這是 1945 年 5 月 12 日在 Trier 換路名的場景。

暗殺希特勒行動，以此彰顯二戰時期德國人並非完全屈服
於希特勒獨裁政權，也是有不顧自己生命安危、勇敢挺身反
抗的光榮事蹟；第二，配合冷戰東西對抗的意識形態，紀念
1953 年 6 月 17 日東德工人反抗東德共產黨的運動。

　　所謂「去納粹化」的轉型正義工程原是史達林（Joseph
Stalin）、羅斯福（Franklin D. Roosevelt）與邱吉爾（Winston Churchill）
於 1945 年 2 月在雅爾達（Jalta）會議上達成的共識，在戰後要
成立國際軍事法庭來審判納粹戰犯。此外，舉凡納粹意識形
態，軍國主義思想，與納粹相關的所有機構、組織、符號、
文字都必須去除乾淨。這些構想在 1945 年夏天舉行的波茲坦
會議（Potsdam Conference）上得到正式確認。具體的工作由四國
占領區最高總指揮分別執行，設在柏林的「盟國共管事會」
（Allied Control Council）則負責協調。

　　在實際執行上，最重要的事項是解散納粹所有組織，
拘捕納粹高官，對有實際參與納粹政權運作的納粹黨員剝奪
他們參與公職、以及在企業界與商界擔任高階主管職位的資
格。第一波逮捕納粹官員的行動就拘提了近二十萬人，主要
是與紐倫堡大審相關的戰犯要角及其部屬（包括納粹黨衛軍
ss，蓋世太保 Gestapo，希特勒權力核心……等）。然而，盟軍執
行「去納粹化」的程度並不一致。相較起英、法比較寬鬆的
做法（重點只放在機構組織的去納粹化）；美國受艾森豪總統
政策影響，剛開始時雷厲風行許多。美國管制區內，只要超

過十八歲的德國公民都需填寫一份「問卷」（Fragebogen），說明自己在戰爭責任歸屬上是五個等級中的哪一級：「主要罪犯」（major offender）、「一般罪犯」（offender）、「次要罪犯」（lesser offender）、「跟隨者」（follower），或「無罪」（exonerate person）。

　　但如何處理這大量以德文填寫的問卷，並非當時駐守德國的美軍有能力處理。隨著戰爭結束，許多美軍急於返鄉；而根據正在進行的轉型正義法規，已有 42％的德國公務員被解職；尤其讓大家開始感到不安的是，在美國管制區積極推動轉型正義的人，很多是二戰期間被德國迫害的猶太人。他們迫切行事的心態，連美國政府高層也感受到，他們急於報復的意念已經超過推動轉型正義工作需要謹慎守住的客觀中立性。就在有識之士看到這個政治工程快要變成燙手山芋的時刻，1946 年 3 月「盟國共管理事會」根據新通過的「從納粹軍國主義解放法」（Befreiungsgesetz, "the Law for Liberation from National Socialism and Militarism"），將轉型正義工作移交給德國人自己來進行。

　　接下來，年齡超過十八歲的德國人必須重新填寫聲明表（Meldebogen），並在各地成立「審判庭」（Spruchkammer），確認每個人的戰爭責任歸屬等級。有罪責的，輕則判處罰金，重則送到勞改營勞動十年。然而，德國新成立的「審判庭」，面對總共 1,300 萬份判案，卻往往只對罪責不深的案例進行判

決，常常輕放真正罪行深重的納粹戰犯。這些主要戰犯不是被輕判、不然就是無罪赦免。這讓戰後高高舉起的轉型正義工程越來越成為笑柄；更不幸的是，有時也被有心人利用作為政治清算的工具。

1948 年，冷戰對峙情勢已成，美國對德國的轉型正義政策突然起了個大轉彎。他們需要西德作為西方陣營忠實的盟友，也需要西德在政治與經濟上快速復甦起來。因此，過去被排除在政府公職、司法界、企業管理階層的前納粹重要統治菁英幾乎都得到敗部復活的機會。也就是在此時，原本受美國委託執行海德堡大學去納粹化工作的著名哲學家兼精神病理學家雅斯培斯（Karl Jaspers, 1883-1969），因為看到轉型正義理想無法落實，失望地離開該校，轉往文化史學者布克哈特（Jacob Burckhardt, 1818-1897）的家鄉瑞士巴塞爾大學（University of Basel）任教。[17] 雅斯培斯的離去，成為終戰之後，原來在納粹時期耿直堅忍地以「德國人的良心」留在德國家鄉、到了戰後反而因為轉型正義失敗，寧可選擇終老異鄉的著名例子。

1951 年 1 月起，除了主要戰犯及負重大責任者，艾德諾政府宣布，不再追訴犯行輕微的人。而且，罪犯不應送到勞改營處罰。

值得注意的還有，德國社會對這五年來進行轉型正義工作的觀感調查之所得：1945 年 11 月，在美國管制區內有 50％的民眾感到滿意；1946 年 3 月，滿意度甚至上漲到 57％；然而，

到了 1949 年 5 月，滿意度只剩下 17％。德國民眾抱怨的主要原因在於：不同管制區進行的寬鬆程度不一；而德國各地「審判庭」只敢懲處小老百姓、卻不敢對有名有望的人真正動手。

　　整體而言，戰後由盟軍所推動的轉型正義工程算是失敗的。但是透過這個工程，西德的民主政治獲得了一個建國初期需要的基本框架。透過對納粹戰犯的審判，也開始樹立公民社會對如何捍衛民主價值的基本認知。[18] 直到 1958 年，為了審判 1941 年納粹德國入侵蘇俄的戰爭責任，成立了「釐清納粹罪行各邦司法單位中央總管理處」（Zentrale Stelle der Landesjustizverwaltung zur Aufklärung nationalsozialistischer Verbrechen, "Central Office of the State Justice Administration for the Investigation of national Socialist Crimes"）。剛開始的時候，這個單位只負責調查納粹在外國對當地無辜平民所犯的罪行。但隨著時間以及法律的改變，只要是納粹所犯的各種罪行，追訴期毫無限制。

　　讓我們再回到 5 月 8 日。在另一方面值得注意的，是東德的新發展。1950 年，東德政府宣布將 5 月 8 日訂為「解放日」（Tag der Befreiung）。東德共產黨將自己歸為戰勝國蘇聯紅軍陣營的一員，因此，對於終戰紀念日，東德政府選擇以戰勝方的觀點來紀念「英雄」，彰顯自己的立國基礎在於「戰勝法西斯與帝國主義」，並強調東德與蘇聯的緊密關係。然而在此同時，東德卻迴避所有與納粹屠殺以及二戰相關的戰爭責任。儘管這個紀念日在東德只持續到 1967 年，但在這十七年

間，因為東德從蘇俄共產黨的角度視這天為「解放日」，遂
讓西德很難從「解放」的角度來談終戰對他們的意義。[19]

　　1955 年，正值冷戰（圖 7 ～ 8）高峰期，第一個終戰十
週年紀念日將屆，當時西德的艾德諾政府面對社會澎湃不
安的情緒，決定迴避在 5 月 8 日這天舉行任何儀式；改將紀
念活動提前到 5 月 5 日，並將這天訂為「重拾主權日」（Tag
der Wiedererlangung der Souveränität）。[20] 因為這一天，西德與過去十
年來軍事控管他們的美英法三強簽訂的「巴黎和約」（Pariser
Verträge）正式生效（圖 9），西德從這三國手中重新獲得作為

7.

1945 年 4 月 25 日在德國境內作戰的美蘇兩國軍隊在德國東北部易北河（Elbe）邊的小鎮 Torgau
附近會合，史稱「易北河之日」（Elbe Day）。這張照片是隔天拍攝的，可以看到美蘇兩國軍
人高興互擁一起走在 Torgau 街上。但沒想到，不到一年，冷戰就拉開序幕，美蘇成為兩個勢
不兩立敵對陣營的龍頭。

8.

1945 年 4 月 27 日，在 Torgau 附 近，美（右為 William Robertson）俄（左為 Alexander Sylvashko）兩國的少尉以象徵性會面儀式共慶二戰勝利。

9.

2005 年德國發行紀念巴黎合約正式生效五十週年的紀念郵票。

主權國家絕大部分的權力，而且將在同年 5 月 9 日（亦即 5 月 8 日隔一天）正式加入北大西洋公約組織（NATO）。由此來看，艾德諾政府為了迴避直接碰觸第一個終戰十週年紀念的敏感神經，事前與事後做了非常縝密的政治鋪陳。

　　為了向民眾解釋何以政府對第一個終戰十週年紀念保持緘默，當時的西德國會議長（Bundestagspräsident）Eugen Gerstenmaier 還特別利用艾德諾總理前來國會報告「巴黎合約」正式生效的機會，向國人說明，與其思考 5 月 8 日該怎麼過，不如好好看重 5 月 5 日：「因為德國人在 1933 年失去了法律可以提供的安全保障，在專制獨裁政權下，同時也失去了心靈自由。數年之後，也就是在 1945 年 5 月 8 日這一天，德國人還失去外在環境架構可以提供的自由。」[21] 表面上來看，西德好像擺脫了英美法三強的控管，也迎回最後一批戰俘返家；但實際上，當時西德政壇大家心知肚明，西德之所以能在冷戰高峰時刻重拾主權、並被允許加入北大西洋公約組織，拿出來做交換的，正是以全力配合北大西洋公約組織的需求為最高指導原則，至於西德究竟可以民主化到什麼程度，毫不重要。

　　1955 年 5 月 11 日出刊的《明鏡週刊》（Der Spiegel）便清楚指出，艾德諾總理在 5 月 5 日那天興高采烈到國會作報告，但卻出乎他個人意外地面對了寥寥可數出席者的冷淡場面。他最後只好悻悻然回到自己的總理府，宣布那天是「重拾主

權日」。22

西德社會對納粹罪責的認知，隨著艾德諾執政越久，越走向集體沉默。然而，如此自甘於沉淪在深不見底的沉默迷宮，也間接讓人看出，納粹時代德國人涉入希特勒政權所做種種罪行的規模的確不容小覷。23

1961 年耶路撒冷舉行審判負責起草「最終解決方案」（Endlösung, "Final Solution"）的納粹高官艾希曼（Adolf Eichmann）的審判庭。以色列能順利逮捕到躲藏在阿根廷的艾希曼，主要歸功於當時任職於西德 Hessen 邦的檢察總長弗利茨・包爾（Fritz Bauer, 1903-1968）所提供的重要線報。包爾的雙親都是猶太人，但他自己是無神論者。他從年輕時，就非常關心政治，並於 1920 年加入社民黨（SPD）。1933 年他參與全國大罷工，結果被送進賀依貝格（Heuberg）集中營八個月，接著再被送到戰俘營監禁，直到那年底才獲得釋放。隨著德國對猶太人的迫害日增，他先移民到丹麥，後來又移民到瑞典與 Willy Brandt 一起辦雜誌，從事反希特勒運動。1949 年，包爾重新入籍西德，開始在司法界擔任主管工作。1956 年他受邀擔任 Hessen 邦檢察總長（Generalstaatsanwalt），工作地點在法蘭克福（圖 10）。就是在他積極運籌帷幄下，法蘭克福緊接著耶路撒冷大審判之後，也於 1963 年 12 月 20 日至 1965 年 8 月 20 日展開審判奧許維茨（Auschwitz）集中營納粹戰犯的重要工作。

換言之，讓耶路撒冷與法蘭克福大審可以順利上路，背

後真正的靈魂人物是同一人：弗利茨・包爾。[24]然而，1965 年，當第二十個終戰週年紀念來臨時，法蘭克福納粹審判尚在進行中，西德聯邦政府對此卻沒有做出任何回應。前一天（5 月 7 日），總統 Heinrich Lübke 在慶祝漢堡商會（Handelskammer）成立三百週年的致詞上，也完全不提二戰與納粹大屠殺；取而代之的，卻是抱怨老百姓將祖國之愛與鄉土之情視為無物。[25]

在這樣強烈反差的政治氛圍裡，大學生紛紛上街示威，

10.

在弗利茨・包爾（Fritz Bauer）建議下，Hessen 邦檢察總署門口特別以德國基本法第一條第一款條文：「人性尊嚴不容侵犯」做為標誌。

表達對執政當局以政治威權阻撓轉型正義工程開展的強烈不
滿；他們也高度質疑、批判父祖輩在二戰期間的不當作為。
映照著政治高層對納粹過往的噤聲不語、甚至懷有相當強烈
的防衛心理，大學生的抗議活動最終釀成了激烈且為時超過
十年的「六八學運」（圖11）。

　　「六八學運」帶來的壓力（圖12），終於讓西德政治有

11.

1967 年 6 月 2 日柏林自由大學學生歐能佐格（Benno Ohnesorg）在參加學生街頭抗議運動時，遭
到刑事警察庫拉斯（Karl-Heinz Kurras）從後腦射殺。當時法庭認為警方是因執行勤務時自我防
衛所需，並沒有起訴庫拉斯，結果引發學生眾怒，成為全國學生抗議運動的導火線，接著蔓
延成西歐的「六八學運」。圖為歐能佐格過世三天後，慕尼黑的大學生在街頭抗議的場面。
他們高舉布條，認為這是西德政府故意布局的政治謀殺。2009 年，從東德秘密警察檔案裡，
研究者意外發掘到不少資料，揭露庫拉斯很早就被東德共產黨吸收為秘密警察的線民。
圖片提供：達志影像

了改弦易轍的契機。1970 年，溫和左派社民黨（SPD）得到
戰後第一次執政的機會，由 Willy Brandt 出任總理，海涅曼
（Gustav Heinemann）出任總統。當年 5 月 6 日，海涅曼總統對駐
西德的外交使節團發表演講，主動提及德國在納粹時期所犯
的罪責；並認為，德國人不應一直只知沉浸在對自己失喪的
悼念中，而應學習如何邁向和解。兩天後，西德國會第一次
舉行紀念 5 月 8 日終戰的官方儀式。26

　　此外，更引起全球注目的是，當年 12 月 7 日總理 Willy
Brandt 到波蘭華沙猶太區的陣亡將士紀念碑（Getto-Ehrenmal）
前致敬時，突然雙膝跪下，以最卑微的姿態代表德國致歉（德

12.

1967 年 11 月 9 日在漢堡大學校長交接典禮上，學生會代表高舉抗議布條，其上寫著：
「禮袍下，盡是千年霉臭」，表達對大學當局以及西德高教政策強烈不滿。這句話
也成為西德六八學運的標語，表明年輕世代對年長輩的掌權者不願意繼續順服。

picture-alliance / dpa / Imaginechina

文常稱為「華沙之跪」，"Kniefall von Warschau"，請見第 1 章圖 1）。
Willy Brandt 這一跪，不僅具體跨出西德政府為納粹暴行公開
認錯的第一步，[27] 也打造了德波兩國邁向和解的里程碑。更
重要的是，這一跪為西德政治樹立了以「道歉認錯」的政策
方針來概括承受納粹罪責的不變方向。[28]

　　不管是海涅曼還是 Willy Brandt，他們會奮力跳脫艾德
諾的保守路線，重新對 5 月 8 日賦予深遠歷史意義，都是有
跡可循的。海涅曼在納粹時代便參加了反希特勒的新教抗議
組織「告白教會」（die Bekennende Kirche）；Brandt 則在希特勒
掌權後，逃到挪威、瑞典，積極從事反抗運動。

　　1975 年 5 月 6 日，在終戰三十週年紀念的前兩天，面對
當時西德赤軍連（RAF）一再用激進暴力與謀殺挑戰政府公
權力，嚴重造成社會動盪不安之際，西德總統雪爾（Walter
Scheel）在波昂的宮廷教堂（Schlosskirche）對駐西德外交使節團
講話時，[29] 首次從 5 月 8 日是德國人「自省的時刻」（Augenblick
der Selbstprüfung）這個角度，重新詮釋過去東德所說的「終戰紀
念日就是解放日（Tag der Befreiung）」。

　　雪爾總統的談話，當然不是指西方盟軍投入二戰的目
的，是為了解放德國。然而，作為國家最高元首，他希望從
二戰戰火走過來的老一輩，能放下長年蟠踞於心的國族主
義，學習超越霍伊斯所說的那種糾結的「高度悲劇性與值得
高度質疑的歷史弔詭性」；轉而好好認知 5 月 8 日是「將我

們從那個由戰爭、謀殺、奴役、與野蠻構築的恐怖桎梏中解放出來。因為終戰，我們才終於能重新大口呼吸。但是我們忘不了，這個解放是外力帶給我們的；因為德國人自己並沒有能力甩開這個枷鎖，以至於在希特勒從歷史舞台消失前，我們竟然把半個世界毀掉了。」

雪爾總統稱 1933 至 1945 間的德國歷史，是「一整個世代搞砸了」（das Versagen einer ganzen Generation）。他期待，當時德國世代之間的衝突能化解；老一輩應讓年輕世代在比較民主開放的社會裡，有更多機會追求「自由、法治與非暴力」。然而，這麼有開創性的談話卻因反對黨作梗，當時難以在社會上激起廣泛共鳴。[30] 這個狀況也深切反映出，西德當時保守派與自由派之間的拉扯，仍相當緊張。雖然 Willy Brandt 下跪道歉認錯了，但是，除了國際與國內舉行的審判庭對納粹戰犯進行司法裁決外，德國社會內部對於加害者與共謀者的認定，大多數人還是選擇避而不談。[31]

1985 年紀念終戰四十週年，當時執政的保守黨基督教民主黨（CDU）鄭重邀請了美國雷根總統（Ronald Regan）前來參加紀念活動。沒想到，卻因此爆發了所謂的「比特堡事件」（Bitburg Affair, 圖 13）。

1985 年 5 月 5 日，雷根先由西德總理柯爾（Helmut Kohl）陪同到西德西南部小鎮比特堡（Bitburg）附近的軍人公墓獻花。此舉引發強烈爭議的原因是，這個公墓不僅埋葬了一般德

軍，同時也埋葬了 49 位納粹武裝黨衛隊成員（Waffen SS）。換言之，柯爾企圖將「戰勝國」與「戰敗國」、「罹難者」與「加害者」擺在同一個籃子裡，以模糊所有界線的方式，暗渡德國人也是二戰受害者的思維。[32] 此舉在美國及西德立即遭到強力抨擊，讓一九六〇年代中期以來西德展開轉型正義工作的誠意遭受嚴重質疑。兩位保守的右派政治領袖彷彿攜手要一起讓納粹還魂。對於好不容易走出六八學運與赤軍連恐怖攻擊創傷的西德，柯爾與雷根的舉動，並非希望民主走向體制內常軌運作的西德國民所樂見。

　　面對國內外接踵而來的質疑與撻伐，西德總統理查·魏

13.

美國雷根總統夫婦在 1985 年 5 月到西德參加終戰四十週年紀念，卻因先到比特堡（Bitburg）附近的軍人公墓（包含 49 位納粹黨衛軍之墓）獻花，引發軒然大波，也讓德國歷史學界認為，必須為納粹嚴重迫害人權的歷史清楚定位，以免再度遭到有心政客扭曲。

圖片提供：達志影像

茨克（Richard von Weizäcker）遂於 5 月 8 日用心發表了足以名留青史的〈紀念歐洲終戰四十週年國會紀念演說〉（圖 14），為德國轉型正義精神立下了無可取代的里程碑定義。[33] 為了這場演講，他請當年為雪爾總統擬稿的文膽 Michael Engelhard 幫忙。[34] 因此這場演講不僅連結到雪爾總統十年前所言的「終戰紀念日就是解放日」之思維，並且進一步加以闡揚、昇華。

　　魏茨克總統首先提到，對許多國家而言，5 月 8 日是「勝利日」；但德國人則應自行尋繹出如何真實面對歷史的尺度，

14.

魏茨克（Richard von Weizäcker）總統於 1985 年 5 月 8 日在國會發表著名的終戰四十週年紀念演說時之神態。

圖片提供：達志影像

既不美化、也不偏不倚。他說，對 5 月 8 日有切身經歷的人
而言，回想起這一天，每個人內心都會有很深的感觸，但每
個人的感受卻不盡相同。無論如何，這一天對德國人而言，
應該具有以下的意義：第一，這是歷史記憶的一天（Tag der
Erinnerrung），要記得有那麼多人受苦受難。第二，這是反省
的一天（Tag des Nachdenkens），應該反省德國歷史走過的路。德
國人越誠實面對過往的歷史，德國人的心靈就越自由；而且
也會更清楚，該如何負起在二戰期間所造成的重大傷亡。第
三，這是「解放日」（Tag der Befreiung），因為在這一天，德國
人從納粹踐踏人性的獨裁體制裡被解放出來，終於有機會迷
途知返，重新踏上正途。

　　接下來，魏茨克總統解釋何謂「歷史記憶」。他說，
所謂「歷史記憶」是以最極致的誠實與潔淨之心來紀念一個
歷史事件，而且能將這樣的紀念內化為自己生命真實的一部
分。如何能夠做得到呢？這有賴大家願意以最大的誠意將發
生過的事情當真來面對。德國對二戰歷史記憶要紀念的對象
包括：猶太受難者，蘇俄、波蘭還有其他各國的受難者（包
括德國同胞），辛提人與羅姆人（Sinti and Roma，即過去所稱的吉普
賽人，見頁 189），同性戀受難者，精神障礙受難者，因為宗
教與政治原因受迫害的人，起來抗暴的人，還有那些雖然沒
有積極抗暴、但死也不肯出賣自己良知的人。

　　魏茨克總統接著提到，雖然世界上絕大多數的國家都曾

發動過戰爭、也犯過大小不等的暴行，但德國對猶太人所施加的大屠殺卻是史上絕無僅有。即便屠殺猶太人的罪行是由少數人所為；但是，德國社會對猶太人在受迫害時所表現出來的冷漠、暗藏的不寬容、甚至於公開表現出來的敵意，卻是大家都可清楚感受得到的。然而，大家卻以充耳不聞的態度，不願意認真面對當時社會上正在發生的事。直到猶太大屠殺的慘劇發展到令人髮指的程度時，才來說：「事前毫無所悉」。

魏茨克總統表示，沒有一整個民族是有罪或無罪的問題。有沒有罪，都是個人的問題。他要大家在靜默中好好反躬自問，究竟自己涉入納粹的罪行有多深。

接下來，他提到，在他發表這場演講時，大部分德國國民在二戰時不是年紀尚幼、不然就是還沒出生。因此看納粹大屠殺的責任問題，不應將之視為原罪，但卻必須正視前人遺留下來的重大歷史沉痾。因此，不管有罪、無罪，不管年老、年少，對德國人而言，承認過去犯錯的意義在於：大家都活在過去的錯誤遺留下來的重大後果裡，而且深受羈絆。他強調，過去的歷史是無法超克的，因為過去無法被改變。但是，閉眼不看過去，只會造成對當下現狀的盲目。

這場演講不但清晰地將過去幾十年來，西德社會討論如何詮釋終戰的思想薈萃為充滿人性關懷與道德思想高度的宣告；它對西德社會帶來的深遠影響，更讓社會大眾對「終戰

15.

現在布蘭登堡門前重要景點的路標，五個裡面就有三個是與紀念碑／紀念園區有關。

© 攝影：花亦芬

日」是「解放日」、而非「戰敗日」有了更廣泛的接受度。
對智識界與國民教育裡的歷史教育也產生極為深遠的正向影
響（圖15）。[35]

　　前德國國會副議長 Antje Vollmer 女士在悼念 2015 年 1 月
剛過世的魏茨克總統時便說，這場意義非凡的演講，讓他們
六八學運這個世代的人終於「可以小心翼翼地重返自己的
家園，過去我們一直是以異鄉人的身分住在自己的家鄉」
（ganz vorsichtig wieder einzuwandern in das eigene Land, in dem wir gelebt hatten wie
Fremde）。[36]

附錄 1

《安妮的日記》與勃根-貝爾森集中營

納粹在政治上創造了一種新型態犯罪模式：
他們的罪犯沒犯什麼罪。

NATIONAL SOCIALISM HAD CREATED A NEW TYPE OF
POLITICAL CRIMINALS: CRIMINALS WHO HAD NOT
COMMITTED A CRIME.

——俄國作家 VASILY GROSSMAN——

　　西德第一任總統霍伊斯（Theodor Heuss）何以會在 1952 年
為勃根–貝爾森（Bergen-Belsen）集中營的紀念碑揭幕（請見第 2
章圖 4），並發表寓意深長的致詞，值得進一步探討。

　　在德波邊境奧許維茨（Auschwitz）集中營成為納粹大屠殺
最重要的象徵前，勃根–貝爾森集中營受到的矚目其實高於
奧許維茨。因為解放這個集中營的英國在戰後立刻舉辦了納
粹戰犯審判（圖 1），這為 1961 年耶路撒冷與 1963 年法蘭克福
審判預作了先行工作。而勃根–貝爾森集中營也因此成為西

1.

英軍在 1945 年 5 月 29 日解放勃根—貝爾森（Bergen-Belsen）集中營後，在營區入口樹立
的告示牌。

德聯邦政府建造的第一座官方紀念園區。

　　勃根-貝爾森集中營原來是德國國防軍（Wehrmach）在二戰開打後，為了囚禁比利時與法國戰俘而設的戰俘營。但自1941年起，因為德軍進攻俄國的戰事在初期頗為順遂，因此便將兩萬一千名俄軍戰俘送至此處。卻未料到，饑寒與疫病因此在營區大流行，俄軍戰俘光從1941年7月自隔年4月，就死了14,000人。[37]

　　1943年4月起，納粹黨衛軍（SS）接管此地，將之改成囚禁歐洲各地送來的猶太人集中營。跟其他集中營比起來，勃根-貝爾森集中營不同之處在於，它原本被設定為「交換營」（Austauschlager）。換言之，早先被送到這裡來的猶太人，主要是作為德國與外國交換戰俘、人質或戰爭物資的籌碼，並不會被處死。[38] 然而，後來因有一部分營區被改來收容傷病、沒有工作能力的猶太人；接著又大量收容其他陸續被關閉的集中營轉運過來的猶太囚犯。在人滿為患的情況下，不斷爆發各種疫病。從1943年改做集中營以至終戰，此處共囚禁了12萬名猶太人，其中有52,000人喪生，[39] 包含《安妮日記》的作者 Anne Frank 與他的姊姊（Margot）。她們在1944年11月3日由奧許維茨集中營被轉送至此，根據紅十字會所做的調查，推測 Anne Frank 與姊姊被帶到這裡後，因為感染斑疹傷寒，於1945年3月先後在此過世（圖2）。[40]

　　英軍在 1945 年 4 月 15 日來到勃根–貝爾森集中營時，看到了堆積如山的屍體。他們一邊解放這個營區、一邊拍攝營區裡慘無人道的生活實況。1945 年，英國新聞廳（Ministry of Information）發行《德國集中營實錄》（*German Concentration Camps Factual Survey Film*），藉由影片揭露集中營裡各種殘酷的

2.

《安妮日記》作者安妮‧法蘭克（Anne Frank）與她的姊姊 Margot 在勃根—貝爾森集中營裡的紀念碑。

面向，高度形塑了終戰時期那一輩英國人對二戰德國史的記憶方向。這部影片造成的廣大歷史教育效果只有後來的奧許維茨集中營可堪比擬（圖3）。1997年義大利導演羅伯特・貝里尼（Roberto Begnini）以納粹集中營為題材所拍攝的悲喜劇（tragicomedy）電影《美麗人生》（*La vita è bella.* 英譯：*Life is Beautiful*），也是根據其父 Luigi Begnini 當年被關在勃根-貝爾森集中營的經驗構想出來的。

　　然而，英軍在1945年9月17日在此召開軍事法庭要審判管理者時，卻幾乎無從下手。因為在1945年3月，勃根-貝

3.

1945年勃根－貝爾森集中營所有受難者都被解放後，英軍於當年4月中旬放火燒掉最後一批囚房。

爾森集中營的納粹管理者已將相關文件銷毀得差不多了。雖然在 4 月 27 日有四名英國軍官在營區內進行採證，但大部分犯罪證據已被燒光。[41] 即便如此，1945 年 9 月 17 日英國軍方針對勃根-貝爾森集中營罪行所開的軍事審判庭，仍是西方戰勝國對納粹戰犯進行的第一場審判。同年 11 月 17 日宣判第一階段的審判結果，有 11 名被告（包括集中營最後一任指揮官 Josef Kramer）被判死刑。接著，在 1946 年進行第二階段審判，1948 年進行第三階段審判。

相較起 1945 年 11 月 20 日至隔年 10 月 1 日在紐倫堡所舉行的國際軍事審判庭「紐倫堡大審」，以起訴 24 位最重要的納粹統治菁英（如空軍總司令及蓋世太保統帥戈林 Hermann Göring，希特勒御用建築師許培爾 Albert Spree）為主要目標，英國開的這三場勃根-貝爾森集中營軍事法庭，審判的並非主要納粹戰犯；但卻是以納粹在集中營犯下的罪行為核心所進行的審判。這為耶路撒冷與法蘭克福審判打下了不錯的基礎。

隨著 1948 年 4 月第三階段審判結束，1952 年，這個集中營被改建為受難者紀念墓園，並樹立一個方尖碑及紀念牆。揭幕儀式由第一任西德總統霍伊斯親自主持，成為西德聯邦政府所建造第一個官方紀念園區。

霍伊斯總統當年十分慎重地為這個紀念儀式發表一場演講，講題是〈以肅穆敬畏之心站在死亡面前〉（"Ehrfurcht vor dem Tod"），改寫自史懷哲（Albert Schweitzer）在第一次世界大戰

後出版的名著之書名《以肅穆敬畏之心站在生命面前》（"*Die Ehrfurcht vor dem Leben*", 1919）。霍伊斯總統在這場演講一開頭就提出：「在我看來，我們德國人有意願、也應該、而且必須學會勇敢地面對真相」（Wir Deutschen wollen, sollen und müssen, tapfer zu sein lernen gegenüber der Wahrheit）。為什麼呢？因為對於集中營發生的悲劇，德國人不應自欺欺人地說「不知道」。他也強調：「我們知道發生的那些事」（Wir haben von den Dingen gewußt），接下來他還提到：

> 這個集中營與這個紀念碑是歷史命運的象徵。它讓我們看到別國國民的子女、住在德國與外國的猶太人、還有至今我們還見得著的猶太人是怎樣在納粹無止盡的苦毒下，飽受饑饉、甚至喪命。我們可以確切地說，在 1919 至 1945 年間，猶太人真正經歷了「猶太人大離散（diaspora）歷史」最恐怖的階段。在人類史上，這是前所未見的。[42]

保存柏林猶太生活圈與
對加害者的記憶

再見

明天見

下次見

他們已經不想

（如果不想）再重複這些話

他們把自己交給了漫長的

（如果不是別的）沉默

他們只關心

（如果只有這件事）

他們的缺席要求他們進行的義務

——波蘭詩人辛波絲卡，《哀傷的演算》[43]——

　　位於柏林市中心歐朗寧堡街（Oranierburger Straße）的「新猶太會堂」（Neue Synagogue）有著炫目的穹窿頂（圖1）。藍底金邊，在陽光下十分耀眼。這裡不僅是柏林猶太人重要的信仰中心，也是典藏許多猶太史料的猶太文化中心（Centrum Judaicum）。

1.

柏林「新猶太會堂」（Neue Synagogue）。

　　柏林猶太區（Jewish Quarter）正是以新猶太會堂為中心，柏林新的都市計畫也將此區視為猶太生活文化記憶的定錨處。在這裡，不僅可以與傳統柏林猶太歷史文化相遇；在這裡，也可看到猶太文化如何繼續活躍在德國新的首都。透過在此探尋被保存下來的層層疊疊歷史記憶、以及感受新的猶太文化如何在此重新開花結果，過去與現在，歷史上的人群與正行走其間的現代訪客，共同構築了在實際歷史現場可以親身經歷體驗到的活的歷史記憶（gelebte Erinnerung）。

　　猶太人一般將納粹對猶太人的大屠殺稱作 "Shoa"，意為大災厄、大災難；在西方語言裡，現在則慣稱 "Holocaust"。翻開德國轉型正義的歷史來看，用 "Holocaust" 指稱納粹對猶太人的屠殺，是一九七〇年代末期後才開始的現象。在此之前，一般是延續納粹時代所說的「最終解決」（Endlösung, "final solution"）。"Holocaust" 一字之所以後來居上成為現在常用的專有名詞，要歸因於 1978 年在美國 NBC 電視台上演的迷你影集：*Holocaust. The Story of Family Weiss*。這齣全長九個半小時、分成四天放映的影集（現在全部可在 youtube 上觀賞）當年在西柏林與奧地利實地拍攝。上映後，雖然有人（例如，瑞士籍諾貝爾和平獎得主 Elie Wiesel）批評電視公司為了賺錢將受難故事濫情化，導致有些史實的呈現失真，而且將受難故事演成肥皂劇，對受難者反而不敬；[44] 但仍廣受大眾歡迎。隔年，西德電視台也開始放映此劇，引發巨大媒體效應。德國政治學

者 Peter Reichel 說，從社會心態史的角度來看，1979 年西德放
映這齣迷你影集是促成廣大群眾願意積極討論納粹暴行真正
的開始。[45] 自此之後，"Holocaust" 一詞也逐漸取代「最終解
決」，成為全世界對二戰期間猶太人受難歷史的慣用語。[46]

　　「新猶太會堂」的大門口牆上，掛著一幅說明板（圖2），

2.

柏林「新猶太會堂」大門口。

© 攝影：花亦芬

其上寫著：「這個猶太會堂已有一百年歷史。在 1938 年 11 月
9 日水晶之夜，它曾被納粹縱火焚燒。在 1939-1945 年的二戰
期間，它又在 1943 年的轟炸中被毀。這個敬拜上帝之所的正
門牆面應該永遠留作警惕世人以及保存歷史記憶之處。慎勿
遺忘。大柏林地區猶太人社群理事會。1966 年 9 月」。

　　這個說明板清楚揭示了三個重要的訊息：（1）新猶太會
堂簡史，（2）加害者與加害時間，（3）強調歷史錯誤不可遺
忘。

　　由此可以清楚看到，歷史記憶是包含對加害者的記憶。
但是如何記憶加害者？是找出幾個人，由他們頂下所有罪行；
還是更進一步在「人」之外，看到威權專政「體制」的運作
如何施加給社會上許多人恐怖的迫害？從德國的作法來看，
只是將迫害猶太人的罪定在希特勒與幾位重要統治菁英（如亨
利・興勒 Heinrich Himmler）身上，顯然是不夠的。經歷過五○年
代與六○年代國際軍事法庭對納粹重要戰犯的審訊與定罪，
雖然加害者及其暴行在相當程度上已經被揭露出來；然而，
德國並不認為找出幾個人來做替罪羔羊就已足夠。2014 年 1
月 27 日發行的《明鏡線上週刊》（Spiegel online）就指出，根據
全世界最有聲望的教科書研究中心——德國「艾克特國際教
科書研究中心」（Georg-Eckert-Institut für Internationale Schulbuchforschung in
Braunschweig）所做的調查，有些德國歷史教科書將屠殺、迫害
猶太人的罪責簡化到希特勒一個人身上，忽略了整個納粹共

犯結構的深層問題，這是相當有問題的書寫方式。[47]

　　同樣的情況也可見於 1994 年在奧地利作家與文化史學者
Egon Friedell（1878-1938）故居門口新懸掛上的紀念牌（圖 3）。
其上寫著：「1938 年 3 月 16 日，因為害怕被納粹衝鋒隊（SA）
拘捕，他從這棟房子樓上跳下身亡」。相較之下，之前的紀
念牌僅寫著：「直到他悲劇性地結束生命之前，他一直住在
這裡」（hier bis zu seinem tragischen Tod gelebt habe）。這兩個紀念牌最
大的不同就是，新的紀念牌清楚指明，誰是讓這位學者生命

3.

奧地利作家兼文化史學者 Egon Friedell 在維也納的故居，門口掛著敘述他悲劇身亡經過
的紀念牌。

不幸殞落的謀害者。

　　「新猶太會堂」所在的歐朗寧堡街及轉角左手邊的漢堡大街（Große HamburgerStraße）所在的區域，過去是柏林上流社會的猶太人聚居處，猶太豪宅與百貨公司林立。漢堡大街上的猶太墓園則是文獻可查柏林最早的猶太墓園（圖4）。從新猶太會堂往左轉到圖悠斯基街（Tucholsky Straße），就到了柏林著名的 Beth Café，這裡是現代柏林猶太社群特意提供道地猶太與以色列食物的特色餐館（圖5～6），同時兼作提供觀光客參訪柏林猶太文化相關資訊的所在。

　　1933 年 5 月 10 日，「德國大學生組織」（DSt）成員穿上納粹衝鋒隊（SA）制服，衝進歐朗寧堡街 31 號剛開幕不到四

4.

東德時期，雕刻家
Will Lammert 於 1985
年為漢堡大街上的
猶太墓園做的銅雕
《法西斯暴政下的
猶太人》（*Jüdische
Opfer des Faschismus*）。
© 攝影：花亦芬

5.
———
位於柏林圖悠斯基
街（Tucholsky Straße）
的著名猶太餐館
Beth Café。
©攝影：花亦芬

6.
———
Beth Café 的猶太餐
點。
©攝影：花亦芬

個月的猶太博物館，把裡面的藏書成堆成堆地裝上貨卡，帶到歌劇院廣場（Opernplatz）前焚燒，自此開啟了納粹的焚書行動（圖 7～10）。猶太裔作家與學者包括佛洛伊德與愛因斯坦等人的著作不只被燒毀，自此之後，猶太裔作家還開始被追捕、並禁止再出新書。[48]

隨著新猶太會堂在「水晶之夜」被縱火以及二戰末期盟軍對柏林的猛烈轟炸，二戰後，這個猶太區已是一片斷垣殘壁。一九九〇年代德國政府將這區一些老房子的門面依照戰前的樣態重新修復好（圖 11），馬路邊則到處看得到寫著

7.

1933 年 5 月 10 日穿上納粹衝鋒隊制服的柏林大學生，展示他們搜刮到即將送去焚燒的各種文件資料。

8.

1933 年 5 月 10 日柏
林大學生將搜刮到
的書放進貨卡,準
備拿到歌劇院廣場
焚燒。

9.

1933 年 5 月 10 日柏
林歌劇院廣場上焚
書的景象。

10.

當年焚書的柏林歌
劇院廣場上，現在
在地底下做了一個
被掏空的圖書館裝
置藝術（*Book Burning
Memorial*）。從地面
上隔著玻璃往下可
以看到，四面牆上
沒有書的書架，以
此暗喻當年納粹青
年瘋狂的焚書行
為。

11.

兩德民主統一後，
重新修復漢堡大
街（*Große Hamburger
Straße*）的舊房子時，
刻意保留被炸毀過
的牆面。牆上還特
別標誌出過去猶太
住戶之名牌。

© 攝影：花亦芬

受難猶太人生平與受難簡史的「紀念石」（Stolpersteine）（圖
12）。「紀念石」是用黃銅所做的小紀念碑，鑲在納粹受難
者過去住家門前的路上。碑銘是非常簡短的文字，寫著受難
者的生日，以及受難的經過與日期。這是科隆藝術家 Gunter
Demnig 發起的紀念藝術行動，目前光在柏林的路邊就有超過
3,500 個這樣的紀念石，隨處可見。

　　在布蘭登堡門右手邊有一棟引人注目的白色樓房，地址
是「巴黎廣場七號」（Pariser Platz 7）。這是十九世紀下半葉著
名畫家及普魯士美術學院院長李伯曼（Max Liebermann, 1847-1935）

12.

在歐朗寧堡街及漢堡大街上，到處可見屋前的馬路邊嵌入記錄受難猶太人生平與受
難簡史的「紀念石」（Stolpersteine）。

© 攝影：花亦芬

的故居（圖13～14）。這個故居門口路邊也有一塊「紀念石」，上面寫著李伯曼的妻子在 1943 年 3 月 10 日被遣送到集中營前自盡身亡的受難事蹟（圖 15）。

　　離布蘭登堡門東北方不遠的叩噴廣場（Koppenplatz）上有一個幽靜的住宅區綠地，其上放置了一個公共紀念藝術《離去的空間》（Der verlassene Raum, 圖 16）。這個公共藝術所在處的下方，是二戰期間的防空洞。1996 年，雕刻家 Karl Biedermann 為這個原來充滿戰爭恐慌氣息的場域創作了這個作品。一個青銅灌鑄出來的桌子與兩張椅子，都是原尺寸大小。然而其中卻有一張椅子傾倒在地，像是原來坐在椅子上的人在匆忙之間突然被猛力拉走那樣。以倒落在地的椅子隱喻每個在倉皇間被帶走、接下來被送進集中營的猶太人。環繞這個藝術品四周的邊框上，刻著猶太裔諾貝爾文學獎得主 Nelly Sachs（1891-1970）所寫的名詩〈喔，煙囪〉（"Oh, die Schornsteine"）[49] 最後三個詩節：

> 喔，死亡之屋，以邀請之姿爲屋主殫思打點
> 屋主過去只是訪客
>
> 喔，你們的手指，放下入口處要作爲門檻的石塊
> 像放一把介於生死之間的利刃
>
> 喔，你們的煙囪，你們的手指
> 還有以色列的身軀像煙塵一樣穿透空茫

13.

李伯曼（Max Lieber-
mann）位於布蘭登
堡門右手邊的故居
（最右邊白色那
棟）。
© 攝影：花亦芬

14.

李伯曼（Max Lieber-
mann）位於布蘭登
堡門右手邊的故居
牆上說明牌寫著
自 1884 年至他過世
時，他住在這裡。
© 攝影：花亦芬

15.

「巴黎廣場七號」
（Pariser Platz 7）李伯
曼（Max Liebermann）
故居前的馬路邊鑲
著他的妻子在被遣
送到集中營前自盡
的受難紀念石。

16.

Karl Biedermann，《離
去的空間》（Der
verlassene Raum），
1996。

4
德國反抗運動的
歷史記憶

大新聞！有人刺殺希特勒，而且居然不是猶太共產
黨員，也不是英國資本主義者，而是一名德軍上將，
這人不但是一位伯爵，而且還很年輕。「天意」救
了元首這條命，好可惜，他逃過一劫，只受了幾處
輕微的灼傷與擦傷，一旁倒是死傷了好幾個軍官與
將領，主謀已經槍決。

這是目前為止最好的證據，證明許多軍官將領受夠
這場戰爭……也許上天是故意拖延解決希特勒的時
機，讓無懈可擊的德國人自相殘殺，這對同盟國來
說比較省錢，俄國人與英國人都省事，可以更快重
建自己的城市。

——《安妮日記》1944 年 4 月 21 日 [50]——

　　納粹政權開始強烈區隔猶太人的行動，可從「識別證」
（Kennkarte, 請見 15 章圖 2 ～ 3）與配戴六角的「猶太黃星／大衛
之星」（Judenstern, 圖 1 ～ 2）兩件事看出。自 1938 年 10 月起，
猶太人的識別證封面都被標誌著一個大大的 J 字（猶太人 Jude
的開頭字母）。男性的名字中間都要多加上 Israel（以色列），
女性的名字中間則一定要多加上 Sara。

　　猶太人必須配戴這種直徑九公分的猶太黃星做為識別標
誌之規定，起自於集中營。但自 1941 年 9 月 19 日起，納粹
政府規定，六歲以上的猶太人在公開場合都必須配戴這個記
號。為此，猶太人還必須自己花錢購買。購買時，也還必須
簽署以下聲明：「我有責任小心保存這個標誌，使其完好。」
沒過多久之後，這個規定延伸到德軍占領的所有境外地區（圖
3）。自 1942 年 3 月 13 日起，德國境內所有猶太人的住宅，
也必須掛上猶太黃星作為識別記號。

　　當大批猶太人從歐洲各地被送往集中營時，還仍有一
小部分猶太人在二戰倖免於難，例如，德國著名的語言學家
Viktor Klemperer 就屬於這類「享有特權的猶太人」（privileged
Jews）。他們因為跟沒有猶太血統的所謂「亞利安配偶」
（"arische" Ehepartner）結婚，獲准可以延遲被送進集中營。根據
統計，1941 年住在柏林的猶太人還有 73,000 人。然而，那年
10 月起，納粹便積極將猶太人往東歐、白俄羅斯、以及巴爾
幹半島驅逐；自 1942 年夏天起，更直接將他們送進奧許維茨

1.

「猶太黃星」。
（Judenstern）

2.

1941 年街上行走的
猶太人佩戴著猶太
黃星標誌。
Bundesarchiv, Bild 183-
B04490/ Photo: o.Ang.

（Auschwitz）集中營進行系統性的滅絕。

　　1943 年 2 月 27 日，柏林的納粹黨衛軍與蓋世太保根據一週前公布的「反猶太最終行動」（Schlussaktion gegen die Juden）新規定，發動名為「工廠行動專案」（Fabrik-Aktion）。這個大規模逮捕行動要將還在柏林生活的猶太人送進集中營，因而大肆逮捕 8,000 多人，並從中挑選出 2,000 人左右，將他們監禁在離市中心「亞歷山大廣場」（Alexanderplatz）不遠處的玫瑰街（Rosenstraße）2-4 號（猶太區社會局所在地）。其他沒被選上的猶

太人則立刻被送往集中營，絕大部分的人抵達後就直接送進毒氣室。

　　從第二天起，被囚禁在玫瑰街社會局裡的人之妻子與家屬有 600 ～ 1,000 人群聚在這條街上，要求釋放他們的猶太裔親人（圖 4 ～ 5）。整個抗議聲援活動持續到 3 月 6 日納粹當局同意釋放大部分人囚，將他們改判到附近的奴工營當奴工（Zwangsarbeiter）為止。雖然其中還是有 120 人仍然被送到奧許維茨集中營（後來有 25 位過幾天後被釋放回來）。

　　這個長達一週的群眾反抗活動雖然沒有成功救援出大部份的被逮捕

3.

1942 年配戴猶太黃星的婦女走在被納粹政權控管的巴黎街頭上。

Bundesarchiv, Bild 183-N0619-506/ Photo: o.Ang.

4.

雕 刻 家 Ingeborg
Hunzinger 設計的婦
女雕像群（*Block of
Women*），以紀念
1943 年參與抗議以
及悼念活動的婦
女。

© 攝影：花亦芬

5.

這根紅底的史料展
示柱標誌著當年玫
瑰街 24 號的原址所
在地，以及「工廠
行動專案」事件始
末的相關資料。

© 攝影：花亦芬

者，但卻創下納粹統治時期德國最大規模的民眾自發性抗議運動；尤其值得注意的是，參與抗議的人絕大多數是女性。51

對於柏林的女性奮不顧身，以集體力量出面拯救自己至親的人這個歷史事件，究竟該如何詮釋，史學界至今尚無共識。最早針對這個課題進行深入研究的美國學者 Nathan Stoltzfus 認為，這個事件讓我們看到，在希特勒統治時期，民眾如果願意站出來反抗獨裁政權，還是可以獲致些許成效。如果德國人願意及早投身反抗運動，是不是有可能讓德國不至於走上那麼悲絕的不歸路？52

這樣的說法固然有提供後人警惕之意；但 Stoltzfus 可能忽略了，這個反抗行動是為了要拯救自己至親的家人，而剛好有為數相當可觀的一大批人在同一時間遭到逮捕，所以意外造成民眾不約而同集結的力道。

但如果我們從當時社會普遍存在的現象來看，純粹出於理念起來反抗希特勒暴政的，都是個人（如 1939 年 Georg Elser 以個人之舉企圖在慕尼黑啤酒屋暗殺希特勒，圖 6）或一小群人的秘密行動。正如 1947 年出版的第一本講述德國反抗運動的小說《自己摸摸鼻子認命孤獨地死吧！》（*Jeder stirbt für sich allein*）書名所示，當時敢於反抗的人，最後往往面臨沒有其他人願意以道德勇氣出面聲援的淒涼慘況。

《自己摸摸鼻子認命孤獨地死吧！》這本小說是根據真實的故事改寫而成。故事主角是出自勞工階級的 Hampel 夫

婦，他們在納粹統治時期用自己有限的識字能力，在柏林親
手寫了兩百多封明信片，寄出去鼓勵大家一起反抗希特勒。
他們不幸在 1942 年被捕，隔年被判死刑（圖 7）。這些個人
或小群體的作為並沒有得到德國社會內部積極的回應與認同
（圖 8），而國際社會也常因為擔心這些反抗者可能是間諜，

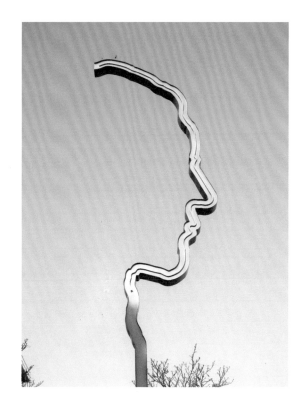

6.

1939 年 11 月 8 日德國工匠 Georg Elser （1903-1945）為阻止戰爭發生，在慕尼黑啤酒館企
圖謀殺希特勒。計畫失敗後，於 1945 年被納粹處死。藝術家 Ulrich Klages 創作的這尊紀
念像（*Johann Georg Elser Sculpture*）高 17 公尺，2011 年 11 月 8 日於柏林城中區（Berlin Mitte）
揭幕。

7.

Otto Hampel 與 Elise
Hampel 夫婦位於柏
林阿姆斯特丹街 10
號的房子前所鑲的
紀念牌，紀念他們
以個人之力發起明
信片反抗運動。

8.

新聞記者 Fritz Gerlich
在 1932 年 1 月創立
《直路報》（Der
Gerade Weg），在希
特勒正式上台前就
開始進行拆穿他政
治謊言的工作，同
時也對極左派與極
右派都加以抨擊。

也不願意給他們足夠的支持，[53] 以至於最終都只能以點狀的孤軍奮鬥存在，難以擴展成比較有規模的面。

當然，也不是所有德國人都這麼冷漠、視他人的苦難於無物。女性投入反抗希特勒運動歷來最有名的是蘇菲‧蕭爾（Sophie Scholl, 1921-1943）。蘇菲‧蕭爾與她的哥哥漢斯（Hans）是慕尼黑大學醫學院「白玫瑰」反抗組織的成員。他們印製許多反希特勒文宣，在德國南部到處散發，希望喚起大家覺醒。1943 年 2 月 18 日，蕭爾兄妹在學校中庭放置傳單時被捕，四天之後旋即被判死刑，而且立刻行刑，其他二十餘人則被判處徒刑。因為他們的勇敢，蕭爾兄妹幾乎成為戰後所有德國中學歷史教科書在講述納粹歷史時，一定會提到的年輕人抗暴典範（圖 9）。

然而，比較不為人知的是，在「白玫瑰」成員殉難後，他們最後印製的兩份傳單後來如何能在德國廣為流傳開來？這要歸功兩個人：一是柏林女記者 Ruth Andreas-Friedrich（圖 10）；一是毛奇伯爵（Helmuth James Graf von Moltke, 1907-1945）。

1938 年 11 月 9 日「水晶之夜」悲劇發生後，不少猶太人陸陸續續被送到集中營。Ruth Andreas-Friedrich 與她的同居男友導演 Leo Bochard 眼見情況不妙，開始以自己的住家為基地，跟信任得過的朋友組成地下救援團體「艾米叔叔」（Onkel Emil），幫助猶太人躲藏、或想辦法離開德國。

初期被送進集中營的猶太人還有機會被釋放出來，但條

9.

慕尼黑大學前的「白玫
瑰」紀念碑。

10.

女記者 Ruth Andreas-Friedrich
與導演 Leo Bochard 現在在
柏林 Steglitz 的故宅門前立
有一塊紀念碑，記載他
們自 1938 年起以「艾米
叔叔」組織救援猶太人
的事蹟。

BERLINER GEDENKTAFEL

Hier lebten
RUTH ANDREAS-FRIEDRICH
23. 9. 1901–17. 9. 1977 Schriftstellerin
und
LEO BORCHARD
31. 3. 1899–23. 8. 1945 Dirigent

Als Begründer der Widerstandsgruppe »Onkel Emil«
halfen sie seit 1938 von den Nationalsozialisten
verfolgten Menschen.
Die Gruppe »Onkel Emil« hatte hier ihr Domizil

件是必須立刻離開德國；而且只能帶 10 馬克（Reichsmark）作零用錢，其他財產都得放棄。根據統計，在這樣的情況下，1939 年春，有 26,000 人從集中營被釋放。但他們遭遇到的困難是，外國簽證很難取得，因為沒有國家願意收容他們。英國只願意發給 10,000 名猶太兒童簽證，這迫使很多父母忍痛與自己的孩子分離，但求他們可以到安全的國度長大成人。「艾米叔叔」設法幫不少猶太人弄到假護照；有時也喬裝成自己要到國外做豪華旅行，以這種偽裝幫一些猶太人把貴重的財物載運出德國。

　　當「白玫瑰」蕭爾兄妹被處死刑後一個月，他們最後印製的兩份傳單流到「艾米叔叔」手裡。「艾米叔叔」就照著原稿打字謄印許多份，在柏林繼續散發這些傳單；最後終於傳到毛奇伯爵手中。毛奇伯爵是普魯士名將毛奇將軍（Helmuth Karl Bernhard Graf von Moltke, 1800-1891）的後人。收到傳單後，他將之偷帶到瑞典與英國。1943 年 6 月 27 日，著名的德國作家托馬斯・曼（Thomas Mann）在英國 BBC 廣播電台開始講述「白玫瑰」的反抗故事。1944 年 6 月開始，英國空軍陸陸續續載運了五百萬份「白玫瑰」編寫的第六份傳單，在西德與北德上空大量空飄。透過「艾米叔叔」與毛奇伯爵接續的努力，「白玫瑰」勇於犧牲的反抗精神終於被許多人所認識。

　　像「艾米叔叔」或是毛奇伯爵這樣願意冒險幫猶太人的德國人也非絕無僅有。根據報導，二戰期間光在柏林，有參與過地下救援猶太人的德國人就超過 10,000 人。而有 1,500 名猶太人就在這些人掩護下，安然在柏林度過整個二戰時光。[54]

　　毛奇伯爵出身北德貴族家庭，大學讀的是法律。希特勒掌權後，他不願出任法官，改而在柏林擔任民法與國際私法的律師。因為當時若要當法官，就必須加入納粹黨。藉由同時具有德國與英國律師的資格、以及與英國上層社會良好的關係，毛奇伯爵幫助不少被迫害的猶太人順利離開德國、或設法幫他們保住在德國的身家財產。1942 年起，他以自己的出生地克萊騷（Kreisau）為名，組成一個反抗希特勒的地下組織「克萊騷小組」（Kreisauer Kreis）。毛奇伯爵在希特勒崛起之初，就很清楚指出，希特勒一心想發動戰爭，問題只在於何時會發動。

　　2007 年英國解密的檔案清楚顯示，英國一直很清楚，毛奇伯爵身邊有一群人一直費心在策劃如何暗殺希特勒；甚至於他們已安排好暗殺成功後新政府的內閣人選（圖 11），希望以此獲得英國的認可與支持。然而，因為有些英國官員仍擔心這些反對運動者有人可能是間諜，最終還是沒有給毛奇伯爵足夠的支持，即便有像 Lionel Curtis（1947 年諾貝爾和平獎提名人）這麼有見識的英國知識菁英在英國政府面前為他們強力背書。

　　「克萊騷小組」在 1944 年 7 月 20 日 發動政變暗殺希特勒，卻不幸失敗（圖 12 ～ 16），只讓他受到輕傷逃走。[55] 這個暗殺行動曾在 2008 年被拍成一部電影：《行動代號：華爾奇麗雅》（*Valkyrie*. 原本的德文應是：*Unternehmen Walküre*），由湯姆．克魯斯（Tom Cruise）主演負責執行暗殺行動的男主角德軍上校史陶芬堡伯爵（Claus Schenk Graf von Stauffenberg, 1907-1944）。

　　在「華爾奇麗雅行動」尚未正式展開前，也就是在 1944 年 1 月，毛奇伯爵已經被蓋世太保逮捕，送到拉文斯布呂克（Ravensbrück）集中營監禁。剛開始時，因為毛奇家族在德國地位頗受尊崇，因此對他還算禮遇。但在「華爾奇麗雅行動」失敗後，情勢就大大地逆轉。他在 1944 年 9 月底被送到柏林 Tegel 監獄，當時已心覺不妙，於是在 10 月 11 日寫訣別信給兩個兒子，跟他們說明做父親的何以要踏上這條危險的不歸路：

"Überhaupt ist es nicht die Gegenwart, die mich am meisten beschäftigt, viel mehr ist es die Zukunft. Das, was heute ist, ist ein Übergang. Darüber gibt es für mich nicht den geringsten Zweifel. Aber was darauf kommt, das ist in ein ganz großes Dunkel gehüllt."

JULIUS LEBER
in seinem Brief aus der Untersuchungshaft vom 27. Juni 1933

"In general, it is not the present that occupies m the most; in fact, it is the future. What we have today is a transition I have not the slightest doubt about that. But what comes next is swathed in great darkness."

JULIUS LEBER
in his letter from pretrial detention, dated June 27, 1933

11.

德國「反抗運動紀念園區」對反抗運動者 Julius Leber（1891-1945）的紀念。Leber 是社民黨員，也是「克萊騷小組」成員。原來預定如果暗殺行動成功，他將出任德國內政部長。只是他在暗殺行動尚未開始前，就已經被蓋世太保逮捕，於 1945 年 1 月 5 日在普勒層湖（Plötzensee）監獄被處死刑。

在你們的生命裡，我不再能幫助、支持你們，雖然我多
想那麼做。我也無法在日常生活裡繼續給你們建議，
你們要想辦法自己學習和累積經驗。人總是可以不斷學
習，就像我被監禁的這幾月，還是為自己學到一些非常
重要的東西。沒有人的所知所學會跟別人一模一樣，因

12.

史陶芬堡伯爵（圖最左邊）於 1944 年 7 月 15 日在東普魯士的元首總部「狼穴」
（Wolfschanze）會面時拍的照片。

Bundesarchiv, Bild 146-1984-079-02/ Photo: o.Ang.

13.

2007 年時值史陶芬堡伯爵與毛奇伯爵兩人百歲冥誕，德國郵局特別發行紀念郵票紀念他們發動《華爾奇麗雅行動》。

（作者私人收藏）

14.

策劃「華爾奇麗雅行動」的作戰最高指揮中心（Bendlerblock）現在改為「德國反抗運動紀念園區」（Gedenkstätte deutscher Widerstand）。

© 攝影：花亦芬

15.

「德國反抗運動紀念園區」中庭的紀念雕像《雙手被捆綁的年輕人》（*Junger Mann mit gebundenen Händen, 1953*），
出自雕刻家 Richard Scheibe 之手。© 攝影：花亦芬

16.

「德國反抗運動紀念園區」門口牆上掛著一塊紀念牌，上面寫著：「這些人在 1944 年 7 月 20 日為德國
捐軀：一級上將 Ludwig Beck，步兵上將 Friedrich Olbrich，陸軍上校史陶芬堡伯爵，陸軍上校 Albrecht Ritter Mertz
von Quirnheim，陸軍中尉 Werner von Haeften」。Ludwig Beck 原內定為暗殺成功後新政府的聯邦總統，但在暗殺行
動失敗後，Beck 自殺未遂，被士兵槍殺而亡。其他四人則被判處死刑。© 攝影：花亦芬

此我無法說：好好看著，學到跟我一模一樣的東西，體會到跟我一模一樣的東西。我只能跟你們說，我會很安心地死，因為我會藉著耶穌基督，走向上帝。在祂的愛裡，媽媽、你們兩個、和我將永遠連結在一起。沒有人知道上帝會用什麼方法做到，因此也不要問我這如何可能。

我也不會說，你們一定要相信這件事，因為這是強迫不來的。關於信仰這件事，要不就是體會得到，要不就是體會不到。只有在有恩典的情況下，才能體會得到。我之所以跟你們提這些，只是希望你們至少能了解我生命裡這個重要的部分；尤其是，即便你們不接受這個信仰，但還是能藉此對這個信仰懷有崇敬之情。每個人都應對周遭的人信仰的各種宗教保持崇敬之意，因為這是每個人賴以安身立命的根本……。

我之所以會犧牲生命的原因，將被寫入歷史。雖然沒有人知道，會被寫成怎樣。但我想跟你們說：我一生，也就是從在學校讀書開始，就不斷地與德國社會常患的毛病，如褊狹、暴力、不自由、自大、對別人缺乏敬意、不寬容、絕對化等缺陷所造成的惡果在抗爭。而這些社會性格的缺陷就直接表現在納粹打造出來的這個國家上。56

　　由於一直意識到自己死期隨時將屆，毛奇伯爵不斷跟自己對死亡的恐懼奮戰。1944 年 10 月 26 日他寫了以下這封信給妻子：

　　親愛的，今天在半睡半醒中突然有了一個奇妙的思緒，一半思緒、一半夢境。我到普勒層湖（Plötzensee）監獄接受死刑，結果劊子手跟我說：「為什麼我都只能處決左派的人，卻沒有右派的人可殺，這實在不行。」

　　當大家把目光轉向我時，你卻從我的右邊一直長出來，我們兩人就像連體嬰那樣，以至於他們無法執行我的死刑。實在令人窩心，我整個人就醒過來了。[57]

　　隨著在獄中不斷誠實面對、也不斷努力超越自己對死亡的恐懼，1944 年 12 月 31 日除夕夜，他寫了一封信給妻子，回顧過去一年所走過的苦路，心中因有著深深的感恩反倒顯得平靜清澈：

　　親愛的，對我們而言，這是極重要一年的最後一晚，不管我們是生是死，這一年我們因為展現了極強韌的生命力，生命境界因而有了昇華。我們共同獲得一個恩典，希望日後它在我們心中永不失落，那就是堅定的信仰。

我確信，這是我生命裡最重要的一年。為何這麼說呢？
因為這個對信仰再確認的經歷是在通過考驗的過程中實
際感受到的……。是的，親愛的，我不會抱怨過去這一
年，我也不認為你在這一年的遭遇很糟，雖然你的處境
比我更不好，因為你必須一直活在不確定感之中。但老
實說，我們只能懷著感恩的心回顧過去這一年。

接下來會發生什麼，一切在上帝手裡，我們會用歡欣、
領受安慰的心面對，即便再過幾天我可能就要與世長
辭。面對這個情況，我相信，從你過去幾個月給自己做
好的心理準備來看，你是承受得住的，也不會讓自己發
生什麼意外。我想請你記住我最尊敬的舊約先知以賽
亞，上帝曾透過他在〈以賽亞書〉46 章 4 節裡宣告：「直
到你們年老，我不改變；直到你們髮白，我仍扶持。我
已造你，就必背你；我必抱你，也必拯救。」[58]

　　1945 年 1 月，毛奇伯爵與「克萊騷小組」成員一起在人
民法庭受審（圖 17）。然而，早就心知會被判處死刑的他，
面對當時腐敗不堪的德國司法審判，卻毫無所懼地對著庭上
嗆聲：「就把我們塑造成歷史人物吧！」（Macht eine Legende aus
uns!）[59] 當年 1 月 23 日，他在柏林普勒層湖監獄被吊死。
　　毛奇伯爵的遺孀在戰後並不希望大家把自己先生的受難

神格化，因此，當別人為他們夫婦寫傳記時，都被她要求要以學術的冷靜來寫。2010 年，她以 99 歲高齡過世後，當年（1944年 9 月至 1945 年 1 月 23 日）毛奇伯爵在 Tegel 獄中與妻子最後的通信與臨刑前所寫的遺書，一共 184 封信，才由兒子 Caspar編輯成書，公開於世。[60] 除了最後一封信是以正式郵件寄到家外，毛奇夫婦之所以能在風聲鶴唳的時刻，還能密集通信，有時甚至一天好幾封，多虧當時在 Tegel 監獄任職的牧師 Harald Poelchau 不顧危險從中幫忙。

　　細讀毛奇伯爵夫婦所寫的信，讀者看到的是，一對夫婦在面對生命隨時降臨悲劇的艱難時刻，以信仰、以愛、以希

17.

1945 年 1 月，毛奇伯爵（Helmuth James Graf von Moltke）在人民法庭受審時的照片。
Bundesarchiv, Bild 147-1277/ Photo: o.Ang.

望互相支撐，陪伴彼此勇敢面對死亡。即便到了最後一刻，
毛奇伯爵在 1945 年 1 月 23 日寫給妻子的最後一封信上（圖
18）還是平靜地說：

> 親愛的，我一切都好。我心理沒有不平靜、也沒有失去
> 平安。沒有，一點都沒有。我一切都準備好了，也下定
> 決心，不是用被迫去領受上帝帶領的心情來面對，而是
> 出於自願、以歡喜的心信靠祂的帶領，以便真能知道，
> 祂所給我們的一切，還有祂給我生命中最摯愛的你，都
> 是最好的安排。[61]

18.

毛奇伯爵在 1945 年 1 月 23 日臨刑前於獄中寫給妻子 Freya 的告別信。

© Corey Hendrickson

第二篇
紀念園區、紀念碑、與史料展

歷史記憶的問題至少讓我們可以向前跨進一小步，去探討惡之本質
（the nature of evil）這個惱人的問題。〔……〕對人類而言，對過去發生
過的事情進行思考，意謂著深入探討惡的起因，進而能讓自己安身立
命，而不是隨波逐流——不管這個「波」叫做「時代潮流」、或是「歷
史」、或僅是小小的誘惑。最大的惡看起來一點都不激進，它沒有根，
也沒有終點。它可以發展到令人意想不到的極端，並且橫掃全世界。

——漢娜·鄂蘭 HANNAH ARENDT[1]——

5

「恐怖政治地形館」裡
的加害者與共犯（一）

他們是活在何等的妄想裡，
虛幻的錯覺如此巨大，
不能帶來任何指望的信仰盡藏著盲目的暴怒，
這些再再讓他們一路狂飆下去。

——諾貝爾文學獎得主 ELIAS CANETTI[2]——

空虛的一日
雖是晴朗燦爛
卻也與夜一樣黑

——安妮·法蘭克 ANNE FRANK[3]——

位於布蘭登堡門右手邊威廉街（Wilhelmstrasse）街底的「恐怖政治地形館」（Topographie des Terrors,"Topography of Terror International Documentation Center," 圖 1）二戰戰後原被稱為「蓋世太保之地」（Gestapo Gelände, "Gestapo Terrain"）。這裡過去是納粹國安部的總部（Reichssicherheitshauptamt），也就是是「蓋世太保」（Gestapo）、納粹黨衛軍（SS）、納粹衝鋒隊（SA）運籌帷幄的中心。二戰末期此處被盟軍炸得粉碎，只留下一片令人毛骨悚然的荒地。隨後不久這裡被改稱為「艾伯特王子故居空地」（Prinz-Albrecht-Terrain），因為納粹國安部總部原是挪用了以前普魯士王儲艾伯特王子的宅邸與庭園作為辦公處所，並附設地牢監禁特定人犯（圖 2）。

　　一九七〇年代，這塊荒地旁邊的「馬丁葛蘿皮烏斯展覽館」（Martin-Gropius-Bau. 圖 3）成為不少關心西柏林都市更新與古蹟維修者注目的焦點。他們希望將這棟當時作為應用美術博物館（Kunstgewerbemuseum）的場址（圖 4）改為「德意志歷史博物館」，並將周邊發展為西柏林的文化中心。1977 年西柏林市政府因此撥出專款籌辦特展：《普魯士：嘗試性的歷史回顧》（Preußen – Versuch einer Bilanz），希望從學術理性的角度重新探討軍國主義的過往。1981 年，特展正式開幕，吸引了非常踴躍的參觀人潮。然而，就在此刻，建築史與古蹟維護學者突然發現，展覽館旁邊的大片空地，過去就是納粹國安部的總部，也就是納粹滅絕猶太人計畫密謀與發動的神經樞

1.

柏林「恐怖政治地
形館」以室外與室
內不同的展場設
計，讓參觀者進入
不同的參訪情境。
◎攝影：花亦芬

2.

「恐怖政治地形
館」在納粹時期的
舊觀。

3.

「恐怖政治地形館」與隔壁優美古典的「馬丁葛蘿皮烏斯展覽館」（Martin-Gropius-Bau）剛好形成強烈對比。

© 攝影：花亦芬

4

「馬丁葛蘿皮烏斯展覽館」（Martin-Gropius-Bau）。冷戰期間，這裡剛好是柏林圍牆穿越的地帶。因此來看展覽的觀眾只能從後門進出，前門整個被柏林圍牆擋住。

紐。

　　因為這個突如其來的發現，「馬丁葛蘿皮烏斯展覽館」改建為歷史博物館的構想只好告吹，因為地緣上與納粹的過往靠得太近。[4] 1987 年 7 月 4 日，建築師 Jürg Steiner 在「艾伯特王子故居空地」上發表一個露天的納粹歷史照片與史料展，名為《恐怖地形。位於艾伯特王子故居空地上的蓋世太保／納粹黨衛軍／國安部／辦公總部》（圖 5）。這個展覽本來只打算做為柏林建城七百五十週年紀念展的一部分，但因

5.

柏林「恐怖政治地形館」露天展場保留了一塊長達兩百公尺的柏林圍牆以及原建築的地基。

◎攝影：花亦芬

受到許多好評，因此一直延展下去，直到今天還在。而 2010
年新成立的展覽館與史料中心也沿用原來露天展覽的名稱，
取名為「恐怖政治地形館」。

　　為了將「蓋世太保之地」轉變為國家級「歷史記憶之
地」（Erinnerungsorte），1993 年，柏林市政府先委由瑞士建築師
Peter Zumthor 負責設計施工，預定 1997 年完工。沒想到，工
程一直拖到 1999 年尚未完成，而且建造經費已經增加了三倍。
柏林市政府在隔年不得已只好先令其停工，與聯邦政府協議
後，敲定總建造經費不得超過 3,900 萬歐元。Zumthor 建築師
於是放棄這個建築計畫，改由柏林當地建築師 Ursula Wilms
接手。在經費所剩不多的情況下，「恐怖政治地形館」的建
築設計也從原先走向高度現代建築感的構想轉變為相當素樸
的展覽廳。

　　2010 年 5 月隨著這個展覽館落成，德國聯邦政府在柏林
出資打造的各種國家級「歷史記憶之地」工程也暫告階段性
工作完成。然而，在這些聯邦政府資助的各種「歷史記憶之
地」裡，占地 4.5 公頃的「恐怖政治地形館」卻是一個非常
重要的例外：它不是哀悼受難者的「紀念園區」（Gedenkstätte），
而是揭露納粹「加害者」與「共犯」如何做下無數傷天害理
之事的歷史資訊中心。正如當時德國總統 Horst Köhler 主持
開幕時所說，這裡是德國歷史與納粹暴行連結最深的地方。

　　從歷史記憶的角度來看，這個耗費 23 年策劃、興建的

展覽館也是遷都回柏林的「聯邦德國」為「納粹德國」興建的博物館。它成為詮釋當代柏林都市景觀與文化內涵的房角石。透過揭露自己國家過去歷史的醜陋陰暗，聯邦德國新首都在深切反省中重新找到再站起來的勇氣，那是知恥改錯的勇氣（圖6）。

＊　　　＊　　　＊

6.

「恐怖政治地形館」舉辦《二戰結束前幾個月的德國》特展。

© 攝影：花亦芬

　　2015 年 11 月，「恐怖政治地形館」舉辦了一場新書發表會，是專門研究納粹歷史的 Peter Longerich 教授發表他新出版的《希特勒傳》。5

　　在此之前，一般公認寫得最好的希特勒傳是英國歷史學者 Ian Kershaw 在十幾年前出版的兩冊專書。6 Kershaw 主要是將希特勒放在當時德國歷史情境下來觀照。他把希特勒視為納粹共犯結構裡的一員，屬於「魅力型領袖」（charismatic leader）。這樣的書寫方式比較是依循傳統史學喜歡採用的詮釋模式，看重人與大環境之間的互動關係，探討領袖型人物如何在當時政治社會架構下，尋找自己可以遊戲的空間。然而，完全著重於探討「人」與「環境結構」之間的關係，可能輕忽之處在於，太把領導人當作正常人來看；忽略了有些叱詫時代風雲的人，人格特質上可能有相當病態或偏執的地方。

　　隨著精神醫學日趨進步、以及大家越來越能從平起平坐的角度看待執政者的所作所為，不再以仰望的思考理想化他們的行徑，對於某些罪行嚴重的政治領導人可能患有的異常性格、或心理疾病，也越來越能從客觀審慎的角度加以觀察解析。7 Longerich 新出版的這本《希特勒傳》在某個層面是與專業心理分析團隊一起討論後的研究成果。為了讓一般讀者閱讀上不受干擾，並沒有從深奧的心理分析或精神分析觀念著筆，改由提出一般人在希特勒身上也輕易可以看出的一

些極端人格（extreme personality）特徵來重新討論他。這些極端
人格特質包括：「控制狂」（Kontrollfreak），例如希特勒完全
無法忍受等待事情自然發展，而一定要強力加以主導；他也
無法與人產生連結感，情緒智商很低……等等。 Longerich 也

ADOLF IN THE LOOKING-GLASS.
Herr Hitler. "HOW FRIGHTFUL I LOOK TO-DAY!"

7.

〈正在照鏡子的希特勒：「我今天看起來好嚇人啊！」〉（Adolf in the Looking Glass: Herr
Hitler. "How frightful I look to-day!"）

提出，希特勒是一個非常容易「惱羞成怒」的人，為了害怕
失敗、或被恥笑，他可以不惜一切發動攻擊、甚至毀掉別人，
是很典型從自卑轉為狂妄自大的偏差人格（圖7）。

　　Longerich 從這個角度所做的加害者研究，目的不是要幫
德國人脫罪。他想說明的是，希特勒在所有重大決策上，並
非如之前的歷史研究所稱，是被大環境推著走，而是有他個
人相當刻意主導、強力掌控的玩弄權力空間。Longerich 提出
具體的史料證明，不管是對重病傷殘者的「安樂死」、或是
以「最終解決方案」有系統地大規模屠殺猶太人，希特勒始
終扮演著「決策者」的角色。

　　相對於 2016 年初全球媒體高度關注希特勒所寫的《我
的奮鬥》（*Mein Kampf*）在德國解禁後會帶來什麼影響，
Longerich 指出，希特勒在《我的奮鬥》裡對他個人自我形象
的吹捧，實在大有問題。舉例來說，在《我的奮鬥》裡，希
特勒說，他很早就對政治有興趣，而且在奧地利 Linz 讀職業
學校時，就已經是積極參與反抗運動的「少年革命家」（junger
Revolutionär），這個說法只是在吹牛。Longerich 特別將他寫的
《希特勒傳》序言標題訂為〈無名小卒〉（Ein Niemand），努
力拆解希特勒自我編造出來的這類神話。他強調，在奧地利
出生的希特勒早年對政治並不熱衷，在維也納時期卻與幾位
猶太人頗有往來。他指出，希特勒一直希望別人把他當成「天
才」來看，而且為了達成這個目的，終身不惜採取各種手段。

　　放大歷史視野來看，在一次世界大戰前，「反猶主義」（Antisemitismus）只是歐洲各種反對（Anti-）傳統勢力（例如，反天主教會、反哈布士堡王室、反斯拉夫、反社會主義……）聲浪中的一部分。但隨著一戰後德國經濟情況不好，「反猶主義」開始成為德國極端保守陣營用來吸引群眾政治認同的王牌。眼見這樣的局勢大有可為，希特勒才開始積極將自己打造成「反猶主義」的煽動者，在德國南部慕尼黑快速竄起；並在短時間內，成功地以慕尼黑為基地，不斷把自己推向全德國「反猶主義」最無可取代的代言人。換言之，希特勒並非被動地被一群人抬轎拱上政治檯面；反之，他不斷鑽營，為自己創造在政治檯面上曝光的機會，然後再把這種高曝光度轉換為個人越來越可以獨裁操控的政治資源。因此，當他大權在握後，並不願意依照體制來管理國政，而是隨時依照自己的意旨，強力操控國家機器，確保自己不可動搖的獨裁大位不會被納粹黨或其他統治菁英分食。

　　因此，Longerich 強調，不應將希特勒視為「魅力型民粹領袖」（charismatischer Volksführer），如 Kershaw 所言；或如過去德國知名歷史學者 Hans Mommsen 詮釋的，希特勒是一個很怕丟臉，但意志搖擺不定、易受外在境影響的「弱勢獨裁者」（schwacher Diktator）。在 Mommsen 眼中，希特勒之所以崛起，反應出來的，與其說是希特勒的問題，不如說是當時德國社會的問題。[8] 反之，在 Longerich 筆下，不管在外交、軍事、

或猶太人政策上，希特勒是用盡各種政治手段一心只想獨攬大權的大獨裁者，而非只是檯面上的領導人而已。Longerich從這樣的角度所做的「加害者詮釋」，是確立了希特勒本人的確是有意識地邁向獨裁之路，而非如一些猜測所言，他因有吸毒習慣，所以無法做理智清楚的判斷；或是一些搞笑電影所嘲弄的可笑怪胎。

　　新的時代，的確有重新檢視希特勒的必要。

　　隨著二戰在 2015 年邁向終戰七十週年紀念，連帶引起國際矚目的媒體焦點話題就是，希特勒過世也七十年了。根據法律規定，作者過世七十年後，他生前著作的版權就失效。二戰結束後，納粹時代的暢銷書《我的奮鬥》之版權被美國移交給希特勒戶籍所在的巴伐利亞邦政府，因為當時德國被四強列管，不是國家。戰後的巴伐利亞邦政府作為版權擁有者，立即將此書列為禁書，直到 2015 年底這項法律命令自動失效。為此，德國司法部開會後決議，這本書的版權雖然已經公開給全世界，但是在德國如果要重新出版這本書，必須加上具有學術水準的註釋。[9] 2016 年 1 月 8 日位於慕尼黑的現代史研究所（Institut für Zeitgeschichte）便發行了註釋版的《我的奮鬥》。厚厚兩大冊包含了 3,500 則註釋，分量是原書的三倍。

　　二戰之後，巴伐利亞邦政府雖然將《我的奮鬥》列為禁書，但並不禁止大家在舊書店購買已經印行的版本、或向圖書館借閱；在網路上，這本書也是人人可以自由下載。換言

之，有興趣讀這本書的人，向來就有許多管道可以取得這本書。觀察西方重要媒體對德國重新發行這本書的報導，很清楚可以看到，「破解歷史迷思」、回到「就事論事來討論」（die Debatte zu versachlichen），是大家最看重的重點。[10] 尤其是，應該透過重新注釋這本書，好好澄清《我的奮鬥》與希特勒掌權之間的關係：究竟是《我的奮鬥》讓希特勒成為暢銷書作家，因而有機會更進一步攀向獨裁統治？還是，因果關係應該倒過來看？

1923 年 11 月 9 日希特勒在慕尼黑啤酒館發動政變（德語稱為 "Hitlerputsch"），企圖推翻當時的威瑪共和政府，結果失敗。希特勒逃回自己的國家奧地利。他於隔年 2 月 26 日被捕，判處監禁五年，遂在獄中開始書寫《我的奮鬥》。隨著 1924 年底他被提前釋放，《我的奮鬥》也分成上下兩冊在 1925 與 1926 年接續出版（圖 8）。第一冊內容主要是關於希特勒自己的生平與納粹黨早期發展史；第二冊內容則是納粹黨未來的發展綱領與策略。

希特勒並不是一個受過良好教育的人。這本書剛出版時，就因文字彆扭、文采不佳、文法也有不少錯誤，有些段落幾乎讓人無法了解作者想說的究竟為何，而被時人嘲諷說，此書書名不該是《我的奮鬥》（Mein Kampf），而應改成《我抽筋了》（Mein Krampf）。

從史實來看，《我的奮鬥》是在一九三〇年代初期納粹

在德國政壇聲勢越來越看漲後，才成為暢銷書的。根據統計，從初版到 1930 年，一共賣出 29,000 本；但在 1930 至 1933 年初，因為以低價的「國民版」（Volksausgabe）廉售，因此狂銷 287,000 本。1933 年 1 月底希特勒當選總理後至 1933 年底，又狂賣了至少 854,000 本。在二戰結束前，《我的奮鬥》至少共賣出 1,240

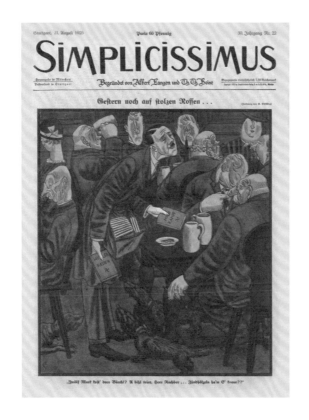

8.

1925 年 8 月 31 日，德國著名的嘲諷週報 *Simplicissimus* 以希特勒到處兜售他新出版的《我的奮鬥》為封面。

萬本以上。[11]

　　雖然賣了這麼多本，買的人真的有好好讀這本書嗎？還是這本書更應被視為一種政治象徵符號，透過全面進駐德國家庭與學校，代表獨裁者意志的勝利與對德國社會全面性的掌控？

　　慕尼黑現代史研究所特別說明，出版《我的奮鬥》新的註解版之目的，在於將這本過去被視為禁忌的書轉型為瞭解德國現代史的史料。因此，註釋的重點在於，把這本書放回當時書寫的歷史脈絡來解讀，拆穿希特勒只抓住片面事實（Halbwahrheiten）來製造德國社會無端恐慌的企圖。同時也要把希特勒那些充滿種族仇恨的思想源頭一併爬梳、清理出來，以現代學術研究的新認知好好來跟當時的政治宣傳與意識型態進行對話。[12]

　　換言之，唯有站在民主人權的立場來解構《我的奮鬥》這本書本身帶有的黑色禁忌，才有可能讓這本書真正成為不再擾人的歷史。

6

「恐怖政治地形館」裡
的加害者與共犯（二）

希特勒先生成為一號人物，是個侮辱。

（HERR HITLER IS AN INSULT.）

——瑞典學者及媒體人 TORGNY SEGERSTEDT

於 1933 年對希特勒掌權所做的評論——

　　Peter Longerich 的《希特勒傳》雖然對主要加害者的詮
釋提供新的理解視野（第5章），但是 Ian Kershaw 與 Hans
Mommsen 對當時德國社會反猶太問題的討論，還是值得放
在一起探討。畢竟個人傳記經常為了凸顯傳主的特質，會傾
向於去淡化其他相關重要問題。二戰時的德國是一個被強力
動員起來支持種族主義政策的專制威權社會，沒有許許多多
德國人確信反猶符合他們自身國族主義的利益、甚至想藉此
合法沒收猶太人的財產，光靠希特勒個人的意志，是很難讓
歐洲各地開出的火車塞滿要被遣送進集中營處死的猶太人；
在集中營裡，也很難有那麼多殺人不眨眼的納粹共犯，樂意
執行希特勒的恐怖意志（圖1～2）。

1.

1938 年「水晶之夜」後，就開始有一批批的猶太人被驅趕，送進集中營。

　　換言之，在主要「加害者」之外，注意到「共謀者／共犯」、「利益分享者」、「附和者」也很重要。誠如希特勒自己在 1936 年紐倫堡納粹黨代表大會上的致詞所言：「這是時代的奇蹟，你們竟懂得在千萬人之中找到我。而我也找到了你們，這真是德國的福氣！」（Das ist das Wunder unserer Zeit, daß ihr mich gefunden habt unter so vielen Millionen! Und daß ich euch gefunden habe, das ist Deutschlands Glück!）[13]。當時許許多多德國人瘋狂地跟隨希特勒的腳步，有些是受到國族主義意識形態洗腦，認為打倒猶太人是正正當當地為國「除惡」；有些人則著眼於透過貫徹反猶行動，可以名正言順地沒收、或霸占猶太人的財產；大企業也可以從集中營裡得到大量奴工，為他們從事低成本的生產勞動、甚或進行危險的人體實驗。[14] 這些從體制面系統性地做出嚴重殘害人權與剝奪生命尊嚴的事，是在探討納粹所犯罪行時，必須一起被嚴肅看待的問題。誠如漢娜・鄂蘭（Hannah Arendt）在其名著《責任與判斷》（*Responsibility and Judgment*）裡說：

2.

1934 年 9 月在紐倫堡舉行納粹黨代表大會萬頭鑽動的景象。前面可以看到希特勒的御用攝影師 Leni Riefenstahl 率領她的團隊正在進行現場拍攝工作。

在討論這些課題，尤其是對納粹罪行做出全盤式的道德譴責時，經常被忽略的是，眞正與道德相關的問題不應歸因到納粹的所作所爲，而在於那些不是出於信念（conviction）而只想「附和去當打手」（"corordinated" themselves）之輩的作爲。15

過去在「共犯」與「共犯結構」的責任探究上，最早的名著是哲學家雅斯培斯（Karl Jaspers）於 1946 年出版的《德國罪責問題》（Die Schuldfrage）。16 在這本書裡，他將納粹暴行引發的德國罪責分成四種不同面向來討論：

（1）刑法上的（kriminelle）罪責，
（2）政治上的（politische）罪責，
（3）道德上的（moralische）罪責，
（4）形而上的（metaphisische）罪責。

「刑法上的罪責」是個人在事證明確的狀況下被證明犯法，因此交由司法審判，例如「紐倫堡大審」對納粹戰犯的審判。「政治上的罪責」則是德國所有公民都必須擔負，因為公民將政權交付給錯誤的政治領導人，以至於引發後續許多罪行。雅斯培斯認為，戰勝的盟軍因此有權審判德國公民「集體的罪責」（Kollektivschuld）。「道德上的罪責」不是司法

審判可以定奪的，需要靠每個德國人都好好自我反省，自己在納粹時期的言論行徑（包括自欺欺人的部分、與納粹同流合乎的共犯行徑）如何一點一滴放任納粹獨裁政權走上泯滅人性的大屠殺之路？「形而上的罪責」就是在以上三種罪責之外，因為缺乏「人類共同體情感」（Solidarität aller Menschen）所犯下的罪行。這樣的罪行只能交給上帝審判。但是每個從二戰戰火下存活下來的德國人都該捫心自問：「為什麼那麼多人死了，而我卻可以活著？」為了替這種「形而上的罪責」贖罪，每個德國人在有生之年，都必須盡力防止別人的生命被任何人為手段所殘害。

　　雅斯培斯關於德國罪責問題的探討，原先是戰後在海德堡大學演講課講授的內容，當時吸引大批學生前往聆聽。但是，1946 年出版時，學院門牆之外的戰後德國社會對這本日後受到高度肯定的經典名著反應卻相當冷淡；甚至連接管德國的盟軍也認為，雅斯培斯要求德國人好好走上反省的道路，來為「道德上的罪責」贖罪之想法太理想化。1948 年，當美國要求德國放棄執行「去納粹化」的轉型正義工作，加入冷戰防堵蘇俄的陣營時，雅斯培斯便失望地離開德國，轉往瑞士巴塞爾大學任教（頁 68）。

　　為什麼盟軍當時不支持雅斯培斯對「道德上的罪責／集體罪責」之論述呢？由於現代司法制度是從個人的行為是否有明確犯罪證據來判定有罪無罪，除非牽涉到國家級的賠

償，否則雅斯培斯所提「集體罪責」的概念容易讓德國人（尤其是納粹戰犯後代）被貼上永世不得翻身的負面標籤，被概括認定德國就是一個罪惡的民族。因此當時盟軍的政治高層不僅不支持這種說法，而且極度保持距離。他們一方面透過「紐倫堡大審」來審判納粹主要戰犯，藉此確立他們對納粹大屠殺罪責的認定，是建立在對個人罪責的確認上，而且清楚將「德國法西斯主義者」與「一般德國人」區分開來；另一方面，他們也透過「去納粹化」的轉型正義工程提醒德國人，要積極從納粹意識形態走出來，否則德國會一直被「納粹戰敗國」這個集體標籤的陰影糾結纏繞，終而無法跳脫世人從「集體罪責」的角度追討德國應該還給這個世界的正義（圖3）。[17]

　　關於納粹大屠殺暴行是否該視為德國人「集體罪責」的問題，西德總統理查‧魏茨克（Richard von Weizäcker）可說是冷戰時期西德重要政治領袖裡最清楚作出回應的人。1985年5月8日他在發表〈紀念歐洲終戰四十週年國會紀念演說〉上提到，納粹大屠殺的罪行是世界上絕無僅有的暴行。但有沒有罪，都必須從個人的行為加以審定；世人並無法宣判哪個民族是有罪或無罪。因此他要求大家在自己安靜獨處時好好反躬自問，究竟自己涉入納粹罪行的程度有多深。

　　隨著魏茨克總統這篇著名演講的定調，「集體的罪責」基本上不再成為大家喜歡爭議的問題，直到1995年3月，社會學家 Jan Phillip Reemtsma 私人資助成立的漢堡社會研究

所（Hamburger Institut für Sozialforschung）為了紀念二戰終戰五十週年，籌辦《毀滅性的戰爭：納粹國防軍的罪行，1941-1944》（*Vernichtungskrieg. Verbrechen der Wehrmacht 1941bis 1944*）巡迴展。他希望在納粹黨衛軍之外，誠實地探討德國軍方在二戰罪責上的問題，因此再度掀開「集體罪責」爭議的風暴。

受到上述展覽的刺激，美國歷史學者 Daniel Goldhagen 出版了一本喧騰一時、但也引起廣大爭議的書《自願為希特勒執行命令的人：德國尋常百姓與納粹大屠殺》（*Hitler's Willing*

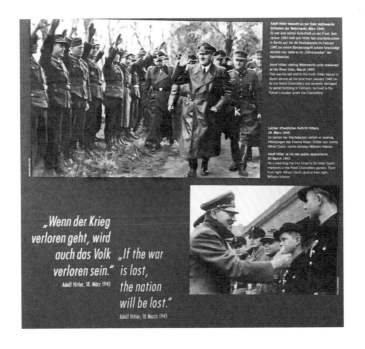

3.

「恐怖政治地形館」常態展覽資料，引用二戰最末階段希特勒以「如果我們打敗戰，整個民族就完了」來激勵少年人浴血奮戰至最後一刻。

Executioners. Ordinary Germans and The Holocaust, 1996） 。 [18] 作為猶太受
難者的子嗣，Goldhagen 認為，二十世紀初期的德國人受到
十九世紀德國國族主義思想影響，普遍具有「反猶」傾向，
因此在二戰期間熱衷於擔任希特勒屠殺猶太人的幫兇。這種
用簡化的方式為所有二戰時期德國人定罪的做法，雖然點出
納粹時期德國社會的確有為數十分可觀的人為落實希特勒的
反猶政策效命，但在論述上卻嚴重犯了以偏概全的錯誤。

著名的以色列歷史學者 Yehuda Bauer 就指出：

Goldhagen 對十九世紀德國社會發展的一些基本脈絡並不
熟悉，雖然十九世紀慢慢產生一些 Goldhagen 所稱「消滅
猶太人的反猶思想」。……但反猶主義在當時仍有各式
各樣的主張，包括有些自由派人士所說的「反猶」，其
實是希望猶太人能透過同化與接受基督教，真正融入當
時的德國社會，成為其中一分子，不再需要用「猶太」
標籤來定義自己。Goldhagen 卻把所有的反猶思想放在同
一個籃子裡。…… Goldhagen 大談特談德國保守陣營裡的
極端反猶黨，但卻沒有注意到，德國 1893 年的選舉，反
猶黨獲得的選票沒有超過 10%，而有不少猶太人加入的
「國家自由黨」獲得的選票卻遠高於此。 [19]

　　雖然 Goldhagen 詮釋歷史的方式太過簡化，以至於一竿子打翻一整艘船；然而，他的書之所以熱賣確實反映出一個大家都感好奇、卻沒有被好好解釋的歷史問題：為什麼一個產生哲學家康德、音樂家貝多芬、文學家歌德，這麼熱愛哲學、音樂與詩的國度，竟會讓希特勒捲起瘋狂的時代浪潮，並拖著成千上萬人一起跟著往罪惡的淵藪沉淪下去？

　　社會心理學家 Harald Welzer 在 2005 年出版的書《加害者：尋常百姓如何變成殺人魔》（*Täter. Wie aus ganz normalen Menschen Massenmörder werden*）[20] 便對「大屠殺行徑」這個影響二十世紀歷史最根本的問題之一做了相當深入的探討。這本書的主題是納粹大屠殺，但旁及越戰、巴爾幹半島（Bosnia and Herzegovina）內戰與非洲魯安達（Rwanda）種族屠殺。雖然作者並非歷史學者，因此在歷史材料的採集上有所不足；但是，從社會心理學的角度來討論一個歷史學難以周全解釋的問題，並提出相當有啟發性的觀點，這是跨學科研究難能可貴之處。

　　Welzer 在寫作《加害者》一書前，過去所做的研究就已指出，沒有人生下來就註定成為謀殺者。正確來說，應該是大部分的人在特定情境、社會環境、或是被激將法鼓舞應該勇於表現的刺激下，都有可能成為謀殺者。[21] 因此，在他看來，探討大屠殺的問題，重點不該是「如何」屠殺，而應放在「為什麼」會掀起大屠殺？

　　在《加害者》這本書裡，Welzer 進一步透過「得利者的

群體感」（ein Kollektiv der Profiteure）這個概念來解釋大屠殺產生的原因。簡單來說，一個主流社會如果在司法正義與政治道德上，不將對特定社群的殘害視為違法及違害人權，那麼，這個社會很容易在短時間內變成一個殺人不眨眼的社會。因為一個清楚區分「我群／我者」與「他群／他者」的社會，被歸類為「我群／我者」的人都會以絕對的自我崇高感來凌辱被歸類為「他群／他者」的人。22

　　當「我群／我者」與「他群／他者」的區分被主流社會的道德想像絕對化與合理化後，隨即會產生主流社會自視為「貴」、並將被排擠的社群歸類為「賤」的清楚劃分。我群／我者為了自身永遠的福祉，會認為剷除這個「賤」的社群（共同生活環境裡的毒瘤）是有必要的。在這樣的思維下，主流社會就會開始透過大量宣傳、道德化論述、教育洗腦、以及對「他群／他者」的歧視與差別待遇，讓大家產生「賤者」根本不算是「人」的想法（圖4～5）。在這樣的情況下，大規模屠殺「賤者」的悲劇就很容易發生。除了少數人能清醒地抵抗這種瘟疫似的狂熱外，即便受過很好教育或有宗教信仰的人都有可能受到影響而成為加害者。23

　　不像希特勒是有極端性格，Welzer 提到，作為希特勒「共犯」的納粹屠殺主要戰犯，例如，蓋世太保統帥赫曼‧戈林（Hermann Göring）與納粹德國的副元首魯道夫‧黑絲（Rudolf Heß），他們都是先通過心理健康測驗，確認他們心理狀況相

4.

1933 年 4 月 1 日，
納粹衝鋒隊（SA）
在猶太人開設的百
貨公司 Wohlwert 門
前掛起「我們的國
家有猶太人實在不
幸」的布條。

5.

納粹宣傳雜誌《先
鋒戰士》在 Worms
利用海報欄張貼反
猶太文宣：「我們
的國家有猶太人實
在不幸」。

當正常之後，才被送到紐倫堡大審的法庭接受司法審判。[24] 從這個角度來看，Welzer 認為，漢娜‧鄂蘭說納粹共犯是「邪惡的平庸」之化身，其實不夠貼切；書寫《現代性與大屠殺》（*Modernity and the Holocaust*）[25] 的波蘭裔社會學家 Zygmunt Baumann 所說「精打細算下向惡勢力靠攏」（rationality of the evil）[26] 的說法更能讓大家明白，納粹共犯與幫兇之所以靠向為惡的那一方，是精打細算後的結果。他們不是盲目跟隨，而是清楚地想要藉此獲得「得利者的群體感」，好讓別人看到他們是有靠山的（圖6）。

在《加害者》一書裡，Welzer 也以魯安達種族大屠殺為例，提到加害者完全把大屠殺當「工作」、或是「義務／責任」看待。他們每天早上八點準時開始殺人，下了班就跟同事去吃吃喝喝，完全不認為自己在做殘害他人生命的事。從這裡可以看出，「大屠殺」與「符合社會道德」（anständig bleiben）之間可以完全不衝突，只要社會主流認為被害者是該被清除的對象即可。正是在這一點上，每個社會都有可能發生大屠殺；而每個社會也都有一批潛在的躍躍欲試之徒，他們不需要等到正式命令下達，只要社會有一些不寬容的氛圍成形，就會迫不急待對主流社會默許「人人皆可誅之」的人動手。

正如以色列歷史學者 Yehuda Bauer 所指出，歐洲對猶太人的迫害要從很多層面來探討，迫害的歷史也很久遠，不應

只將矛頭單一對準德國了事。而隨著教廷與法國紛紛對二戰
期間幫助希特勒政權執行遣送猶太人到集中營的作為表示
道歉，並開放檔案讓歷史真相可以透過學術研究清楚公諸於
世，歐洲對猶太人遭受迫害歷史的
書寫，層面越來越廣。[27] 然而，德國
還是唯一的國家，以各式各樣的紀
念園區與教育展覽，透過大量地揭
露自己國家不堪的過去，來進行人
權教育與轉型正義教育（圖 7）。

　　開幕五年以來，到「恐怖政治
地形館」參訪的人數十分可觀。在
館內，隨時可以看到其他國家的學
生在這個歷史現場對著許多史料與
歷史照片進行討論，藉此具體認識，
在政治不上軌道的社會，國家如何
經常以加害者的身分出現在一般民
眾面前。「恐怖政治地形館」的展
覽所要展示的，也就是國家暴力曾
經如何化身為主要加害者的故事。

6.

希特勒為了吸引法國右派加入他對抗俄共的行列，抬出他心目中歐洲文明的始祖「查理曼」（Charlemagne）
作號召，合理化自己在東線作戰是發動歐洲十字軍，來打擊布爾什維克主義。希特勒希望自 843 年起分
裂的查理曼帝國，在他的統整下，重新合一。在他的宣傳下，有近萬名法國志願兵先是加入德國國防軍，
後來納入納粹武裝黨衛軍（Waffen SS），此即二戰末期成軍的「查理曼黨衛師」（Division Charlemagne）。

Bundesarchiv, Bild 101III-Apfel-017-30/ Photo: Apfel

　　也正是有鑑於此,雖然「恐怖政治地形館」是「聯邦德國」為「納粹德國」所興建的展覽館;然而這座特殊的展覽館要強調的,不是「聯邦德國」優於「納粹德國」,而是歷史記憶也應回歸到人性面,深深以「不可踐踏個人生命尊嚴」這個無比崇高的宗旨為念,而不是以「國家合法統治權」作為歷史記憶的指導原則。

7.

「恐怖政治地形館」經常有德國及其他國家的學生在此參訪、上課。一旁的電腦也提供豐富的補充資訊與史料,讓參訪者隨時上網查詢。

© 攝影:花亦芬

「歐洲猶太受難者紀念碑」
與受難者群體之間的競爭

我們能說這些是活著的人嗎？

我們能稱他們喪命的方式叫死亡嗎？

面對自己生命是這樣被剝奪，

這些人一點都不害怕，

他們已經累到弄不清自己究竟是怎麼死的。

──Primo Levi [28] ──

自 1942 年起，德波邊境的奧許維茨集中營（Auschwitz-Birkenau concentration camp）被歸類作「滅絕營」（extermination camp），成為有計畫滅絕全歐猶太人最重要的大本營。根據統計，納粹屠殺的 600 萬名猶太人裡，有 270 萬人是在集中營喪生。光在奧許維茨集中營，才一抵達就被送進毒氣室屠殺的人數高達 86 萬 5 千人。這裡成為快速滅絕人類生命的大型屠宰場，單日可以消滅 6,000 人的生命。

為了紀念這 600 萬無辜喪生的猶太人，德國媒體人 Lea Rosh 自 1988 年起，積極推動在布蘭登堡門南邊不遠處、美國大使館旁的的商業精華地段設置「歐洲猶太受難者紀念碑」（*Denkmal für die ermordeten Juden Europas*, 圖 1）。[29] 這個紀念碑是由美國建築師 Peter Eisenmann 設計，於 2005 年落成。Eisenmann 在占地 19,000 平方公尺的廣場上，樹立了 2,711 根象徵墓碑的水泥柱——每根長 238 公分，寬 95 公分，高 470 公分——柱子與柱子間的距離是 95 公分。整個紀念碑林與周邊的道路並沒有清楚的界線隔開來。這個抽象的設計意象彷彿訴說著，過去的闇黑歷史就是在大家沒有特別注意到的情況下，悄悄滲進城市生活的各個面向；同時也刻意讓路過此處的行人，在不知不覺裡跨越當下現實生活的邊界，走入歷史記憶之林。

Eisenmann 曾形容，他看著參訪人群走進這片碑林，緩緩消失在一大片水泥森林裡的景象（圖 2），彷彿是「消失」進（disappear）、或「沒入」（sink）其中。[30] 這樣的情景讓他想

1.

位於柏林美國大使
館旁的「歐洲猶太
受難者紀念碑」。

◎攝影：花亦芬

2.

「歐洲猶太受難者
紀念碑」。

◎攝影：花亦芬

起義大利作家 Primo Levi 從奧許維茨集中營生還後，在 1947
年出版的回憶錄《如果這算是個人》（*If This Is a Man*）描述集
中營生活的景況：

> 乖乖地「沒入」是最簡單的對應之道。只要接收到命令、
> 就聽命行事，按照配糧進食，乖乖遵守工作場與營房所
> 有規定就好。但從我所見所經歷的來看，想用這種方法
> 保命的，通常活不過三個月。所有被送進毒氣室的菜鳥
> 能說的集中營故事都是這樣；或者應該更精確地說，已
> 經沒命的他們根本說不出故事來了。這些菜鳥像是沿著
> 緩坡慢慢滑進無底深淵，像溪流悄悄沒入茫茫大海。[31]

刻意模糊日常生活與紀念碑之間的邊界，是 Eisenmann
刻意追求的設計效果，他說：「我不希望參訪者眼淚流完後，
就覺得可以良心無愧地走開。」（I don't want people to weep and then
walk away with a clear conscience.）[32] 他希望這個被模糊化的邊界意象，
能刺激大家去思考，如何界定納粹大屠殺的「罪」涵蓋的範
圍有多廣？誰又算是有罪？透過親身體悟、激發省思，他希
望帶起的歷史記憶是活的，可以重新被經驗到，而不只是屬
於過去。

然而，在另外一方面，不可忽視的是，「歐洲猶太受難
者紀念碑」設立的過程其實充滿許多爭議。[33] 德國公部門設

置紀念碑的原則，基本上是在歷史現場建立具有警戒後人、或哀悼受難者意義的歷史記憶。「歐洲猶太受難者紀念碑」設置的場址雖然距離希特勒辦公的元首府與藏身的地下防空洞（Bunker）不遠，但並沒有與任何特定歷史事件直接相關。此外，在市中心設置量體如此巨大的紀念碑，但只局限於對猶太受難者的紀念、刻意排除其他受難群體的做法，引發社會高度爭議。因為其他受難團體認為，此舉無異是將納粹大屠殺簡化為對猶太人的大屠殺，忘了還有許多其他受難群體也應一起被紀念、被哀悼。

　　的確，從「民族」的角度來看納粹暴行，600 萬猶太人被屠殺（包含 150 萬名兒童），是很令人怵目驚心的事。尤其如果注意到，威瑪共和時期，猶太人只占當時德國總人口不到 1%。這麼小的人口比例卻受到系統性的高度壓迫，只能說，這種殘酷悲劇之所以會發生，在於當時德國有不少比例的人並不認為系統性滅絕猶太人是殘暴野蠻的行為，反而認為種族清洗是「神聖的義務」（heilige Pflicht）。但是，從個別「國家」受害的情況來看，有些國家的國民遭到屠殺的人數，並不亞於從「民族」的角度來看納粹暴行。

　　1939 年 9 月 1 日凌晨，德國空軍在毫無預警的情況下對波蘭中部古城維隆（Wieluń）發動空襲，造成 1,200 人死亡，該城市中心九成被炸毀。自此掀開第二次世界大戰，同時也讓維隆成為二戰第一個被炸毀的城市。著名的歷史學者

Wolfgang Benz 根據歐洲各國檔案資料於 1991 年做出來的統
計，至今仍是德國進行對外和解與賠償依據的學術資料。[34]
根據 Benz 的統計，波蘭受難犧牲的平民百姓高達 550 萬人（包
括 270 萬名猶太人），俄國高達 1,800 萬人（包括 210 萬名猶太人）。

　　由此來看，納粹對波蘭這個「國家」造成的傷害，並不
亞於對猶太「民族」造成的傷害。如果德國歷史記憶的主軸
只放在對「猶太大屠殺」的紀念上，就很容易讓其他受難群
體感到自己淪為二等受難者。針對這種被排擠的受難記憶問
題，波蘭著名政論家 Adam Krzeminski 在 2003 年曾嚴正抗議。
他說：

就德國二十一世紀的「歷史記憶政策」（Gedächtnispolitik）
而言，波蘭絕對稱得上是最夠格的試金石。它是德國發
動毀滅性行動的第一個受害者，但因積極抵抗，因此從
被入侵的第一天起，就加入反希特勒的陣營。在所有參
戰國家裡，波蘭也是相對來說，受創最重的。……根據
Hans-Ulrich Wehler 的研究，德國高中生與大學生都知道，
歐洲有 600 萬猶太人被屠殺，「但是，當我們說，在二
戰期間，波蘭有五分之一的人口喪生；而且在戰爭初期，
波蘭已有 80 萬人從被德軍占領的家園被驅逐時，大家
都表示不知情，也覺得很訝異。」德國對 1939 年 9 月 1
日入侵波蘭一事、以及納粹在波蘭所犯的種種罪行幾乎

不置一詞 [35]。

　　說德國幾乎不提自己在二戰期間對波蘭所犯下的罪行，並不公允。Krzeminski 顯然忘了，前西德總理 Willy Brandt 在 1970 年的「華沙之跪」（第 1 章圖 1）正是在波蘭國土上，作出聯邦德國官方第一個正式道歉認錯的動作。然而，作為德國人都相當尊重的波蘭政論家，Krzeminski 會發出這樣的不平之鳴，的確是有原因的。關鍵就在於，即將落成的「歐洲

3.

2015 年德國紀念終戰七十週年，布蘭登堡門前展出德國如何侵略波蘭以及 1970 年西德總理 Willy Brandt 跪下來道歉的露天歷史照片展。

© 攝影：花亦芬

猶太受難者紀念碑」讓中東歐國家的二戰受害者、或是其他
受難群體深深覺得，自己所屬群體受到的創傷因此被高度邊
緣化、相對縮小化。

　　當然，Krzeminski 也很了解，「歐洲猶太受難者紀念碑」
的設置，的確是讓努力與歐洲各國進行和解的德國陷入棘手
的道德困境。如他在〈歐洲史該從何處開始說起？〉（"Wo
Geschichte europäisch wird"）一文指出：「德國敢無所顧忌地批評
以色列、或敢用嘲諷的漫畫批評有媒體影響力的猶太評論家
而不被指控是反猶嗎？」36 然而，對中東歐而言，這麼一面
倒地將二戰的道歉認錯工作以猶太人為核心，是公平的嗎？
Krzeminski 就提到，波蘭非猶太受難者看猶太人壟斷德國戰
後歷史記憶的做法，相當不以為然。

　　德國著名歷史學家 Christian Meier 指出，德國在歷史記
憶政策上，波蘭與猶太人之間，的確呈現失衡的現象，讓人
痛心。37 然而，Meier 也說，失衡現象正可讓大家看到，德國
對二戰的紀念被許多相當棘手、難以一一個別解決的問題糾
纏環繞。因此，不應將這麼多各式各樣的紀念園區與紀念碑
視為單獨個別的存在，而應看重它們彼此之間的關係。它們
的集合體才構成德國對二戰及其後發展所有的歷史記憶。然
而，即便如此，德國人還是要有所警覺：「想要做到面面俱
到是不可能。但是，無法面面俱到（如一直以來所顯示的實際
狀態），發展到某種地步，是會引發負面效應的。」38

　　為了平衡「歐洲猶太受難者紀念碑」這麼巨大的量體搶走大家的注意力，Adam Krzeminski 於 2002 年說，幾年前有人開始提倡的「反驅逐迫遷紀念中心」（Zentrum gegen Vertreibung）應該要設在波蘭靠近德國邊境的古城布雷斯勞（Breslau），以紀念二戰時歐洲各地有 6,000 萬被迫離開家園、四處流亡的難民（包括 1,400 萬說德語的難民從東歐家園被往西驅逐）。他認為，如此一來才能讓這 6,000 萬人當時所受的逃亡、流徙之苦（圖 4～7）像 600 萬被屠殺的猶太人那樣，有一個正式的場館來紀念。[39]

　　為何要設在布雷斯勞？Krzeminski 說，這裡以前是德國人、波蘭人、波希米亞人、猶太人、俄國人、以及被俄共迫遷的烏克蘭人共居之地。1944 年冬天，布雷斯勞 60 萬名居民在短短時間內，因為「種族清洗」（ethische Säuberung）之故，幾乎被驅逐淨盡。新搬進來的，是被俄國占領的波蘭東部地方的人、過去被德軍占領的波蘭中部的人，還有從集中營生還的人。[40] 因此，Krzeminski 說，布雷斯勞是許許多多歐洲人共同受迫害而必須離鄉背井的悲劇發生地，也是紀念館場址最佳的選擇。透過「反驅逐迫遷紀念館」的成立，可以提醒大家，「住在故鄉安居樂業」（Rechts auf Heimat）屬於人權範圍之一。

　　然而，不少波蘭與捷克人把 Krzeminski 的提案視為企圖將德國從「入侵者」轉化為「受害者」的詭計。批評他的人認為，何苦在波蘭尚未覺得德國的道歉已經足夠前，就搶著

4.

二戰期間有許多波
蘭人被納粹強迫離
開自己的家園。
圖為波蘭中北部
Wartheland 的居民在
1939 年被迫踏上流
亡之路的景象。

5.

德國哲學家康德
的家鄉柯尼斯堡
Königsberg（原屬東
普魯士，現屬俄
國）在 1945 年有大
批說德語的居民被
驅離，搭船離開家
園。

Bundesarchiv, Bild 146-
1972-093-65/ Photo:
o.Ang.

6.

二戰末期，有許多說德語的中東歐居民從自己的家園被驅離，只能往西逃亡。

7.

1945 年，逃難的難民穿越俄波邊境結冰的維斯圖拉潟湖（Vistula Lagoon）。Bundesarchiv, Bild 146-1990-001-30/ Photo: o.Ang.

幫德國說話？雖然近十餘年來德波這兩個鄰國的關係已經相當平和融洽，然而中東歐國家只願意讓德國入侵歷史作為歐洲歷史記憶主軸的現象，正顯示出，歷史記憶問題在面對受難者的情緒時，必須小心翼翼地處理相當棘手、而且被高度政治化的問題。

8.

柏林的國會大廈後方牆角有一塊磚牆，是波蘭國會送給德國國會的禮物。紀念波蘭團結工聯在一九八〇年代初期成功組成第一個非共產黨的政權，並以非暴力抗爭的方式，讓東歐開始掀起民主化浪潮，最終也促成東西德民主統一。這片磚牆原先是立在但澤（Danzig）造船廠，1980 年 8 月 14 日，華勒沙翻過這面牆，開始領導造船廠內的罷工行動，終而引發全國性罷工風潮。

© 攝影：花亦芬

聯邦政府紀念碑「新崗哨」
引發的爭議

我們所活的時代最大的悲劇是，
我們不願傾聽自己良知發出的聲音。
我們不說心裡真正想的；
我們不做心裡認為該做的。

AND THE GREATEST TRAGEDY
OF OUR AGE IS WE DON'T LISTEN TO OUR
CONSCIENCES.
WE DON'T SAY WHAT WE THINK. WE FEEL ONE
THING AND DO ANOTHER.

——俄國作家 VASILY GROSSMAN（1905-1964）——

在柏林市中心精華地段設置「歐洲猶太人受難者紀念碑」引發不少爭議（第 7 章），這並不是說，德國可以迴避納粹屠殺 600 萬猶太人的重大罪責；而是在道歉賠償、與進行歷史記憶工作時，不應只獨厚猶太人、輕看其他受難者。換言之，德國應該同時負起責任的，還有其他許多不同的受難者群體，他們加總起來的人數，並不比猶太受難者少。

德國究竟該為多少不同的受難者團體負責？或者說，德國究竟該怎樣認罪道歉才是對的？戰後哲學家雅斯培斯（Karl Jaspers）在《德國罪責問題》一書裡，曾針對德國應負起「道德上的罪責」提出看法（頁 148）。他認為，盟軍應該審判德國在納粹時期的「集體罪責」（Kollektivschuld）。然而當時盟軍政治高層並不認為這項提議妥當，因為此舉有可能讓德國永遠被貼上負面標籤，因此當時只選擇從個人罪責的角度審判事證確鑿的納粹戰犯。一直到二十世紀下半葉，隨著德國歷史記憶工程觸及到的層面越來越深廣，德國社會開始默默地從自身出發，逐步落實雅斯培斯當年的倡議。然而即便如此，還是有許多做得不盡完美之處，經常引發社會爭議或批判。

針對「德國究竟該怎樣認罪道歉才是對的」這個問題，國際重量級史學家 Reinhart Koselleck 說，要切中要點討論這個問題就必須先問：「德國認為有哪些受難者可以被遺忘？」（Wer darf vergessen werden?）因為沒有任何一位受難者可以被遺忘，所以就不該產生獨厚特定受難團體的現象。他認為，當時執

政的柯爾（Helmut Kohl）政府並無意好好面對這個需要細膩處理的問題，遂讓許多相關重要決策越來越令人無法滿意。

1998 年 3 月 19 日，Koselleck 在《時代週報》（*Die Zeit*）發表一篇文章〈我們被允許遺忘誰？——「歐洲猶太人受難者紀念碑」讓納粹受難者蒙受不對等的紀念。政府不該耐心不足〉[41]，批評柯爾政府在處理二戰受難者紀念碑相關決策上一錯再錯。他認為，柯爾政府漠視廣大民意的錯誤做法，也表現在遴選象徵全德國對二戰罪行道歉認錯的公共紀念藝術品上。也就是說，柯爾政府決定將藝術家凱特．科維慈（Käthe Kollwitz, 1867-1945）的《聖母哀子像》（*Pietà*, 圖 1 ～ 3）選為德國聯邦政府紀念一戰、二戰與納粹暴行的「新崗哨」（Neue Wache）所陳列的公共雕刻，這個決定相當有問題。

在菩提樹下大道（Unter den Linden）上的「新崗哨」位於洪堡大學（Humboldt Universität）旁。這原是德國著名建築師勳克爾（Karl Friedrich Schinkel）於 1816 至 1818 年間以新古典主義風格為普魯士國王的部隊建蓋的崗哨，並兼做紀念拿破崙戰爭普魯士陣亡將士紀念碑。1931 年，這裡被改為紀念第一次世界大戰陣亡將士紀念碑；東德時期，配合東德政治意識型態，此地又被改為「法西斯與軍國主義受難者紀念碑」（*Mahnmal für die Opfer des Faschismus und Militarismus*）。兩德民主統一後，1993 年這裡再度重新被整修為「德意志聯邦共和國紀念戰爭與暴政受難者紀念館」（Zentrale Gedenkstätte der Bundesrepublik Deutschland für die

1.

位於菩提樹下大道
（Unter den Linden）上
的「新崗哨」。
© 攝影：花亦芬

2.

位於「新崗哨」的
凱特·柯維慈（Käthe
Kollwitz）複製放大
版《聖母哀子像》
（*Pietà*）。
© 攝影：花亦芬

Opfer von Krieg und Gewaltherrschaft）。換言之，這是以聯邦政府之名專門設立的紀念館。

　　Koselleck 認為，凱特・科維慈有不少好作品都值得納入考量。但是，選擇以這尊複製放大版的《聖母哀子像》來作為「新崗哨」的公共紀念藝術，不論從政治、美學、或圖像意涵來看，都不恰當。

　　問題出在哪裡？

　　這尊雕像原是凱特・科維慈為自己的次子彼得之死所創作的。1914 年，彼得自願從軍，參與第一次世界大戰，結果在比利時喪生。雕像完成後，科維慈在雕像下特別刻上一行銘文：「獻給自願從軍而犧牲的年輕生命」（"Opfertod des jungen Kriegsfreiwilligen"）。1939 年，當科維慈看到納粹獨裁氣勢日益猖獗，她又將銘文改為：「人之常情哪會悅納自己孩兒獻上的犧牲？」（"Die Menschheit habe das Opfer ihres Sohnes nicht angenommen"），以此表達看到年輕人常受國族主義驅使，無辜地將自己生命奉獻出來，以至於讓白髮人帶著無盡的哀傷送別黑髮人。然而，更令她痛心的是，人類卻一直無法從這些年輕人無辜送死的歷史裡汲取教訓，不斷地以國族主義催化毀滅性的戰爭。

　　Koselleck 指出，柯爾政府在「新崗哨」放置的複製放大版《聖母哀子像》（圖 3）所刻的銘文：「獻給因戰爭與暴政而受難的所有犧牲者」（Den Opfern von Krieg und Gewaltherrschaft）相

當有問題。因為這與東德時期「新崗哨」作為國家紀念堂當時所烙刻的銘文：「獻給法西斯與軍國主義受難者紀念碑」（Den Opfer des Faschismus und Militarismus）在文句構成形式上極為近似，很容易讓人聯想到東德時期紀念碑的政治宣傳手法。

反之，凱特‧科維慈所寫的兩則銘文，是在悼念年輕生命不幸太早殞落的同時，同時也批判國族主義對年輕人的煽動，以至於讓他們成為奮不顧身的「主動行動者」。相較之下，柯爾政府為科維慈的複製雕像所刻的銘文，卻只將戰爭帶來的所有黑暗與苦難，統統化約成「被動式的犧牲受難」，

3.

位於「新崗哨」的凱特‧科維慈（Käthe Kollwitz）複製放大版《聖母哀子像》（*Pietà*）。
© 攝影：花亦芬

這種寫法徒然讓這個碑銘失去應該進一步引發大家深思的反省空間。對此 Koselleck 寫道：

> 好像所有在二戰喪生的德國人都只是納粹政權下被迫犧牲的人（passive Opfer），如同那好幾百萬被我們殺害的無辜受難者一樣。我們應該思考：相對於有 600 萬猶太人被屠殺的事實，我們也有大約同樣數字的軍人死於戰火。然而在這個銘文裡，所有人都被歸類成死在同一個獨裁政權暴政下。這是把所有狀況都放進同一個籃子的做法。只要是屠殺猶太人的全被通稱爲「加害者」（Täter），而在二戰喪生的所有人則被通則化爲「不是自己甘心赴死的受難者」。這種寫法會讓人停止去追問：哪些人爲了什麼目的犧牲了誰（或自己）的生命？或者，出於哪些特定原因，誰的生命被奪走了？這些問題都沒有被回答。其實這些問題根本就沒有被提出來。

正是在這樣的思考基礎上，Koselleck 認爲，不管是「新崗哨」的《聖母哀子像》或是 Lea Rosh 當時奮力排除眾議、積極推動設置的《歐洲猶太人受難者紀念碑》都缺乏歷史探問應該要有的深度。

Koselleck 這位專研中古末期至近代初期觀念史的國際知名學者還指出，從圖像學的角度來看，《聖母哀子像》蘊含

排除對猶太人與婦女悼念的可能性。然而，「猶太人」與「婦女」正是遭受納粹殘害最深的兩種人群。

　　為什麼這麼說呢？Koselleck 指出，自中古晚期以來，歐洲醜化猶太人的主要手法之一，就是污名化他們是陷害耶穌、以至於讓耶穌喪命的人。因此，從傳統圖像意涵來看，《聖母哀子像》可以讓保守派人士聯想到，聖母是在哀悼他的聖子耶穌被猶太人害死一事。而在另一方面，聖母作為哀悼者，也容易讓人忽略了更重要的事實，亦即「婦女」本身也應該成為被悼念的對象。因為有好幾百萬名女性被納粹荼毒、謀殺、或是被送進毒氣室，或是不明不白就下落不明。

　　Koselleck 之所以會對柯爾政府提出如此尖銳的批判，正是有鑒於 1993 年「新崗哨」與《聖母哀子像》揭幕時，柏林的猶太人事務委員會（Jüdische Gemeinde Berlin）主席 Jerzy Kanal 根本就拒絕參加揭幕儀式，寧可去參加一場反納粹示威遊行。[42] Koselleck 撰寫〈我們被允許遺忘誰？〉這篇文章的出發點正在提醒德國政府，一定要重視「把一條人命當一條人命認真看待」的基本原則。當我們要紀念歷史的不幸時，應該把受難者與加害者連結起來，這樣的歷史記憶才真正具有意義。

　　然而，正是因為「一條人命就是一條人命」，Koselleck 呼籲，在悼念 600 萬被屠殺的猶太受難者之餘，也不要忘記，還有為數可觀的辛提與羅姆人（Sinti & Roma）、同性戀者、身障者、智障者、被強迫結紮者、被迫安樂死者，因為爭取政

治或宗教自由而被迫害的人……等等。這些無辜的受難者加起來，超過 1,500 萬人。光以波蘭來說，非猶太裔的波蘭受害者（其中不少是知識份子）就大約有 300 萬人。為什麼大家不願意去看看這些驚人的數字？何以柯爾政府只願意呼應 Lea Rosh 的主張，去設置一個排除其他受難者群體的「歐洲猶太受難者紀念碑」？如果要這麼做，那德國政府就有義務為其他各種受難人群另立質量規模毫不相遜的紀念碑。

　　Koselleck 提到，因為納粹的歷史太陰暗，德意志聯邦共和國成立的基礎正是建立在透過不斷認罪反省，以確保人性尊嚴與人權。在世俗社會裡，無法要求大家能在共同的宗教信仰基礎上尋求寬恕和解；因此世俗政治能做的，就是將歷史記憶不斷地與教育以及具體政治作為連結起來（圖4）。這不僅需要勇氣，也需要在為受難者立碑時，能問對問題。

4.

史學家 Reinhart Koselleck 認為，如果真的要選凱特‧科維慈的作品作為聯邦政府專門設置的公共紀念雕像，複製科維慈為比利時 Vladslo 一戰陣亡德軍公墓所創作的雕像《悼念的父母》（*Trauerndes Elternpaar, 1930*）更為合適。

9
「國際大屠殺紀念日」
與多元的歷史記憶

面對不公不義的情況，
若擺出中立的立場，
已經是站在壓迫那一方。

IF YOU ARE NEUTRAL
IN SITUATIONS OF INJUSTICE,
YOU HAVE CHOSEN THE SIDE OF THE
OPPRESSOR.

—— 南非屠圖大主教 DESMOND TUTU ——

　　1996 年起，每年 1 月 27 日是德國「國定納粹受難者紀念日」（Tag des Gedenkens an die Opfer des Nationalsozialismus）。這個紀念日自 2005 年起藉由聯合國通過 A/RES/60/7 決議案，[43] 改稱為「國際大屠殺紀念日」（International Holocaust Remembrance Day, 圖 1-2）。[44]

　　1 月 27 日之所以被訂為「國際大屠殺紀念日」，是基於 1945 年 1 月 27 日是德波邊境奧許維茨（Auschwitz）集中營被蘇聯紅軍解放之日。奧許維茨集中營不是一般的集中營（concentration camp），而是有系統地消滅猶太人的「滅絕營」

1.

2016 年 1 月 27 日德國與以色列第一次在台灣舉行「國際大屠殺紀念日」現場照片。
© 攝影：花亦芬

（extermination camp）。因為在奧許維茨受難的猶太人非常多，因此這個滅絕營成為納粹大屠殺的象徵。德國政府在 1995 年 6 月直接透過政黨協商，通過訂定這一天為國定紀念日；隔年 1 月 3 日由總統 Roman Herzog 宣布實施。[45] 在總統文告裡，Herzog 說，希望藉由這個國定紀念日的頒布，德國人能放下納粹宣揚的錯誤意識形態，揮別種族主義思想。除此之外，這一天也是為被納粹迫害的辛提與羅姆人（Sinti and Roma）、身心重度殘障者、與同性戀者而設。換言之，這個紀念日紀念的不只是狹義的「猶太受難者」，也是廣義的「納粹暴政受難者」。

透過設置「國際大屠殺紀念日」讓各種受難群體在德國轉型正義工程上受到同樣重視，也讓德國的歷史記憶跳脫被猶太受難史窄化的問題，往多元化方向開展，的確別具意義。畢竟，「記憶」與「遺忘」相伴而行。太刻意要專門去記住些什麼，也往往意謂著放任去遺忘另外一些什麼。「記

2.

德國外交部臉書報導台北舉行「國際大屠殺紀念日」的訊息，照片在台北松菸表演廳活動現場拍攝。（2016 年 2 月網路擷圖）

憶」意謂著選擇去「遺忘」比較不重要、比較不那麼有意義
的事務。「記憶」的問題常常是價值選擇的問題。

　　過去德國對納粹暴行的紀念是以 11 月 9 日為主。因為
1938 年那天晚上，德奧兩國許多猶太商店與會堂（synagogue）
的玻璃門窗突然被敲碎砸爛，史稱「水晶之夜」（Kristallnacht,
圖 3）。根據統計，當晚德奧兩國超過 1,400 間猶太會堂被毀，
超過 1,300 名猶太人遇害身亡。自此之後，納粹正式對猶太人
展開各種迫害行動。

3.

1938 年 11 月 10 日，柏林人走在「水晶之夜」過後的街道上，處處可見玻璃櫥
窗被砸碎搗爛的猶太商家。

　　從 11 月 9 日改為 1 月 27 日，應該是考量到，1989 年 11 月 9 日柏林圍牆突然倒塌了。從「省思水晶之夜」到「慶祝柏林圍牆倒塌」，這兩個重大歷史事件相隔半個世紀有餘，歷史脈絡息息相關，但引發的歷史情感卻不一樣。因此，在一九九〇年代初期，當時「德國猶太人事務中央委員會」（Zentralrat Juden in Deutschland）主席 Ignatz Bubis 就認為，[46] 將對納粹暴行的紀念放在 11 月 9 日，只是從德國的角度來看猶太人受難的歷史；但是，納粹屠殺造成的災難其實影響全歐，因此，應該以 1 月 27 日奧許維茨集中營解放日為基準，作為全歐都可參與的紀念日。[47]

　　1998 年 5 月 7 日，英國、美國與瑞典在斯德哥爾摩成立一個特別工作小組，思考「與大屠殺相關的教育、紀念與研究國際合作」（International Cooperation on Holocaust Education, Remembrance and Research, 2013 年改名為：International Holocaust Remembrance Alliance, 簡稱 IHRA）如何進行。他們想透過對納粹屠殺的歷史記憶，更進一步討論如何防治新興的排外運動、新法西斯思潮（例如新納粹）以及在非洲與東南歐各種違反人權的悲劇事件再度發生。2000 年，這個特別工作小組在斯德哥爾摩召開盛大的國際論壇，邀請來自 46 個國家的代表（包括政府官員、外交工作人員、宗教代表、學者、記者、納粹大屠殺生還者）介紹自己國家如何處理迫害／受迫害的經驗、以及如何建構自己國家的歷史，好讓各國有互相觀摩學習的機會。

　　IHRA 會議的成果是發表「斯德哥爾摩宣言」（Stockholm Declaration）：[48] 加入 IHRA 的會員國應將「國際大屠殺紀念日」引進自己國內。這個決議文的草案，是由以色列代表 Dan Gillerman 草擬，他說明自己的構思並不只限於猶太人在歐洲遭遇的災難，希望這個草案對所有飽受內戰或種族屠殺之苦的國家也能提供幫助。根據目前 IHRA 官網所示，迄今有 31 個會員國加入該組織，除了美、加、以色列、阿根廷外，其他都是歐洲國家。

　　「斯德哥爾摩宣言」除了將 1 月 27 日制定為「國際大屠殺紀念日」外，還另外向聯合國秘書處提出申請，希望從歷史記憶政策與教育政策上加強對大屠殺的紀念（圖 4 和 5）。換言之，紀念大屠殺不再只限於對納粹屠殺所牽涉到的加害者與受害者之記憶，而是延伸到對各種「特定族群（包括國家、種族或宗教族群……）屠殺」的紀念。[49] 簡單來說，任何國家或社會只要曾經有過違反人權的屠殺歷史，都可以放進「國際大屠殺紀念日」的紀念範圍。

　　「斯德哥爾摩宣言」的確讓 "Holocaust" 這個字詞多多少少脫離日益被猶太受難者專有化的趨勢。藉由適時平衡太過強勢的受難者壓力團體排擠其他比較弱勢受難者群體，也讓普世人權受損的問題回歸到比較具有全球視野的角度重新被檢視。

　　根據美國納粹大屠殺紀念館（Unitted States Holocaust memorial Museum）的統計，二戰期間納粹共起造了 980 座集中營，30,000

4.

猶太拉比在台北舉
行的「國際大屠殺
紀念日」儀式現場
點燃七盞蠟燭禱
念（2016 年 1 月 27
日）。
◎攝影：花亦芬

5.

2016 年 1 月 27 日松
菸紀念活動現場放
映聯合國關於「國
際大屠殺紀念日」
介紹影片。

座奴工營，1,000 座戰俘營，500 個提供慰安婦的場所，以及其他屠殺人的場所。總計當時為希特勒進行傷天害理之事的專門機構共有 42,500 個。這其中，除了猶太人之外，究竟還有多少不同的受難者群體被置於歷史記憶門外？他們又該如何被紀念？

根據統計，納粹時期德國因為同性戀的罪名遭逮捕的人超過 50,000 名，其中究竟有多少人死在集中營裡，目前還沒有詳細資料，但粗估至少有數千人（圖6）。在「歐洲猶太人受難紀念碑」落成後三年，也就是在 2008 年 5 月，紀念

„Wir haben in der SS immer noch Homosexualität. Im Jahr acht bis zehn Fälle. Diese Leute werden degradiert und ausgestoßen und dem Gericht übergeben. Nach Abbüßung der festgesetzten Strafe werden sie in ein Konzentrationslager gebracht und auf der Flucht erschossen. Dadurch hoffe ich, dass ich diese Art von Menschen aus der SS bis zum letzten herausbekomme." Heinrich Himmler, 1937

6.

柏林「恐怖政治地形館」展出同性戀者被迫害的資料。納粹黨衛軍的統帥亨利‧興勒（Heinrich Himmler）說，納粹黨衛軍成員每年有 8 至 10 位被查到有同性戀傾向。只要一查到，就送司法究辦；接著送往集中營，逃脫者格殺勿論。他希望用這個方式把同性戀者從黨衛軍的行列中徹底清除乾淨。

　　納粹統治時期同性戀受難者的紀念碑也揭幕了（圖7）。這
個紀念碑位於「歐洲猶太人受難紀念碑」對街的「狩獵園」
（Tiergarten）入口處。從外觀來看，這個紀念碑像是個水泥柱，
長190公分，寬62公分，高360公分。形式上刻意呼應對街「歐
洲猶太人受難紀念碑」的柱林。貼近這個水泥柱時，則可透
過一個窗口隔著玻璃觀看一則只有九十秒的短片，內容是兩
位男性正在互相擁吻。

7.

位於柏林市中心「狩獵園」（Tiergarten）內的「被納粹屠殺的同性戀受難者紀念碑」。
（Monument to Homosexual Holocaust Victims）。

© 攝影：花亦芬

2012 年 10 月，位於國會大廈（Reichstag）轉角處，紀念「納粹暴政下辛提與羅姆人受難者紀念碑」（*Memorial to the Sinti and Roma Victims of National Socialism*, 圖 8 和 9）在德國總統與總理親自主持下揭幕了。由於歐洲的辛提人（Sinti）與羅姆人（Roma）認為，納粹時代他們被用「吉普賽人」這個負面標籤嚴重污名化，因此藉這個機會要求正名（圖 10）。

納粹對辛提人與羅姆人的迫害比猶太人還早（圖 10）。1938 年，納粹黨衛軍統帥亨利·興勒（Heinrich Himmler）就頒布了「吉普賽人最終解決方案」。1942 年，興勒更發出全面滅絕吉普賽人的命令，並在奧許維茨集中營設置特別囚禁羅姆人的營區。然而，究竟有多少辛提人與羅姆人在集中營裡罹難，數目迄今還不清楚，粗估大約有 50 萬人左右。但因辛提人與羅姆人在歐洲一直生活於社會邊緣，直到 1982 年，德國政府才正式承認納粹的確有對辛提人與羅姆人進行大屠殺。辛提人與羅姆人能在各種受難者團體競相爭取德國社會高度關注、並爭取到公部門對他們受難歷史記憶的支持，主要得歸功於有 13 名家人被納粹屠殺的 Romani Rose 在 1982 年成立的「德國辛提人與羅姆人中央委員會」（Central Council of German Sinti and Roma）長期不懈的努力。

「納粹暴政下辛提與羅姆人受難者紀念碑」是由以色列藝術家 Dani Karavan 設計。在綠蔭下池塘中間的三角形石板上，每天都會放上一朵鮮花（圖 8）。Karavan 解釋這個意

8.

「納粹暴政下辛提
與羅姆人受難者紀
念碑」。
◎攝影：花亦芬

9.

「納粹暴政下辛提
與羅姆人受難者紀
念碑」池塘旁的行
道石上刻著各集中
營所在地的名稱。
◎攝影：花亦芬

象：「每天都會重新放上一朵鮮花，就像每天獻上的禱告，提醒我們永遠不可忘記，永遠不可忘記。」（"Every day the flower disappears and is replaced; it is like a prayer that reminds us never to forget, never."）對於歷史學者長期忽略辛提與羅姆人受難的歷史，Romani Rose 在揭幕儀式上仍不免加以批判，[50] 認為對他們而言，這有如「第二次大屠殺」。對於德國政府願意在國會大廈旁樹立這麼引人注目的紀念碑，他則肯定德國政府彌補過去錯誤的高度誠意。[51]

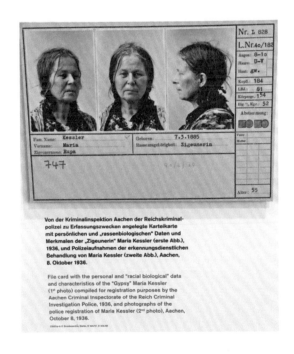

10.

柏林「恐怖政治地形館」展出有關納粹時期刑事犯罪警察為「吉普賽人」所建立的「種族資料檔案」，詳細記錄每個辛提人與羅姆人的「種族生物特徵」。

10
轉型正義教育不是愛國教育：

薩克森豪森紀念園區
「去中心化」的多元歷史記憶

在集中營裡，

沒有罪犯、也沒有瘋子。

沒有罪犯是因為，

這裡根本沒有道德法則可以違反；

沒有瘋子是因為我們的自由意志被剝奪殆盡，

只能算是活在當下時空裡的行屍走肉。

—— PRIMO LEVI [52] ——

　　1936 年 8 月 1 日，希特勒面對 10 萬名觀眾的熱烈歡呼，在柏林新蓋好的奧運主場館（Olympiastadion）為夏季奧運揭幕（圖 1 ～ 2），他的權力與國際聲望在此刻達到最高峰。即便這時已有不少猶太人被送進集中營，世界各國政府與主要媒體對此幾乎置若罔聞。當時湧進柏林的眾多外國選手及觀眾大概也沒有人會特別去注意，柏林為了籌辦奧運，讓市容看起來更亮眼，許多過去在柏林生活的辛提與羅姆人（Sinti and Roma）都被遣送到離這個奧運主場館不到二十公里的「吉普賽人集中營」（Zigeunersammellager Marzahn），在那裡被強迫服勞役。

　　希特勒真的沒有在怕的。

　　為了迎接這個奧運，他的納粹黨衛隊首領亨利‧興勒（Heinrich Himmler）甚至在他的允諾下，奧運開始前幾個月，在離柏林八公里處的小村莊薩克森豪森（Sachsenhausen）積極籌建一座最能彰顯現代化精神的多功能新式集中營。[53]

　　亨利‧興勒是誰呢？作為希特勒的親信，他不僅是納粹黨衛軍首領，1936 年 6 月他還被任命為德國警察總長。為了在希特勒面前有好的表現，興勒在 1933 年 3 月擔任慕尼黑警察局長時，便一手規劃、催生了納粹德國第一座集中營──位於慕尼黑附近的達豪（Dachau）集中營。

　　1934 年 6 月 30 日在歷經所謂「長刀之夜」後，興勒順利地剷除了自己的頂頭上司與主要競爭對手恩斯特‧倫姆（Ernst Röhm）。此後，管理全德國集中營的權力完全落入他一人之

1.

1936 年柏林夏季奧
運現場。這場奧運
將希特勒的國際聲
望帶向高峰。

2.

1936 年柏林夏季奧
運軍官以向希特勒
致敬的手勢向五項
全能競賽優勝者致
敬。

手；他也順勢成為希特勒之下，最集大權於一身的人。二戰末期，他掌管近 300 萬名德國警察、以及超過 60 萬名武裝黨衛軍。他的生平一直要到 2008 年才由著名學者 Peter Longerich 出版第一本具有學術專業水準的傳記。[54] 德國《明鏡週刊》（*Der Spiegel*）根據這本書在當期所做的封面故事專題報導裡，稱興勒是「史上最殘酷的大屠殺執行者」（圖 3）。[55]

3.

德國《明鏡週刊》2008 年第 45 期封面故事以亨利・興勒（Heinrich Himmler）作為貫徹希特勒大屠殺意志主要執行者。

　　整體而言，興勒透過納粹黨衛軍在德國與波蘭各地打造了約 15,000 座集中營，其中包括奴工營與數千個小的附屬營區（圖4）。從德國境內來看，南德主要的集中營是位在慕尼黑附近的達豪（圖5），中德是在威瑪附近的布痕瓦德（Buchenwald），北德就是薩克森豪森（圖6）。薩克森豪森集中營因為在首都附近，坐電車 45 分鐘就抵達，因此在建造上特別費心規劃。興勒任命黨衛隊的艾克（Theodor Eicke）作為起造督察官，更特別挑選了庫伊佩（Bernhard Kuiper, 1907-1988）擔任建築師。

　　因為薩克森豪森集中營建築基地的雛型接近三角形，庫伊佩便將整個集中營建築規劃往清晰俐落的三角形結構集中。他認為，三角形是最能「引發極度恐懼感的幾何圖形」（Geometrie des totalen Terrors）。因此在這塊建築地基上，他以不同的三角形區分出集中營牢房、指揮所、勞改區、以及希特勒黨衛軍軍營（圖7）；讓它們有秩序分布在基地那個大三角形（只有西北角有一些不完整）中軸線的各邊。集中營指揮所就位在三角形頂端刻意規劃出的正三角形區塊上，象徵絕對威權的絕對控制（圖8）。因為同時兼做集中營、勞改營與保護首都安全的納粹黨衛軍軍營，在庫伊佩的建築構想裡，系統性殘害許多人的毀滅基地，也可以被打造成精心擘劃、可以用自給自足的方式提供集中營與軍營生活各種需求的「理想城市」。[56]

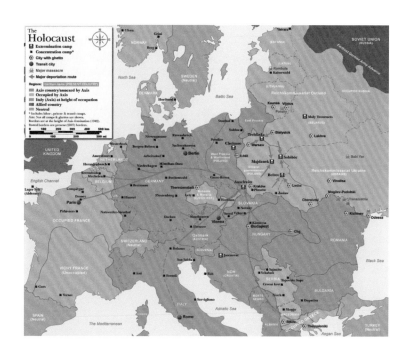

4.

全歐各地的集中營
與運送猶太人的路
線。

5.

1936 年亨利・興勒
巡視達豪（Dachau）
集中營。

6.

1936 年亨利・興勒
巡視薩克森豪森集
中營。

Bundesarchiv, B 162 Bild-
03233/ Photo: o.Ang.

7.

薩克森豪森集中營
同時兼作保衛首
都的納粹黨衛軍
軍營。圖為黨衛軍
與集中營人犯同時
出現在營區內的景
象。

Bundesarchiv, Bild 183-
78612-0002/ Photo: o.Ang.

　　1936 年 7 月，庫伊佩的建築藍圖設計完成。他利用第一批送進來的囚犯（根據目前可知資料，大概 50 人左右），以極高的工作效率砍掉附近樹林，接著進行整地、興建房舍。9月 1 日，首任指揮官 Otto Koch 進駐營區；9 月 21 日集中營正式開幕啟用。在剛開始幾年，囚犯人數從 900 躍升至 3,000人。到二戰結束時，這裡總計監禁了超過 20 萬名囚犯，其中包括猶太人、共產黨員、社會民主黨員。初期被送來此地的，

8.

在薩克森豪森集中營原先作為納粹黨衛軍（SS）指揮官辦公室所在的 Tower A 窗戶往外望，可以綜覽營區主要活動情況。這種讓指揮官有凌駕一切、大局在握的設計，也包含在建築師庫伊佩原先構想內。

© 攝影：花亦芬

包括希特勒最深惡痛絕的重刑犯：例如 1938 年在慕尼黑啤酒
屋以定時炸彈想謀殺他未果的 Georg Elser（請見第 4 章圖 6）、
1938 年在巴黎想謀殺他也失敗的葛林斯潘（Herschel Grynszpan, 後
來納粹以此為藉口在該年 11 月發動「水晶之夜」開始迫害猶太人的
計畫）、以及積極反抗他的新教「告白教會」（die Bekennende
Kirche）成員（圖 9 ～ 10）。

9.

薩克森豪森個人牢房樣貌。希特勒必欲除之而後快的「叛國賊」都是被送到個人牢房監禁。
©攝影：花亦芬

10.

薩克森豪森紀念園區裡，只要史料可以查證到的個人牢房，牆上都掛著受難者的照片與生平簡歷。
©攝影：花亦芬

　　但是到了後來，這個集中營逐步轉型為系統性滅絕猶太人、辛提與羅姆人、與同性戀者的場所（圖11）。上述這些人被貼上「反社會」與「怠於工作」的標籤，被大肆迫害。1939年起，納粹又從他們占領的國家引進好幾萬名外國奴工（Zwangsarbeiter, "forced labor," 圖12），強迫他們在此服苦勞。根據目前的資料來看，1944年時，這裡監禁的囚犯全都是男性，

11.

薩克森豪森集中營區就是沿著這條中軸線配置。照片最前方用鐵鍊圍起來的區域，當年吊死不少人。因此紀念園區特別將之標誌出來。站在這麼素樸布置的受難紀念地，默想當年歷史悲劇，很難不戚戚動容。

© 攝影：花亦芬

超過九成是外國人,主要來自俄國與波蘭(圖13)。

　　這個集中營除了在建築規劃上有意識地作為其他集中營的建造範本外,還有其他兩個功能:一是自 1938 年起,作為德國境內所有集中營的總管理處;二是希特勒拿來對外炫耀用的。他想向世人證明,即便是作為毀滅生命用的集中營,他都可以做到世界頂尖。從目前館方展示的照片資料就可看

12.

薩克森豪森集中營裡的奴工。

到，為了進行國際宣傳（可見當時並非完全掩飾集中營裡正在進行的暴行，而也有進行政治宣傳），營區特別讓囚犯穿上比較好的衣服，全體集合在操場上拍照（圖14～15）。

　　除了向國際宣傳外，由於集中營區離火車站只有百餘公尺，鄰近當地居民住處，因此這個村落的人幾乎在第一時間就知道，希特勒在此興建了一個集中營。夏甫牧師（Kurt

13.

1941 年有一萬八千名俄軍在行軍三個月後被送進薩克森豪森集中營。

14
___

薩克森豪森集中營
有一個作用，是希
特勒作為國際宣傳
用的。為了讓媒體
拍照，營區特別讓
囚犯穿上比較好的
衣服，集合在操場
上拍團體合照。

15
___

薩克森豪森集中營
在 1940 年拍宣傳照
時的景象。

Scharf）當時就已經說出不少實情。[57]

　　自 1933 年希特勒大權獨攬後，夏甫牧師拒絕在薩克森豪森的教會宣傳納粹理念；1934 年還在此地建立反希特勒的「告白教會」（die Bekennende Kirche），與少數教友準備進行長期反抗運動。為此他前後七次被送進監獄。當庫伊佩在此興建集中營時，大家都有看到。剛開始時，大家還以為那是在興建大型勞動營（Arbeitslager），想解決當時許多人失業的問題。但當大家看到，帶刺的鐵絲網開始布滿圍牆四周上方，而且竟然蓋起了瞭望台，大家就知道大事不妙了。1936 年 11 月，夏甫牧師寫信給集中營指揮官 Otto Koch，希望能到集中營裡擔任囚犯的宗教輔導師，卻被一口回絕。

　　1937 年 7 月 1 日，「告白教會」的精神領袖馬丁・尼莫勒（Martin Niemöller）牧師突然被逮捕，接著被柏林法院判決「與國家為敵」（Staatsfeind）有罪。判決後，尼莫勒下落不明，引起極大騷動。直到數小時後，大家才聽說，他被送進了薩克森豪森集中營（圖 16）。夏甫牧師用計進入集中營指揮官辦公室，確定尼莫勒的確被送到此處。[58]

　　尼莫勒牧師是誰呢？

　　他有一段勸勉大家在暴政統治下一定要懂得覺醒的文字，在台灣反抗威權政府的公民運動裡常被引用：

當納粹追殺共產主義者，我保持沉默
——我不是共產主義者

當他們追殺社會民主主義者，我保持沉默
——我不是社會民主主義者

當他們追殺工會成員，我沒站出來說話
——我不是工會成員

當他們追殺猶太人，我保持沉默
——我不是猶太人

當他們要追殺我，再也沒有人為我說話了。

16

馬丁·尼莫勒牧師於 1938-1941 年被關在薩克森豪森集中營單人牢房一號。此為這個
牢房懸掛的紀念說明牌。

　　自 1938 至 1941 年間，尼莫勒牧師被拘禁在薩克森豪森集中營單人牢房。比他早被抓進來監禁的「告白教會」成員有蔲赫（Werner Koch, 1938 年 12 月被釋放）、提利希（Ernst Tillich）以及「告白教會」的猶太裔法律顧問腓特烈‧懷斯勒（Friedrich Weissler, 1891- 1937）。

　　懷斯勒雖是猶太裔，但卻是新教徒。他原是馬格德堡（Magdeburg）法院院長。希特勒上台後，懷斯勒對納粹的張狂深不以為然，從此成為納粹眼中釘。他曾在辦公室被希特勒黨衛軍突襲，被打得遍體鱗傷後，又被帶到聯邦法院陽台公開示眾，並被強迫對納粹黨徽致敬。隨後再被拖上街頭遊街。不久後，被解除在法院的職務。

　　解職後的懷斯勒搬到柏林居住。他先擔任「告白教會」的法律顧問（圖 17），隨後擔任「告白教會」執委會主席；並與尼莫勒牧師及瑞士神學家卡爾‧巴特（Karl Barth）密切合作。1936 年五月底，懷斯勒與「告白教會」幾位核心成員一起起草〈教會臨時管理處致希特勒公開信草稿〉（"Denkschrift der Vorläufigen Kirchenleitung an Hitler", 圖 18），文中批評希特勒毀壞基督信仰根基，並且嚴重破壞國家社會發展基礎。這個草稿原本被設定為「告白教會」內部文件，暫時不公開。但卻沒想到，在這幾位起草人毫不知情的情況下，突然被刊登在《紐約前鋒論壇報》（*New York Herald Tribune*）與歐洲多家著名報紙上。事發之後，不僅「告白教會」正式被視為「叛國賊」

DR. FRIEDRICH WEISSLER (1891-1937)
Als Rechtsberater der Bekennenden Kirche und als Autor einer Protestschrift der Bekennenden Kirche an Reichskanzler Hitler, die im Ausland verbreitet wurde, brachte man ihn zusammen mit Werner Koch und Ernst Tillich am 13.2.1937 in das KZ Sachsenhausen.
Wegen seiner jüdischen Abstammung kam Friedrich Weißler direkt in den Zellenbau und in Einzelhaft.
In Zelle 60 wurde er eine Woche lang täglich geschlagen, bis ein SS-Mann ihn am 18.2.1937 «buchstäblich zu Tode trampelte»
　　Legal advisor to the German «Confessional Church» and author of its letter of protest to Reich Chancellor Hitler (which became known abroad), he was brought to Sachsenhausen on 13/02/1937, together with Werner Koch and Ernst Tillich. Ethnically Jewish, Weißler was put in solitary confinement in the «cell block.» He was beaten daily for one whole week, until an SS man literally «trampled him to death» on 18/02/1937.

A 35 Friedrich Weißler, um 1935
Friedrich Weißler, ca. 1935
Berlin, GDW

17.

薩克森豪森紀念園區陳列著「告白教會」法律顧問腓特烈・懷斯勒在此受難的史料。

18.

1936 年五月底，腓特烈・懷斯勒與「告白教會」核心成員起草〈教會臨時管理處致希特勒公開信草稿〉。

5.1/89/ 1

IA
1850/36

28. Mai 1936

Confidential:
Not to be published or quoted before made public in Germany.

An den Führer und Reichskanzler
Berlin W.8.
Wilhelmstr.78

　　Die Deutsche Evangelische Kirche, vertreten durch die geistlichen Mitglieder ihrer Vorläufigen Leitung und durch den Rat der Deutschen Evangelischen Kirche, entbieten dem Führer und Reichskanzler ehrerbietigen Gruss.

　　Die Deutsche Evangelische Kirche ist mit dem Führer und seinen Ratgebern durch die Fürbitte eng verbunden, die sie öffentlich wie in der Stille für Volk, Staat und Regierung übt. Darum haben wir es auf uns nehmen dürfen, die Sorgen und Befürchtungen, die viele Christen in Gemeinden, Bruderräten und Kirchenleitungen im Blick auf die Zukunft des evangelischen Glaubens und der evangelischen Kirche in Deutschland bewegen, und die wir lange ernstlich durchdacht haben, in dem vorliegenden Schreiben zum Ausdruck zu bringen.

　　Wir übergeben dieses Schreiben im Gehorsam gegen den Auftrag Gottes, vor jedermann - auch vor den Herren und Gebietern der Völker - ungescheut Sein Wort zu sagen und Sein Gebot zu bezeugen. Wir vertrauen darauf, dass Gott uns die Weisheit schenkt, unseren Auftrag so klar und eindeutig auszuführen, dass dabei unsere Sorge um das christliche Gewissen und unsere Liebe zum deutschen Volk in gleicher Weise unmissverständlich erkennbar werden.

　　Wir selbst wissen uns jedenfalls bei unseren Darlegungen, wie unsere Amtsvorgänger in ihrem leider ohne spürbare Wirkung gebliebenen Schreiben vom 11. April 1935 (Anlage 1) nur von der einen Pflicht getrieben, den leidenden, verwirrten und gefährdeten Gliedern der evangelischen Kirche durch unser Wort und unsere Fürsprache zu helfen. Es liegt uns alles daran, dass die Reichsregierung aus unseren Ausführungen diese aus der Sorge um die der Kirche anvertrauten Seelen sprechende Stimme klar und deutlich vernehme.

I.
Gefahr der Entchristlichung.

　　Die Vorläufige Leitung weiss es zu würdigen, was es im Jahre 1933 und späterhin bedeutet hat, dass die Träger der nationalsozialistischen Revolution nachdrücklich erklären konnten: "Wir haben mit unserem Sieg über den Bolschewismus zugleich den Feind überwunden, der auch das Christentum und die christlichen Kirchen bekämpfte und zu zerstören drohte." Wir erleben aber, dass der Kampf gegen die christliche Kirche, wie nie seit 1918 im deutschen Volke wirksam und lebendig ist.

（Staatsfeind），懷斯勒更成為希特勒務必除之的叛亂首謀。[59]

　　懷斯勒於 1937 年 2 月 13 日被送進薩克森豪森集中營，被單獨監禁在六十號牢房。來到此處後，他每天被痛毆，直到 1937 年 2 月 18 日被打到奄奄一息，於隔日過世為止。在薩克森豪森紀念園區現場有一個櫥窗陳列著與懷斯勒受難相關的文件，包括他被捕入獄時的登記資料、以及死亡證明（圖 19 ～ 20）。

　　1945 年初，薩克森豪森集中營的囚犯大約有 8 萬人，附

19.

薩克森豪森紀念園區陳列的史料：蔻赫（Werner Koch）、提利希（Ernst Tillich）、懷斯勒（Friedrich Weissler）當年被送進來時的名冊（表格第二部分 1-3 號）。

20.

薩克森豪森紀念園區陳列的史料：腓特烈‧懷斯勒的死亡證明。

屬營區則大約有 58,000 名囚犯。當年 2 月 1 日俄軍越過歐德河
（Order）往柏林逼近時，曾要求薩克森豪森集中營準備疏散
人犯。然而，納粹黨衛軍進行的不是人員的疏散工作，反而
是快速地大規模屠殺。[60]

　　1945 年 3 月 18 日，國際紅十字會先以十三輛白色巴士將
北歐戰俘遣送回瑞典。俄軍接著從 4 月 21 日開始，正式疏散
剩餘的戰俘。當時剩餘人數約為 38,000 人，其中 33,000 人被
俄軍分成每 500 人一隊，以每天行進 40 公里的速度，將他們
往西北邊驅逐。[61] 這個被稱為「死亡行軍」（Todesmarch,"Death
March," 圖 21）的解放集中營行動，本身也相當殘酷不人道。俄
軍沒有先進行清理集中營大量死囚屍體的工作，而是要這些
骨瘦如柴、奄奄一息的倖存者踩著集中營裡到處橫躺的同伴
屍體盡快離營。動作慢的，就直接開槍掃射。大約有六天的
時間，俄軍就是用這樣的方式逼迫集中營倖存者盡速離營。
當絕大部分的人員都從集中營散去後，進來接收的俄軍及波
蘭軍隊看到小山一樣高的頭髮，小山一樣高的眼鏡，小山一
樣高的鞋子……。

　　在這「死亡行軍」過程中，又有超過 6,000 人被納粹黨
衛軍殺害、另有超過數千人在途中不支倒地而死。剩下來留
在營中的人包括醫護人員以及極小部分的囚犯，他們在 4 月
22 日由俄軍及波蘭軍隊解放；但由於長期受虐，其中約有
三百人在離營後不久就過世了。俄軍將這些屍體分成六個大

塚草草埋葬，此後不再有人加以聞問。直到 1995 年重新被發現後，才以有尊嚴的方式被正式安葬。

　　自 1945 年 8 月起，俄國根據「波茨坦協議」（Potsdam Agreement）正式接管這個曾是人間煉獄的集中營。然而，這個接管只意謂著另一個悲劇的開始。因為負責管理的權責

21.

在薩克森豪森集中營外的馬路上，有一個紀念牌畫出當年「死亡行軍」的路線。另有文字說明，在「死亡行軍」中途，還有超過 6,000 人被納粹黨衛軍殺害。

單位，不是俄國軍隊，而是位在莫斯科的蘇聯特勤局（Soviet Secret Service）。這裡仍然繼續作為監獄，只是關在裡面的人，換成是納粹戰犯（主要是公職人員）、為納粹做過政治宣傳的藝術家、反對共產黨的政治異議分子、以及蘇聯占領軍看不慣隨手抓來就關的各種人。換言之，這個特別監獄既要展現蘇聯確實掌控了東德占領區的實力，同時也要展現史達林主義極權統治威嚇猙獰的面目。

值得注意的是，蘇聯與東德對納粹戰犯的審判不僅乘機夾雜了對異議人士、大地主與人權運動者的審判，而且有不少因人設事的作法。精神科醫師海澤（Hans Heinze）就是其中一例：他在納粹時期曾將兩百名患有精神病的兒童安樂死，將他們的大腦提供給其他醫師進行研究。二戰終戰時，蘇聯本想聘海澤至克里米亞擔任醫學研究所主任，但被他拒絕。蘇聯遂於次年二月將他判刑七年，大部分時間就是留在薩克森豪森特別監獄當獄醫。1952 年，當這個特別監獄關閉時，海澤很幸運可以選擇回到西德家鄉。1997 年，根據德國歷史學者向俄國求證的結果顯示，二戰後蘇聯軍事法庭在審判納粹戰犯時，並沒有確實依照法律程序進行。因為海澤在獄中擔任軍醫受到上級肯定，因此他的罪名在當時就被一筆勾銷，回復清白名譽。[62]

東德的俄軍占領區內，薩克森豪森是三個俄軍管理的特別監獄裡最大的一個，因此被稱為「史達林在德國的集中營」

（Stalin's camp in Germany）。在作為俄國特別監獄時期，總共監禁了 6 萬人左右，其中有 12,000 人因營養不良、生病而死。

1961 年東德政府在此設了納粹集中營紀念館，這是繼布痕瓦德（Buchenwald, 1958. 參見第 25 章）與拉文斯布呂克（Ravensbrück, 1959. 參見第 11 章）後，東德設立的第三座納粹集中營紀念館。但是，當時占地面積很小，只占原來營區 5%，其他被東德軍方用來做為軍營。因此整個紀念館並無法做到保持原貌、讓生還者有機會到當年自己受難的地點進行憑弔，因而受到許多批評。

東德在當時之所以積極設置納粹集中營紀念館，主要目的是想與尚未正式進行轉型正義的西德做出區隔。東德政府不僅想藉此標舉自己才是徹底反法西斯的政府（圖 22），以與「納粹復活」的西德別苗頭；同時也希望藉此吸引冷戰下的西德人將東德視為真正具有人性的政府，反襯西德政權只是建立在繼承納粹法西斯的遺緒上。然而，東德政府在這個紀念館所做的紀念展，對納粹暴行的解釋卻只是單方面從自己的意識形態出發，只想教導人民，納粹政權是資本主義最終走向法西斯主義的結果，但紀念展的內容卻完全不提種族主義與反猶主義帶來的重大災厄。[63] 而當 1961 年薩克森豪森紀念館開幕時，當時西德新聞也幾乎沒有做什麼報導。極少數有報導的媒體，是將重點放在比較集中營屠殺的人數與在蘇聯特別監獄被殺害的人數有多大的差異上。

　　西德一直要等到 1965 年才在慕尼黑附近的達豪（Dachau）集中營建立聯邦德國第一個常設性的納粹集中營紀念園區以及相關常設展。然而這並不是由西德官方主動做出的成果，而是一群從這個集中營生還的人，在巴伐利亞邦政府贊助下成立了「處理達豪集中營受難事務國際委員會」（Comité International de Dachau）努力推動出來的結果。在此同時，配合耶路撒冷對艾希曼（Adolf Eichmann）的審判與法蘭克福對納粹戰犯的審判，一九六〇年代中葉西德才接續在 1948 年被中斷的「去納粹化」工程，重新踏上歷史記憶與轉型正義之路。

　　兩德民主統一後，重新開放薩克森豪森紀念園區時，館方面對的是兩個不同時期大規模迫害人命的歷史記憶：一是納粹集中營，一是蘇聯特別監獄。

　　為了避免受難者之間對記憶優先順序的競爭，因此在為園區命名時，特別名之為「薩克森豪森紀念園區與博物館」（Memorial and Museum Sachsenhausen, 圖 23），但不為園區特定的紀念方向下定義，而是以「去中心化」（de-centralized）的方式，讓參訪者在「集中營」與「蘇聯特別監獄」兩個歷史記憶之間，透過歷史現場的參訪、大量史料與歷史照片提供的教育訊息，並結合參與討論或個人在園區電腦內搜尋到的各種資料，自行慢慢建構出屬於自己的歷史記憶。避免落入過去東德意識形態與愛國教育的窠臼；也讓歷史記憶問題基於民主與人權的確實思考，自由開展出多元的面向。

22.

1982 年 5 月聖靈降臨節時，東德青少年群聚薩克森豪森集中營紀念碑前，舉行對反法西斯英雄的紀念。這是東德政府灌輸意識形態、進行愛國教育的場域，目的並非對納粹罪責進行轉型正義教育。

23.

薩克森豪森紀念園區與博物館（Memorial and Museum Sachsenhausen）。
© 攝影：花亦芬

11
女性集中營裡的法國人類學家

對我而言，反抗包括說 "No"。

其實說 "No" 本身是對生命的肯定。

對暗殺、對罪行說 "No"，這是非常正面的行為。

世上沒有什麼事，比對暗殺、暴行、被判死刑說 "No"
更有創意、且更肯定生命的價值。我們不可能對自己毫
無所知的事情說 "No"。我們需要對我們所痛恨的事有所
了解，才有能力好好掌握它、然後把它甩得遠遠地。

——法國人類學家　潔曼·緹昂（GERMAINE TILLION）[64]——

與薩克森豪森集中營專門監禁男性囚犯相反的，是離柏林東北方約九十公里、靠近波羅的海邊有一個專門監禁女性囚犯的「拉文斯布呂克集中營」（Ravensbrück Concentration Camp, 圖1）。這兩個集中營雖然將男女各自分開管理，但從拉文斯

1.

Will Lammert 為拉文斯布呂克紀念園區製作的紀念雕像《女性群像》（*Frauengruppe*）。

布呂克女性集中營所需的麵包是由薩克森豪森集中營的男性囚犯烘製，而納粹從拉文斯布呂克集中營女囚身上取走的戒指、金牙、與頭髮常被送往薩克森豪森集中營保管等事可以看出，這兩個集中營在運作上相互配合的程度頗高。[65]

自 1939 年 5 月至二戰結束這六年間，拉文斯布呂克集中營前後共監禁 13 萬名婦女，其中大約有 4 萬名波蘭人、18,000 名俄國人、8,000 名法國人、1,000 名荷蘭人，英國人則少於 20 名。由於許多受難者的資料在戰爭末期被刻意燒毀，喪命於此地的人數粗估介於 3 萬～ 9 萬人之間。與其他集中營大不相同的是，這裡監禁的受刑人之中，猶太人只占一成左右。所以在這裡犧牲性命的受難者，絕大部分不是猶太人。[66]

相較起其他著名的集中營，這是一個規模小很多的營區，人數最多時約有 45,000 人。剛開始時，被送到這裡來的，都是一些納粹眼中「反社會」（asozial）的「劣等德國人」，例如妓女、女性罪犯、吉普賽人（Sinti and Roma）、譴責希特勒是「反基督」（Antichrist）的「耶和華見證者」（Jehovah's Witnesses）、政治犯或政敵（主要是共產黨）、以及身心殘疾者。隨著希特勒的軍隊在歐洲持續擴張，最後有超過 20 個歐洲國家的女性被送進這裡，其中大部分都有從事反納粹運動的經歷，例如：英國女子高爾夫冠軍得主、好幾十位波蘭女伯爵、卡夫卡（Franz Kafka）在 1919-1920 年間熱戀的情人 Milena Jesenská（她幫卡夫卡把《變形記》譯為捷克文）[67]、戴高樂（Charles de Gaulle, 1890-1970）的姪女 Geneviève de Gaulle-Anthonioz……等等。換言之，這個集中營不僅是專為女性設置；更特別的是，這裡幾乎是全歐女性反抗運動者匯集之處。

　　拉文斯布呂克集中營與納粹黨衛隊首領亨利‧興勒（Henrich Himmler）的關係不淺。為興勒生兩個孩子的情婦 Hedwig Potthast 就住在這個集中營附近的小鎮君侯山（Fürstenberg），因此興勒經常過來巡視這個他親手打造的營區，也不時對此處的運作下各種命令。最值得注意的是，這個營區裡，設有當時德國電器業龍頭老大西門子公司（Siemens, 圖 2～3）所設的廠房，女性囚犯在這裡像奴工般做苦勞。德國大企業與納粹黨衛隊高層之間私人利益輸送的問題，由此可見一般。根據 Bernhard Strebel 所做的統計，在此前後將近有 2,300 名女性以奴工身分做苦勞（圖 4）：[68]

製作項目	1942 年 8 月	1943 年 4 月	1944 年 10 月	1944 年 12 月	1945 年 2 月
對講機	---	---	981	953	954
收音機	---	---	714	762	802
測量儀	---	---	390	473	542
總計	19～28	348	2,085	2,188	2,298

2.
拉文斯布呂克女性
集中營裡的奴工。

3.
拉文斯布呂克集中
營裡的奴工進入設
在營區內的西門子
工廠上工。

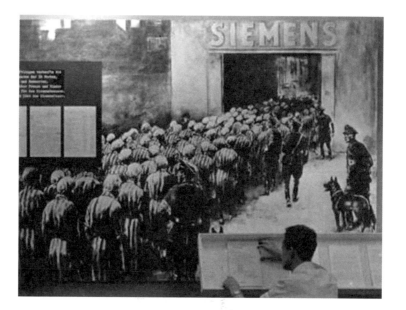

　　希特勒掌權時代，身心殘疾而必須住在療養院的人往往
直接被安樂死。然而因為教會與民眾抗議不斷，後來這些人
便被悄悄送到集中營。拉文斯布呂克集中營裡，就有一個房
間專門用來消滅這些人。此外，很多波蘭年輕女性在這裡成
為醫學實驗的「小白兔」（rabbits）。當時德國為了尋找新的
治療法來醫治腿骨斷裂的傷兵，便以這些波蘭女性為實驗對

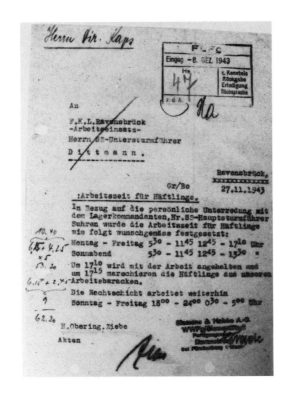

4.

1943 年 11 月納粹黨衛軍下令，提高在西門子工廠做奴工者工作時間。週一至
週五 5:30-11:45, 12:45-17:10；週六 5:30-11: 45, 12:45-15:30。

象。他們在這些女性的腿骨內植入壞疽或髒東西，以實驗新藥物或新治療法是否有效。[69] 另外有些懷孕婦女不是被強迫墮胎，就是剖開她們新生下來的嬰孩之頭顱，取出腦部供醫學研究。

雖然景況淒慘，不少女性透過互相幫助存活了下來。面對集中營的生活，她們也確實發揮了不少女性獨有的特質。有波蘭婦女用手抄寫下她們知道的受難者名單，在離營時偷偷帶出，彌補了官方檔案被燒毀的缺憾。被監禁在此的法國人類學家潔曼・緹昂（Germaine Tillion, 1907-2008）則冒著生命危險寫日記。

緹昂是法國著名的人類學家，曾跟隨涂爾幹（Emile Durkheim）的外甥牟斯（Marcel Mauss）求學。1934 年至 1940 年，她在北非阿爾及利亞東邊的沙哈拉沙漠邊緣，對當地半遊牧民族進行長期田野調查。她寫的關於地中海地區（尤其是北非）女性境遇的專書，至今仍是該領域研究的重要參考著作。1940 年 6 月 14 日，巴黎被納粹佔領。自此，出於愛國心，緹昂開始以巴黎人類學博物館（Musée de l'Homme）為基地，積極投入法國反納粹地下組織（French Resistance），抵抗當時法國親納粹的維希政權（Vichy Regime）。緹昂所屬的這個「人類學博物館陣線」（the Musée de l'Homme network）負責的是新聞、文宣、情報，以及偽造假護照給猶太人，幫助他們藏匿與逃脫。當時加入地下反抗組織的人雖然不在少數，但是能居於領導地

位的，女性只有緹昂一人。[70]

　　因為隔壁教區教士被蓋世太保收買，向納粹提供密報，緹昂於 1942 年 8 月 13 日在巴黎火車站被捕；先被監禁後，再於 1943 年 10 月 21 日被送進拉文斯布呂克集中營。[71] 當時她並不知道，自己在被捕時就已經被歸類為 NN 級囚犯。所謂 NN，是 1941 年底希特勒為了整肅地下反抗者特別頒布「夜與霧法令」（Nacht-und-Nebel-Erlass）的簡稱。換言之，這個等級的囚犯會在自己不知不覺中，死得不明不白、也無人知曉。

　　即便如此，緹昂還是發揮了人類學家敏於觀察外在環境的聰慧，存活了下來，成為法國反納粹地下組織四個主要領導人中唯一在戰後得以生還者。但她的母親 Emilie Tillion 因庇護一位英國空軍，當初跟她一起被送進集中營，最後卻不幸命喪於此。

　　根據緹昂在 1946 年對集中營生活寫的回憶錄所言，[72] 在營區裡被抓去做醫學實驗的「小白兔」——也就是那些年輕的波蘭女性——從實驗室裡偷了一台相機以及一些底片給她，由她負責拍攝這些「小白兔」的腿如何被注射壞疽與髒東西，以進行實驗的真相。當緹昂在瑞典紅十字會幫助下離開集中營時，她也將這些底片偷偷帶出。此外，在西門子工廠裡，她也默默地精算納粹黨衛軍從這類奴工營裡可以撈到多少油水給興勒。暗地裡，她還將管理營區的納粹黨衛軍重要人物名單寫在廚房料理單上，在離營時一併帶出。[73]

在集中營裡，緹昂仔細觀察營區的運作，並隨時將觀察所得分享給營中難友，提醒大家要懂得防備，不要被幻想所欺。根據她當時的解讀，拉文斯布呂克集中營主要是為興勒個人與納粹黨衛軍牟利而設（圖5），當受刑人因意志消沉逐漸失去體力時，他們便用加重勞役這種殺人不見血的方法，讓受刑人自行步上「緩慢滅絕」（slow extermination）之路；這與

奧許維茨（Auschwitz）集中營後來作為種族滅絕營 （extermination camp），以有計劃的「快速滅絕」（rapid extermination）方式屠殺猶太人不同。

有鑑於此，為了緩解大家沉重的心理壓力，緹昂常以幽默反諷的筆調將自己在集中營所見的暗黑情況寫成札記，然後唸給其他受刑人聽，鼓舞大家繼續勇敢活下去。從集中營被解放後，緹昂一直不敢發表這些札記，擔心被誤認為她們當初在集中營裡日子過得不錯。直到 2005 年，她才把這部手稿出版成書，名為《地獄裡

5.

拉文斯布呂克集中營受難者 Yvonne Useldinger 利用包裝紙畫的素描。她描繪在西門子工廠做奴工的女性在週末晚上必須把一些泥炭土搬到一位黨衛軍高官的花園去。

供差遣的奴工：拉文斯布呂克輕歌劇》（*Le Verfügbar aux Enfers: Une opérette à Ravensbrück*）。[74] 2007 年為了慶祝她百歲壽辰，巴黎夏特雷劇院（Théâtre du Châtelet）正式上演這齣充滿黑色幽默的歌舞劇。其中有一個角色以反諷的口吻說，集中營裡提供各種享受，有水、有電、有瓦斯（三者都是暗指處死他們的工具），尤其是瓦斯，真是舒服的享受。編導此劇的導演 Hélène Delavault 指出，緹昂當年在集中營裡費心寫這些札記，正是想用藝術來驅散恐懼（"she was using art to overcome terror"）。而這種談笑面對生死的勇氣，讓她身邊經常聚集了許多尋求安慰的受刑人。[75]

　　緹昂在接受訪談時曾講過這段經歷。她說，她喜歡講笑話讓大家開心，這樣可以讓大家保持一種距離來看待自己當下悲慘的處境：「是的，讓自己保持距離是重要的，而幽默是可以創造很大的空間，讓人跟環境之間保持距離。」（Yes, distance oneself was important, and humaor creates an enormous distance.）[76] 然而，這些笑話其實是黑色幽默，當緹昂在過世前幾年講起當時在集中營所見時，仍用這種充滿高度嘲諷的口吻講述當時種種見聞。例如，她談到自己剛被送進拉文斯布呂克集中營時，被分配到與一位捷克婦女共用一個臥席，這位捷克人才剛從奧許維茨集中營被轉送過來：

　　這位婦女在她的臥席與我的臥席之間放了一個猶太裔的

丹麥小男嬰。他實在是太可愛了，以至於有一位黨衛
軍官每天在巡視時，都會給他一個蘋果。……然而，一
星期過後，我看到這位黨衛軍官把這個小男嬰抱在大腿
上，仔細聽他的心跳。然後說：「他可以回奧許維茨
了。」他當然知道奧許維茨代表什麼。一個丹麥的猶太
裔小男嬰，好可愛。[77]

緹昂在 2008 年以百歲高齡過世，2014 年她與另一位也在

6

巴黎先賢祠（Panthéon）入祀四位反抗納粹的受難者：最右邊的是潔曼‧緹昂，左邊
中間的是 Geneviève de Gaulle-Anthonioz。

拉文斯布呂克集中營受難的 Geneviève de Gaulle-Anthonioz 獲
選入祀法國先賢祠（Panthéon, 圖 6）。這兩位在拉文斯布呂克
集中營一起受難的女性，是先賢祠自 1791 年開幕以來，繼居
里夫人（Marie Curie）之後，唯二靠著自己生命不凡成就獲得入
祀機會的女性。

　　然而，二戰之後對拉文斯布呂克集中營納粹戰犯的審
判、以及法國主流社會對二戰期間法國親納粹的「維希政
權」協助載運猶太人到集中營受難之事完全噤聲、不願加以
批判的集體心態，都讓緹昂深感失望。因為當時的納粹戰犯
是依據個別個案一一審訊，不是從整個集中營體制及其運作
來判決，因此絲毫無法從司法角度來宣判，加害者如何鞏固
集中營這個殘酷的體制，以對無數人進行大規模迫害；所以
也無法真正還給被害人應得的正義。針對這個被她稱為只是
「浮光掠影面對史實」（skimmed over the facts）的戰犯審訊現象，
她說：「我測度這個不斷往下被挖掘的災難深淵，但只見到
是在真實發生過的情況與充滿不確定感的再現之間挖掘，這
個『再現』就是被稱為『歷史』的那個東西。」（"I measured
the deepening of the abyss being dug between what really happened and the uncertain
re-presentation we call history."）[78]

　　誠然，緹昂像絕大部分受難者一樣，認為自己受難的遭
遇外人難以充分理解，因而她對檔案史料有一種「這些搔不
到癢處」的距離感。但即便如此，她對檔案史料究竟該如何

解讀，仍然提出一些相當值得參考的見解。她認為，應先讓受難者好好說出集中營體制究竟如何運作，以及為何如此運作的原因（how and why camps operated as they did），以此來比對集中營管理者受審時所說的供詞，這樣才能真正解讀出史料檔案字裡行間涵蓋、或刻意隱藏的真相。一味只知從白紙黑字的檔案史料尋找證據，反而會被刻意掩蓋真相的史料欺瞞。[79]

作為學者，緹昂對於口述歷史可能含有受訪者記憶錯誤或主觀推論、想像的問題相當清楚；但同樣地，她對官方檔案的不全然信任，也帶有個人親身經歷後的深刻體悟。

在被瑞典紅十字會解放後，她與三百多名婦女先被帶到一個安置營暫留數週。她抓住這個機會，開始做記憶保存的工作。她讓一組一組的人彼此對談，互相修正、補足彼此記憶的內容。透過這一大批資料的佐證，她在 1946 年以第三人稱的口吻出版了《拉文斯布呂克集中營回憶錄》。[80]

然而，因為當時急切地想取信於社會大眾，緹昂迴避了從自身所見所聞的第一人稱角度出發，也省略了很多受訪者對個人情感與情緒的訪談。整本回憶錄比較像是為了呈給法庭作為司法佐證的證詞（她親自參與了英軍於 1947 年在漢堡舉行的審判）。

許多年過後，重新回頭來看這本書，緹昂認為自己當時沒有能力處理好真正想說的，反而把整本書寫得太抽象，失去了該有的人味。[81] 這個困境與其說是剛離開集中營的緹昂

碰到的問題，還不如說，正可以提供我們好好思考，歷史書
寫與司法判決之間的關係是否真的可以兩全？當歷史書寫者
想身兼司法裁判者，企圖以是非黑白一清二楚的「春秋之筆」
直接給加害者定罪，這究竟是「得」？還是不自覺中，反而
失去了歷史敘述原先可以揉捻進的人性諸多複雜面向？

　　緹昂為何不以第一人稱寫書？為何又刻意迴避太多情感
性的敘述？這應該與她一直暗暗自責在集中營裡沒有照顧好
母親，以至於母親無法生還；但她卻始終隱忍住心中這個不
時躍動的罪惡感，不願意公開談論自己痛苦、糾結的心情有
關。[82]

　　雖然緹昂對自己的集中營回憶錄並不滿意，但是誠
如著名的文化評論家、也是緹昂的好友 Tzvetan Todorov 在
《面對絕境：集中營裡的道德生活》（*Facing the Extreme: Moral
Life in the Concentration Camp*）一書所言，集中營其實是個道德
灰色地帶，雖然不至於完全淪為混亂的人性叢林，但運作
規則與文明社會差距很大。正如緹昂自己所說，在集中
營裡，沒有人可以免於陷入道德的災難中。相較起緹昂
在晚年做口述訪談時，總是笑談自己當年在集中營裡樂觀
堅強的一面，Todorov 認為，緹昂的內心並非真的如此瀟灑
不羈。他指出，緹昂的回憶錄裡，對集中營裡的道德與人性
下了非常通透的結論：「在某個層次上，這個脆弱的友誼之
網佈滿了赤裸裸的殘酷自私與拚命想求生的掙扎。然而，在

集中營裡，大家卻在無形之中就這麼被捲了進去。」[83]

　　二戰期間，法國社會支持維希政權的人遠多於支持反納粹運動的人（圖7）。這不僅讓戰後法國的歷史記憶工作遲遲無法在轉型正義的層次上展開，從事反抗運動者書寫有關二戰期間的抵抗史或在集中營經歷的回憶錄，也不太受到重視。對於曾經被送進集中營的生還者而言，不少人當時之所以忍辱負重活下來，就是希望一定要活著出去，以歷史見證人的身分讓世人知道納粹的慘無人道。但無奈就像義大利作家 Primo Levi 親身經歷那樣（參見第 22 章），戰

7.

1940 年 10 月，法國維希政府首腦貝當元帥（Marschall Henry Philippe Petain）與希特勒在法國會面。

後大部分的歐洲人只關心自己在戰時與眼前所吃的苦，對這些從大苦難裡重生回來的人呼籲要將他們受難的經歷視為「應該被記得的歷史記憶」（duty to remember），感興趣者寥寥可數；這讓這些極度渴望被大家安慰、肯定的生還者幾乎形同歷經第二次傷害。[84] 關於這個問題，2014 年與緹昂一起入祀巴黎先賢祠的 Geneviève de Gaulle-Anthonioz 也曾說過：「在我們飽嘗痛楚的悲慘遭遇深處，比起想回家，我們更熱切渴望日後能讓大家了解集中營內部的種種真相。……如果最後這些真相因為納粹的『夜與霧』（NN）而消翳無蹤，這才是納粹最終的勝利。」[85]

看到法國社會的集體噤聲，法國史學家亨利‧儒索（Henry Rousso）於 1987 年出版了一本專書《維希症候群：法國自 1944 年起的歷史與記憶》（*Vichy Syndrome. History and Memory in France since 1944*），批判法國社會不願好好從事歷史反省的集體心態（圖 8）。儒索所謂的「維希症候群」主要是指有為數不少戰後出生的那一代法國人，在七〇年代末期不願意承認納粹大屠殺是真實發生過的歷史。他們以知識菁英高高在上的姿態，批評受難者對屠殺與迫害的記憶有許多問題。為了掩飾維希政權協助載運 76,000 名猶太人（其中包括不少兒童）到奧許維茨集中營送命，他們只承認有奴工營存在，卻不承認猶太人所說的滅絕營是真的。他們認為，猶太生還者所說的遭遇，是刻意扭曲歷史，要求大家去記憶不曾真正發生過的事。因此

儒索認為，法國主流社會對於曾經支持納粹的過往，尚停留
在「未完成的哀悼」（unfinished mourning）。這種不願進行轉型
正義的態度，違反了法國的共和價值。[86]

　　除了廣義的「歷史記憶」外，剛從集中營返國時的緹昂
與其他地下反抗運動人士在意的事情還包括：應將他們地下
反納粹的抗爭運動（French Resistance）視為法國史的一部分。即

8.

二戰期間，世界各國有不少人都有自願加入納粹軍團的紀錄。圖為幾位丹麥國民於
1941年舉著「丹麥自由軍團」（Freikorps Danmark）的旗幟宣誓加入納粹武裝黨衛軍（Waffen
SS）。著名的歷史學者 Tony Judt 曾說，二戰時期有被納粹占領過的歐洲國家，都曾發
展出親納粹的勢力，因此在戰後這些國家都有各自的「維希症候群」。

Bundesarchiv, Bild 101III-Weill-096-27/ Photo: Weill

便參與的人數不多，但應將他們的犧牲奉獻視為替全法國人做的。受到當時「國族精神特色」（national characters）思想的影響，他們認為，自己被送到集中營後，仍經常表現出不屈從的勇氣，這正是在積極發揚法國精神。

　　但是這個部分的堅持，很容易引起爭議。因為這會掀起法國籍的「非猶太裔受難者」與「猶太裔受難者」在歷史記憶上的爭鋒。換言之，面對二戰，所謂「法國的歷史記憶」是要以法籍猶太人的受難史以及他們被消滅的傳統文化為優先？還是要以法國反納粹反抗運動史及其運動經驗為優先？如果以地下反抗運動者為優先，如緹昂與她的同伴當年所堅持的，這是否隱喻著，運動者將自己的道德優越感視為「法國精神」；這也間接暗示了，猶太人之所以會慘遭大迫害，是因為反抗不夠積極？[87]

　　隨著緹昂在戰後回到法國學術界繼續從事阿爾及利亞的田野調查，因此也親身涉入阿爾及利亞獨立戰爭調解工作，這個複雜多端的戰後人生閱歷讓她聯想起自己在二戰時從事反抗運動的親身經歷。作為兩個重大歷史事件的時代見證者，她深刻體認到，「愛國主義」不應作為判定是非曲直的準則。因為以「愛國」之名，人性會自以為是地讓太多不堪的貪婪與黑暗恣意橫行；認為只要能達成目的，可以不擇手段。作為公民，應該要努力追討的，是「國家暴力」對公民自由造成的傷害以及對個人生命尊嚴的剝奪。[88]

隨著國族主義觀點在二戰之後越來越被棄置一旁，緹昂也不斷修正她在 1946 年出版的回憶錄所持的想法，逐漸放棄去討論法國人獨具的反抗精神、也不再認為英雄化法國地下反抗運動者有其必要。跟義大利作家 Primo Levi 一樣，終戰將近三十年後，他們越來越清楚體認到，人能不能過道德的生活，與民族性無關，但與所生存的政治、社會體制環境非常有關。專制威權透過「去人性化」的管制措施奴役人民，對人的道德心靈造成的傷害難以估算。[89] 緹昂在 1973 年修訂版的《拉文斯布呂克集中營回憶錄》針對這一點也做了告解式的表達：

> 介於 1939 與 1945 年間，我跟許多人都陷入迷思，想要樹立區別標誌，以便清楚區分國族特色，因此喜歡說「他們做了那種勾當」「我們打死也做不出那種事」……等等。今天我絕不再相信這種說法行得通。反之，我確信，世界上沒有哪一個族群的人可以安然地說，他們從不需要面對自己集體道德罪行引發重大災難的問題。[90]

緹昂在過世前一年出版了《戰爭與和平的鬥爭》一書（*Combats de guerre et de paix, 2007*）。在書裡，她仍不忘再次強調：「不可因愛國心犧牲真理」。[91]

掩藏住的，不會消失，只是潛入土裡，未來長出讓後

人更難以收拾的怪異扭曲後果。2003 年，梵蒂岡公開二戰期間教廷與納粹往來的機密檔案。2009 年，法國最高行政法院（Conseil d'Etat）正式判決法國政府應對二戰期間把 76,000 名猶太人遣送到奧許維茨集中營的行為道歉，並做出賠償；2014 年，法國國家鐵路公司為曾經幫助載運猶太人到集中營，賠償猶太人六千萬美金。2015 年 12 月 28 日，法國政府將 1940 至 1944 年間與維希政府相關的二十多萬份文件解密公開，涵蓋的範圍包括內政部、外交部、司法部與警察部門。法國的二戰歷史記憶正開始踏上轉型正義之路。長期以來，對二戰「維希政權」（Vichy regime）及所謂「法國反抗運動」（French Resistance）的歷史迷思，也正慢慢在撥開雲霧中。[92]

附錄 2

女性集中營與性暴力、慰安婦

活下來，是摧毀暴政的終極手法。

SURVIVAL, OUR ULTIMATE SABOTAGE.

——法國人類學家　潔曼·緹昂
（GERMAINE TILLION）——

拉文斯布呂克集中營在德國歷史記憶上，也是一個棘手的課題。二戰後這裡曾開過納粹戰犯審判庭。但不久後，因這裡屬於紅軍占領區，開始與西方世界隔絕。隨著東德共產政權建立，過去被關在拉文斯布呂克集中營裡的共產黨員開始被英雄化為革命先烈。兩德民主統一後，新一批的歷史學者與檔案學者才又重新開始為這個紀念園區進行新的歷史書寫。

嚴格來說，「納粹統治」與「娼妓文化」應該是兩條平行線。因為根據希特勒的種族潔淨思想，嫖妓是玷污亞利安民族健康的罪行，是納粹統治的社會不能寬容的。然而，仔細考察集中營裡的性別問題，卻可看到，一手打造集中營的亨利・興勒（頁 193-196），本身竟是集中營性交易生意背後真正的大老闆。

除了政治與經濟因素外，與拉文斯布呂克集中營相關的問題，還有一個很重要的面向，就是性別問題。集中營的女性受難者通常難逃被性侵、或性暴力對待的命運（強迫裸體，強迫為娼，強迫節育，強迫墮胎，性奴隸，或對女性身體做出其他暴力行為，例如做醫學實驗）。正如早期研究性侵問題的重要著作《違背我們的意志：男人，女人及強暴》（*Against Our Will: Men, Women and Rape,* 1975）一書的作者 Susan Brownmiller 曾說過：「強暴之所以該被視為罪行，不是因為這個行為只圖肉慾滿足，而是為了展現暴力與權力」（rape is a crime not of lust, but of violence and power）。

雖然希特勒基於避免「種族污染」的理由（rassistische Generalprävention），禁止德國人與猶太人發生性關係；但實際上，自 1939 年 11 月「水晶之夜」後，納粹便經常強暴猶太女性。後來在集中營裡，更大肆性侵女囚。這些舉動基本上是把她們視為「劣等人」（inferior beings），透過這樣的暴力侵犯，他們證明了自己身為宰制者的強烈優越感。除此之外，根據興勒於 1942 年 6 月下的指令，在集中營裡辛勤工作、表現優良的男囚（猶太人除外），可以申請到營區內設置的妓女戶（Lagerbordell）享受 15 分鐘。根據這個規定，當時總計約有 200 名女性囚犯被迫為娼。這些女性受害者被分成三個等級：姿色最好的，為納粹軍官服務；次等漂亮的，提供給在前線作戰的德國國防軍（Wehrmacht）；姿色被歸為第三等的，則送到各個集中營，提供給納粹眼中表現優秀的男囚。由此可以看出，「性」被納粹政權大加利用來作為軍事謀略與提高戰爭經濟生產力重要的一環（圖 1），而非只是從男性滿足生物需求的角度被看待。

然而，戰後對納粹戰犯的審判裡，雖有許多人控告被加害者性暴力對待，但是檢察官與法官通常並不會在實際定罪考量時，將此視為需要判處徒刑的的罪行。雖然有不少女性生還者動筆寫下集中營的回憶錄，但很少有人得到出版機會。反之，有許許多多女性受害者將受到性暴力對待的痛苦

遭遇，視為自己生命裡難以告人的奇恥大辱。她們隱忍不敢
聲張，擔心引來更多歧視，終而使得這部分的歷史一直處於
隱而不彰的幽深暗處，無法獲得應有的重視。以至於數十年
來成為二戰歷史上缺漏的重要篇章。

　　這樣被邊緣化的晦澀沉默直到一九九〇年代才陸續被打
破。

　　2009 年，Robert Sommer 出版了一本專書：《集中營裡
的娼戶：納粹集中營裡的強迫性奴工》（*Das KZ-Bordell. Sexuelle
Zwangsarbeit in nationalsozialistischen Konzentrationslagern*）。[93] Sommer 指出，

1.
___
納粹德國將法國 Brest 一座猶太人會堂（synagogue）改成德軍妓女站。

戰後絕大部份受性暴力傷害的女性選擇噤聲的原因，主要有三：第一，與轉型正義相關的司法判決幾乎都不將強暴與性奴役問題當作罪行來定罪，她們為怕遭到歧視，因此選擇沉默；第二，其他受難者群體（例如，猶太人、政治犯）為了讓自己受難的遭遇獲得更多正式的肯認，蓄意壓抑這些女性受難者公開發聲，甚至加以嚴厲攻詰；第三，雖然大部分的受害者是被迫從事性服務，但還是有些集中營生還者指出，這些受害的女性是自願向納粹出賣自己的肉體，以換取在集中營裡比較好的待遇。這麼複雜壓抑的歷史，如何使之重見天日，好讓受冤者獲得應有的正義與安慰？從德奧的處理經驗來看，也許有一些作法值得深入了解。

　　奧地利茂特豪森（Mauthausen）集中營裡有興勒設置的第一個妓女戶（圖2）。2006 年，維也納藝術大學的學生在老師 Carola Sachse 指導下，為這個紀念園區策展了一個「納粹集中營裡的性奴役工作」特展（Sex-Zwangsarbeit in NS-Konzentrationslagern），展出 150 件照片與史料。這個展覽的內容後來不僅出版成專書，[94] 也接受各方申請，作為長期巡迴展，藉以喚起大家對這個議題的注意。2007 年拉文斯布呂克集中營紀念園區在柏林藝術大學協助下，收集了納粹掌管下的 12 座集中營妓女戶的資料，為這個巡迴展補充更多豐富的內容。這個展覽不僅至今繼續在德國各地巡迴展出；2008 年也曾移師到韓國.

　　於此同時，在 Robert Sommer 籌劃下，2007 年舉辦了
國際學術研討會「二十世紀與二十一世紀初期的慰安婦與
戰爭」（Forced Prostitution and War in the 20th and the Beginning of the 21st
Century）。在這個學術會議的基礎上，更細膩、深入而紮實的
學術調查陸續展開。例如，Sommer 在前述所提 2009 年出版
的《集中營裡的娼戶：納粹集中營裡的強迫性奴工》一書裡，

2.

興勒巡視位於奧地利茂特豪森集中營區在 Gusen 區設立的娼戶。

Bundesarchiv, Bild 192-220/ Photo: o.Ang.

就透過仔細調查170位被強迫去做慰安婦的人之檔案與口述訪談，有系統地揭開集中營裡性奴役問題的黑暗面紗。

　　根據Sommer的研究，被挑選為妓的女性介於17至35歲，國籍涵蓋德國（約占七成）、荷蘭、波蘭、白俄、與烏克蘭。這些女性大多是從拉文斯布呂克集中營、少部分是從奧許維茨集中營挑選出來的，但猶太女性不會被納粹黨衛軍選上。是哪些人會被選上呢？主要是「罪犯」（kriminell），或是納粹眼中因為各種不同原因生活在社會邊緣、或不被主流社會認可的「反社會」（asozial）婦女（例如娼妓）。

　　由於納粹意識形態上反對色情行業，因此在德國及他們占領的地區，納粹都對娼戶建立了完整的監控資料。反諷的是，不少婦女因為從事賣春行業，被指控「反社會」遭到逮捕，送進集中營；結果到頭來，她們卻被迫在營區裡從妓。此外，有些女性為了免除難以負荷的苦勞、或想獲得生還的機會，遂被納粹管理員欺騙，只要她們願意在營區裡為娼半年，就可獲釋回家。然而，這純粹只是騙局。當她們染上性病或是懷孕，便會從各地娼戶再被送回拉文斯布呂克集中營做苦勞，直到慢慢衰竭而死；或被當成醫學實驗對象，染上其他更多的病而喪命。[95] 從這些後續的悲慘遭遇來看，即便有些生還者或是集中營裡的醫生說，有受難者當初是自願為娼，以換取更好的境遇。但從她們生病後被送回拉文斯布呂克集中營而遭受「慢死」的對待，或是戰後在身心嚴重受創

的情況下卻一再被漠視孤立、甚或污名化的經歷來看，這些受難者的確應該要有獲得平撫的機會。

2008 年，聯合國安理會終於提出 1820 號決議，強調「強姦和其他形式的性暴力都可能構成戰爭罪、反人類罪或是種族屠殺的一部分」。2014 年，位於荷蘭海牙的國際刑事法院（International Criminal Court）在倫敦召開「終結戰爭衝突時期的性暴力高峰會」（Global Summit to End Sexual Violence in Conflict），決定積極研究如何追訴戰爭時期與性暴力相關的犯罪問題。凡此種種，終於讓婦女受性暴力對待的問題，開始往具有國際人權規範的處理方向邁進。

整體而言，集中營裡的性服務／性奴役問題，不僅暴露出，「性」被納粹有意識地作為提高戰力與戰時生產力的誘因；「性」也被納粹加害者當作引誘集中營受害者一起參與加害者共犯集團的計謀。這樣層層疊疊的加害情境，將集中營裡「加害者」與「受害者」的界線模糊化，讓戰後某些「受害者」因為不想讓自己當年在營中生活時特定的「加害」面向被清查、曝光，而使得身心嚴重受創的婦女在噤聲中，只能不斷哀嘆自己作為女性毫無價值可言。有些受害者即便有幸當時沒有染病而能在戰後擁有生育能力，但也常因深感自己曾經被嚴重玷污的不堪，下意識地拒絕擁抱自己的孩子。

12

德國軍方涉入納粹暴行有多深？
國防軍史料展掀起的風波

對自己的回憶來說我是個爛聽眾
它希望我持續不斷聽它嘮叨
而我卻不停動來動去　清喉嚨
有聽也沒在聽
我走出去　回來　然後又走去……

它希望我只為它而活　也只和它一起生活
最好是在一個黑暗　幽閉的房間
而我呢，在我的計畫中總是有當下的陽光
現在的流雲　還有腳下正在走著的路

有時候我受夠了和它在一起
我提出分手 從今開始　我們永不相見
那時它就會憐憫地對我微笑
因為它知道　那對我來說亦是酷刑

——辛波絲卡〈和回憶很難相處〉[96]——

　　二戰期間，德國男性從軍人數共 1,800 萬人，其中包括專屬於納粹黨的「納粹武裝黨衛軍」（Waffen SS）、以及在國家體制上正式屬於德國軍方的「國防軍」（Wehrmacht）。這 1,800萬人占當時德國男性總人數四成。

　　二戰末期盟軍已經先做出決定，戰後德國戰犯審判與「去納粹化」政策（Entnazifizierung）執行的對象，將局限於審訊具有納粹黨籍的成員。這個決定在 1945 年的波茲坦會議上再度獲得確認。這意謂著，在希特勒時代，加入納粹黨的八百五十萬名德國人作為執行希特勒意志的核心成員，將必須面臨二戰罪責的追究。就軍隊來看，這卻意謂著，戰後盟軍主導的轉型正義工程將要審判的對象，只限於納粹黨衛軍；而屬於德國軍方系統的「國防軍」則可根據日內瓦公約（Geneva Conventions）對為國家效忠的參戰軍人之法律保護，免受戰爭罪責之起訴。

　　然而，納粹政權是以黨領政的法西斯政權。雖然納粹設有特別效忠這個黨的「黨衛軍」；但在黨政合一的獨裁體制裡，依法徵召平民服兵役的「國防軍」是否與「黨衛軍」毫無瓜葛可言，有許多值得質疑之處。[97]

　　針對這個問題，德國歷史學者 Wolfgang Benz 便以希特勒片面撕毀二戰前簽署的「納粹—蘇維埃互不侵犯條約」（Nazi-Soviet Non-Aggression Pact）下令德國國防軍入侵俄國一事為例，說明德國軍方從頭開始就知道，希特勒發動的是毀滅性

戰爭,卻仍樂意配合他的意識形態。國防軍在 1941 年 6 月 22 日以「紅鬍子行動」(Unternehmen Barbarossa)為名,無預警進軍俄國,大肆屠殺無辜百姓、虐待戰俘;直到 1945 年 5 月慘遭盟軍全面性擊潰,國防軍無條件投降,納粹德國也宣告終結為止(圖 1 ~ 2)。[98]

由此來看,德國軍方的確樂於為希特勒所用。二戰時期,國防軍的戰力並不只用在保衛國家安全上而已。Benz 指出,德國年輕世代雖然對這段歷史很有興趣;但年紀稍長的德國人並不太願意面對自己國家在二戰期間曾經帶給俄國人極大戰爭傷害之事。箇中原因主要有三:

(1)因為俄軍於二戰末期在德國也做了許多傷害德國百姓的報復行為。

(2)二戰時蘇俄紅軍大量驅趕原先住在中東歐的德裔居民,造成一千多萬德國人被迫離鄉背井,成為流離失所的難民。

(3)東德與蘇聯共產統治的過往也有許多陰暗面。在這些錯綜交織、冤冤相報的糾結歷史記憶裡,德國人便一直被希特勒當初宣傳的恐慌思想制約,認為德國攻打俄國「勢在必行」,否則只能等著被俄共消滅。

然而,當大家陷在納粹宣傳德國面臨「危急存亡之秋」

1.

位於柏林狩獵園
（Tiergarten）的俄軍
陣亡將士墓園與紀
念碑。

2.

位於柏林狩獵園的
俄軍陣亡將士墓園
與紀念碑近景。

© 攝影：花亦芬

的歷史迷思時，卻忘了好好去探究，納粹如何一再蓄意違反日內瓦公約，殘酷對待俄國、波蘭、烏克蘭以及其他東線的反抗運動者及平民百姓，只為了滿足自己作為亞利安人優於其他民族的想像，並認為優勢民族有權大開殺戒。如1942年1月7日一道國防軍的軍令所言：「有鑑於德軍遭到殘酷的反擊，從現在開始，只要看到蒙古人或亞洲人，基本上一律都可射殺，不論是戰俘、叛逃者、或是捉到的平民。」[99]

　　1942年底，國防軍還收到另一紙命令，其中提到：「在這場戰爭裡，軍隊有權、而且有義務不受任何制約使用各種手段，只要能贏就好。即便對婦女與兒童動手都無妨。若有人心存仁慈，不管表現在哪方面，都是對不起德意志民族與在前線作戰的將士之有罪行為……」[100] 在另一方面，國防軍也殘酷地以虐待、飢寒、甚至屠殺的方式對待蘇俄紅軍戰俘，以至於有超過300萬紅軍戰俘在德國國防軍看守下死亡——Benz指出，這些都是國防軍難以逃避的罪行。

　　此外，德國軍方不僅樂於配合希特勒意志行事，而且幾乎默認他在軍事上的決策與行徑。即便有些慘無人道的事並非國防軍親手所為，但是，德國軍方在知情的情況下，不但不加以阻止，甚至從旁叫好。Benz就以1941年9月29與30兩天，納粹在烏克蘭首都基輔（Kiev）附近的Babi Yar屠殺33,771名猶太人為例，說明德國軍方如何縱容納粹黨衛軍胡作非為。在此行動之前，納粹黨衛軍曾向柏林作出如下報告：

「預計處死至少 5 萬名猶太人。國防軍對此行動表示歡迎，並期待有激進的處置方式。」[101]

1995 年 3 月，德國社會學家 Jan Phillip Reemtsma 私人資助成立的漢堡社會學研究所（Hamburger Institut für Sozialforschung，簡稱 HIS）鑒於二戰結束即將邁入五十週年紀念，德國社會應該跨出願意討論「國防軍」的第一步，因此籌辦了一個巡迴展：《毀滅性戰爭：國防軍的罪行，1941-1944》（*Vernichtungskrieg. Verbrechen der Wehrmacht 1941 bis 1944*）。這個展覽展出約 1,500 張私人拍攝的照片以及一些私人信函，希望透過這些先前從未公開過的史料，讓參觀者看到國防軍如何以殘酷的手段執行納粹政權交付的毀滅東歐與俄國計畫。展出的歷史照片中，有一半是關於德軍如何殘酷地執行屠殺命令，另有 735 張是關於國防軍在塞爾維亞（Serbia）進行的屠殺裡犧牲者的受難照。

這個展覽從 1995 年至 1999 年，共在德奧兩國 33 個城市展出。策展人 Hannes Heer 根據歷史學界在東線戰役研究上已有的確實學術認知，將展覽內容分為三個部分：

（1）國防軍對白俄羅斯的占領，
（2）國防軍在塞爾維亞屠殺平民百姓，
（3）國防軍入侵史達林格勒（Stalingrad）。

剛開始的時候，大家很踴躍參觀這個展覽，對這個展覽

　　的評價也介於持平到好評之間。因為對絕大多數的參觀者而
言，這是他們第一次見到這些照片。然而，自 1996 年底開始，
情緒性的批評聲浪卻突然變得非常猛烈；1997 年 3 月，德國
國會也在強大壓力下，必須討論究竟該如何定位二戰時國防
軍的性質（圖 3）。這些反彈聲浪顯示出，這個展覽已經踩到
德國社會一條隱而未顯的心理防線：是否可以將當時上前線
作戰的 1,800 萬名德國男性，不分青紅皂白，一律冠上「毀滅
性戰爭共犯」的罪名（圖 4～5）？這 1,800 萬名出於自願或被

3.

1997 年 3 月 10 日出版的德國《明鏡週刊》以〈作賤德軍的名譽？〉為題，討論《趕
盡殺絕的戰爭：國防軍的罪行，1941-1944》展覽引發的風波。

強迫徵召的德國男性公民，幾乎說得上與當時絕大部分德國人都有一些親友關係：祖父、丈夫、父親、兄弟、叔舅、或是鄰居。由於德國戰後出生的第二代對六八學運時期德國社會被激烈劃分為兩個極端對立陣營的作法已不樂見，因此也對這種一竿子打翻一船人的標籤化方式開始感到不以為然。

　　此外，有人認為，展覽內容太偏向單一視角，沒有討論共產黨與德國社會糾結、鬥爭的複雜關係，並不恰當。接著又有波蘭歷史學者指出，展出的受難者照片有些並非是被德軍殺害，而是被俄國情治單位所殺。因為社會上憤怒的情緒被導引得越來越高漲，不僅 Reemtsma 本人與策展人 Hannes Heer 遭受許多人身攻擊；1999 年當這個巡迴展走到德國與盧森堡交界的城市 Saarbrücken 時，新納粹甚至直接在展場內放置炸彈。越來越激化的情勢最後迫使各政黨必須表態，在他們執政的邦是否仍要繼續讓這個巡迴展走下去。102

　　當然，也還是有不少參觀者認為，能藉這個展覽打開潘朵拉的盒子，是相當值得肯定的。畢竟，在納粹統治時期，隨著希特勒越來越大權在握，國防軍在主客觀情況下，很少有人會質疑納粹政權的做法太殘暴；反倒是不少人靠著希特勒的「整軍政策」（Aufrüstungspolitik），從中大大牟利，因而願意不斷配合希特勒向外侵略的行為（圖 6）。103

　　整體而言，這個展覽的確碰觸了德國轉型正義過程中最棘手的地雷問題，因此需要非常小心細膩地處理。在當時，

4.

1943 年 1 月一批當
時屬於蘇聯的哥薩
克人（Cossacks）宣
誓加入德國國防軍
行列。

Bundesarchiv, Bild
101I-235-0976-17A/ Photo:
Mentz

5.

德 國 入 侵 蘇 俄
時，德國國防軍
裡 也 包 含 一 個
「法國步兵軍團」
（Soldat der Légion des
volontaires français contre
le bolchévisme）。 這
是 1941 年 11 月 在
Wjasma 拍攝的照片。

Bundesarchiv, Bild 101I-
214-0328-28/ Photo:
Gebauer

如果能更周全處理以下兩個方面，情況應該不至於惡化到被
有心人引導到高度情緒性的對抗：

　　（1）不要從單一化的角度宣稱，到德國東線作戰的人都
　　是「毀滅性戰爭的共犯」，當時的確有些平民百姓是在
　　無奈卻不得不從的情況下被迫從軍。
　　（2）應對「納粹國防軍」與二戰後成立的「聯邦國防軍」
　　（Bundeswehr, 圖 7 ～ 8）之間的關係做適度釐清，不要因「納

6.

1941 年 7 月德意志國防軍在巴黎協和廣場（Place de la Concorde）進行坦克車遊行。

Bundesarchiv, Bild 183-1985-1216-530/ Photo: o.Ang.

粹國防軍」的問題跟著全盤污名化現在德國的「聯邦國
防軍」。

　　當然，二戰時期德國國防軍的問題也不會隨著這個展
覽被終止，而不再有人聞問。反之，到了二十世紀末期，德
國社會對「究竟誰該被歸為納粹戰犯？」這個問題還存在如
此激烈的爭議，顯見其中真的有很多問題需要好好再加以釐
清，只是時間早晚而已。誠如歷史學者 Wolfgang Benz 所言，

7.

位於柏林的德國「聯邦國防軍總部」。
© 攝影：花亦芬

有關國防軍的展覽掀起的風波，的確顯示出，「清白的國防軍」（saubere Wehrmacht）這個歷史迷思在德國社會真的該被好好解構。根據目前歷史學研究粗估，國防軍各級軍官士兵應該負起戰爭罪責的，至少占 5%。雖然這是一個很小的比例，但以人數來說，卻有好幾十萬人。如果德國社會不能好好釐清這幾十萬人的戰爭罪責問題，那只能說「國防軍作為一個整體，雖然沒有被判有罪，但也沒有被宣告無罪。」[104]

8.

「聯邦國防軍總部」正門口，以銅雕名冊依年列出為國捐軀的「聯邦國防軍」犧牲者姓名（*Das Ehrenmal der Bundeswehr*）。

© 攝影：花亦芬

第三篇
錯誤歷史記憶的困局：德勒斯登

我向自己心中的上帝禱告，

賜給我力量，好向祂提出對的問題。

I pray to the God within me that

He will give me the strength to ask Him the right questions.

——諾貝爾和平獎得主，

納粹大屠殺倖存者 ELIE WIESEL,《夜》（*NIGHT*, 1960）——

13
德勒斯登爲何被空襲？
死傷人數爲何那麼重要？

可以幫助我們心靈解放得自由的真相，
通常是大家不想聽的。

THE TRUTH WHICH MAKES MEN FREE IS FOR
THE MOST PART THE TRUTH WHICH MEN
PREFER NOT TO HEAR.

——美國新聞記者與歷史學者 HERBERT AGAR
（*A TIME FOR GREATNESS, 1942*）——

　　二戰末期，在 1945 年 2 月 13 至 15 日，德勒斯登（Dresden）出乎意外地被英美盟軍猛烈空襲。這個被稱爲「易北河畔的佛羅倫斯」是撒克森邦（Sachsen, "Saxony"）的首府，向來以藝文之城聞名於世，爲何會在英美聯軍勝利在望、二戰行將結束之際，反遭盟軍無預警的突襲（圖 1）？

＊　　　＊　　　＊

　　走在德勒斯登老城市中心，看到的是洋溢著巴洛克風華、滿滿的思古幽情：聖母教堂（圖 2）、聖十字教堂、茨溫格宮（Zwinger）、森佩歌劇院（Sempeloper）、國立藝術博物館（Staatlichen Kunstsammlungen Dresden）、易北河上的奧古斯都古橋

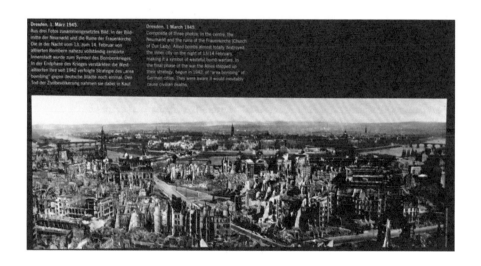

1.

柏林「恐怖政治地形中心」2015 年的特展《1945 年的德國：終戰前幾個月》（Germany 1945: The Last Months of the War）展出德勒斯登在二戰結束前夕突然被大轟炸的的合成照片與說明。

（Augustusbrücke）……等等（圖 3）。1957 年，西德著名作家艾瑞希‧凱斯特內（Erich Kästner）曾在他的小書《我的童年時光》（*Als ich ein kleiner Junge war*）裡，對家鄉德勒斯登做過以下描述：

> 如果可以這麼說，我不僅知道什麼是不好與醜陋，我也知道，什麼是美。能擁有這種天賦與幸運，真的要歸功於我是在德勒斯登長大的。有關美是什麼，我不需要透過閱讀書本才知道；也不需要進了學校或上了大學才

2.

1945 年前的德勒斯登聖母教堂與街景。

懂。我自小呼吸著美的空氣長大，就像森林保護員的小
孩自小呼吸著森林的空氣長大一樣。1

　　德勒斯登人向來有種獨特的自豪感，因為這個古城自
1485 年起，就是撒克遜公爵的王宮所在地（Residenzstadt）。許
許多多的歷史古蹟讓老一輩的德勒斯登人喜歡描述，這裡就
只是一個藝術之都，是北方的佛羅倫斯，不是軍事要塞，不
是工業重鎮，也不是納粹運籌帷幄的政治中心。2
　　然而，戰火延燒下，英美盟軍看德勒斯登的眼光卻大為
不同。在他們的作戰情報裡，當時沒有空防的德勒斯登不僅
是東線戰場的交通要衝與轉運樞紐，面對蘇俄紅軍步步進逼

3.

易北河畔的德勒斯登，左起第二座建築是新整修好的聖母教堂。

東歐，希特勒也開始部署重兵防守此城。此外，德勒斯登向來是第三帝國重要的工業重鎮之一。例如，以精密光學享譽全球的照相機製造公司 Zeiss-Ikon，自一九二〇年代中葉就是德勒斯登最大、也是最重要的工廠，聘雇了超過 14,000 員工。這裏製造的高級相機行銷全世界。二戰末期，德勒斯登的工業生產更完全轉向到軍事武器製造。[3] 如同當時負責轟炸的盟軍指揮官 Arthur Harris（1892-1984）事後所說：「德勒斯登事實上是大量軍需品的供應重鎮，保護完好的政府運籌中心，也是重要的交通轉運樞紐。」[4]

從二戰戰史的發展來看，二戰爆發後兩年半，德軍雖然征服了一半的歐洲；但是，從戰爭第二年起，英國空軍已經開始對德國進行空襲，而且軍備日益增加。1943 年起，美國空軍也加入轟炸德國的行列。[5] 自 1944 年 11 月起，英美開始籌劃「迅雷一擊行動」（Operation Thunderclap）這個特殊計畫，希望透過摧毀一個至今仍未遭到強力攻擊的德國大城，快速瓦解德國民心士氣，以讓納粹政權壽終正寢。負責這個計畫的就是英國空軍指揮官 Arthur Harris。

在英美共同決定下，「迅雷一擊行動」的目標鎖定德勒斯登。回顧過去，撒克遜這一邦除了萊比錫（Leipzig）外，尚未有城市被盟軍轟炸過。現在目標就直接鎖定在撒克遜首府德勒斯登。對身兼國防部長的英國首相邱吉爾來說，轟炸德勒斯登不僅可以破壞希勒特在東線的部署；轟炸之後，更可

以快速清理出戰場，方便蘇俄紅軍進兵德國。當然，猛烈的
空襲還有示威警告作用，希望讓德國人心生恐懼，徹底瓦解
他們繼續作戰的意志力。

　　然而，該怎麼轟炸？

　　根據目前的研究調查，2 月 13 日深夜，英國皇家空軍
（Royal Air Force, 簡稱 RAF）在短短十五分鐘內，就將德勒斯登老
城區的四分之三統統轟炸過了，以至於這些地方在瞬間全部
陷入火海。根據英國國家檔案局網頁對此事件的說明，6 當
時深陷火海的平民百姓是在高達攝氏 1000 度的火海中被活活
燒死。同一晚緊接著又發動三波類似的強烈空襲。一個晚上
下來，英美盟軍在此投擲了三千噸炸藥：先是用高爆破性的
炸藥震垮建築物；再來用燃燒彈在平地上引爆更多小型的火
災進行徹底燒毀。接下來兩天，又繼續轟炸許多民間救護機
構，（例如消防隊與醫院）。美國一看 Harris 所指揮的轟炸已
經太超過，要求英軍停手（圖 4.1 ～ 4.2）；但在短短三天內造
成的災難已經難以挽回。

　　1945 年 3 月 28 日邱吉爾寫了一份備忘錄給他的幕僚長及
參謀總長 Ismay 將軍，表達他對瘋狂轟炸德勒斯登的做法持
保留態度：

　　摧毀德勒斯登的行動在盟軍的轟炸計畫裡造成嚴重質
　　疑。……外務大臣跟我談到了這件事，我認爲有必要更

4-1.

紐約時報 1945 年 2 月 14 日對德勒斯登受到猛烈空襲的報導，並沒有
以頭版重要新聞處理，而是刊登在第四頁（見上圖框起處）。

4-2.

圖 4-1 新聞稿細部。

確實地專注在軍事目標上，例如，當前作戰地區究竟需
要多少油與通訊設施；而不是想以炫極一時的威嚇行
動，做下不顧後果的盲目摧毀。7

邱吉爾這樣的說法，讓英國參謀部相當錯愕。四年來，
他一直主張應該策略性地採用**轟炸**戰術。而空襲德勒斯登正
是在兩個月前，在他堅持對德國東部城市採取這樣的戰術
下，才導致的重大災難。曾幾何時**轟炸**德勒斯登的行動被這
位原始倡議者視為只想「以炫極一時的威嚇行動，做下不顧
後果的盲目摧毀」？

針對邱吉爾前後反覆的態度，英國歷史學者 Frederick
Taylor 做了以下的分析：

在當時情境下，大家要期待一位向來就愛陷入自我矛盾
的政治家何種反應？那時的他一下子下令要多投一些炸
彈、對德國城市多進行一些攻擊；然後卻又向同僚哭訴：
「我們是畜生嗎？我們竟會做出這種事情？我們是不是
做得太過份了？」──這就像 1943 年夏天人家給他看魯
爾（Ruhr）工業區被炸到何種慘不忍睹的景象時，他表
現出的反應一樣。8

敏於審度時勢、卻也大權在握的邱吉爾當然不是無緣無

故講出自相矛盾的話。他很清楚,炸毀德勒斯登的軍事目的
達成後,接下來他要面對的是國內外媒體對這項空襲行動排
山倒海而來的負面評價。他也很清楚,即便一時之間他被視
為戰爭英雄,但終有一天,大家會重新評價他所做的決定。
如同目前英國國家檔案局介紹英國空襲德勒斯登的網頁上所
寫,面對即將到手的勝利,邱吉爾卻仍做出造成嚴重傷亡的
空襲行動,這究竟是惡棍的行徑?還是英雄的作為(圖5)?

　　對當時英國民眾而言,轟炸德勒斯登的行動的確有相當
高的爭議性。不少英國人曾經到這個古城旅遊、甚或在此求
學過。在他們心目中,轟炸德勒斯登意謂著摧毀一個藝文古
都。他們對此直覺上的感受就像是將日本的京都夷為平地那
樣,只能以「瘋狂」視之。雖然是戰時,即便德勒斯登在軍

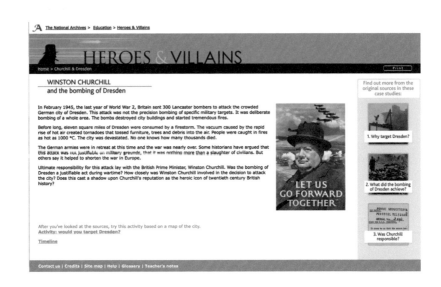

5.

擷圖自英國國家檔案局介紹空襲德勒斯登的網頁。

事戰略家眼中是重要的工業區與軍事要塞，然而，這個毫無節制的**轟炸**行徑仍激起不少英國智識分子對戰爭盲目殺戮的強烈反感。

即便如此，殺戮還是持續進行中。

轟炸德勒斯登後十天，在 2 月 23 至 24 日，英國空軍又對位於德國西南部黑森林區的小鎮佛茨海（Pforzheim）進行猛烈空襲。兩天內，這個小城 87% 的地上建築物被毀，四分之一的居民（17,600 人）罹難。3 月 16 日，英國空軍又轉向去轟炸德國中部另一個古城維爾茨堡（Würzburg）。跟德勒斯登相較起來，維爾茨堡真的沒有太多工業，向來就是仰賴著名的主教座堂以及城堡來吸引遊客的大學城。然而，短短十七分鐘內，英國空軍在這個同樣沒有空防的古城投擲了 1,100 噸炸藥，其中大部分是燃燒彈，快速摧毀了這個古城九成

6.

1942 年英國空軍（RAF）在德國魯爾工業區（Ruhr Gebiet）發動連續空襲時，以納粹空軍總司令赫曼・戈林（Herman Göring）面對歐洲不同大城被空襲的表情作主題所散發的文宣：由上而下前三個是德軍去空襲華沙、鹿特丹、與貝爾格勒時，戈林勝利的笑容；接下來兩個是德國北方城市呂貝克（Lübeck）與羅斯特克（Rostock）被盟軍空襲時，戈林臉色開始變得黯淡，不再笑得出來；最底下一圖是當戈林知道鄰近魯爾工業區的最重要大城科隆（Köln）遭到空襲，完全面容失色的樣貌。

的地上建築物。依比例而言，維爾茨堡在市區建築與基本設
施上，是德國在二戰被摧毀得最嚴重的城市。[9]

　　總計自 1942 年 2 月起至戰爭結束，盟軍一共轟炸了
一百三十餘個德國城市（圖 6），因為盟軍空襲而死亡的德國
民眾約有 60 萬人，受傷 90 萬人；另有 750 萬人流離失所。[10]
整體而言，死亡人數最多的是漢堡（圖 7）；而飽受空襲威脅
最深的是科隆（圖 8 ～ 9）。相較起德勒斯登是突如其來遭遇

7.

1943 年 7 月 27 至 28 日，盟軍在「娥摩拉行動」（Operation Gomorrah）轟炸漢堡 Eilbektal
Park 南邊的住宅區與商業區後，該區一片斷垣殘壁的景象。

8.

1943 年 6 月科隆大
教堂在盟軍轟炸
後，主祭壇破損的
模樣。

9.

1943 年 12 月科隆被
轟炸後的景象，照
片的背景是科隆大
教堂。

Bundesarchiv, Bild 101I-

484-2999-20/ Photo: Bayer

「一次性」兩天連續的空襲；二戰期間，科隆經歷了「兩百次」
地毯式的空中轟炸。11

　　然而，若將罹難人數與原來居民數相比，德勒斯登是二
戰盟軍空襲裡，德國城市死傷最嚴重之地。因此，有些人喜
歡將德勒斯登稱為「德國的廣島」（German Hiroshima），將之
視為二戰期間德國城市在嚴重空襲下，傷亡慘重的象徵；或
是以德勒斯登的歷史悲劇為例，說明德國也是二戰受害者。

　　1963 年英國學者 David Irving 出版了《摧毀德勒斯登》
（The Destruction of Dresden）一書，他將 1945 年的空襲造成的罹難
人數估計上看超過 10 萬人。這本暢銷書重新喚起大家去注意
英國空襲德勒斯登的戰爭責任。然而，有關邱吉爾是否對此
應該負責，卻始終沒有歷史學者進行深入討論。反倒是當時
的指揮官 Arthur Harris 成了唯一的替罪羔羊。1992 年，英國
皇家空軍在他們固定於倫敦舉行宗教禮拜的教堂 St. Clement
Danes 為 Harris 立紀念碑。揭幕時，英國各地都有相當高的
反對聲浪。然而，儘管如此，除了少數學者像 Frederick Taylor
外，如何面對盟軍無預警轟炸德勒斯登的問題，英美學界討
論不多。只有愛丁堡大學在 2003 年 5 月舉辦過一場研討會，
Donald Bloxham 在集結出版的論文集結尾，綜合當時會議大
家討論的結果指出，英美應該對德勒斯登的空襲負起戰爭責
任（Dresden as a War Crime）。12

＊　　　＊　　　＊

　　2005 年，當德勒斯登聖母教堂重新整建完成，打算在隔年慶祝建城八百週年紀念時，這個古城當年慘遭空襲、幾乎被夷爲平地的歷史記憶又再次受到大家矚目。然而，就在慶祝聖母教堂整修完工前夕，2004 年 11 月底，德勒斯登市政府卻成立了一個「歷史學者調查委員會」（Historikerkomission），針對當時空襲實況進行深入調查。刺激這個調查委員會成立的原因之一是，英國歷史學者 Frederick Taylor 在這一年出版了一本詳細探討德勒斯登轟炸的專書《德勒斯登：1945 年 2 月 13 日星期二》。[13] Taylor 在書中細膩地檢視這場被稱爲「德國的廣島轟炸」（The German Hiroshma）許多尚未被釐清的疑點，例如：邱吉爾對此事是否應該負責？確實死亡人數究竟有多少？這本書在論述上，清楚挑戰了過去英語世界詮釋德勒斯登空襲最有影響力的暢銷書——英國學者 David Irving 在 1963 年出版的《摧毀德勒斯登》一書中所提的許多重要論點（例如，這場轟炸形同對德國的種族滅絕）以及對死亡人數的估算。

　　歷經五年，德勒斯登「歷史學者調查委員會」於 2009 年 11 月公布調查結果，整份調查報告並於 2010 年 1 月由德勒斯登理工大學的漢娜・鄂蘭研究中心（Hannah-Arendt-Institut）出版。[14]根據這項正式的調查可以看出，1945 年 2 月德勒斯登空襲下罹難的確實人數應該介於 18,000 ～ 20,000 人之間，[15]最多不會超過 25,000 人。

　　為什麼確定當時究竟有多少人罹難是如此重要之事？我們來看三方說法：第一個說法是 Frederick Taylor 在《德勒斯登：1945 年 2 月 13 日星期二》（2004）一書所寫：

　　大家都看得很清楚，自 1943 年 3 月「娥摩拉行動」（Operation Gomorrah）將漢堡炸成一片焦土後，德勒斯登在英美盟軍空襲後數週，已經百分之百成為德國遭受盟軍空襲且被摧殘至極的城市象徵。德勒斯登高達六位數的罹難者數目，有可能是納粹宣傳者鼓吹出來的；但在事過半個多世紀後，卻仍被極右派激進分子用來吸引民眾，希望將德勒斯登的慘劇渲染成是比奧許維茨（Auschwitz）集中營大屠殺更嚴重的「德國大屠殺」（German holocaust）。然而，不管是事發當時還是現在，大家有共識可以接受的死亡人數應該介於 25,000 ～ 40,000 人之間。16

　　第二個說法是德勒斯登「歷史學者調查委員會」在 2010 年 1 月出版的完整調查報告〈前言〉開宗明義所寫的：

　　特定政治利益團體日益利用德勒斯登紀念 1945 年 2 月 13 至 15 日空襲受難者的紀念活動，來遂行工具化這些紀念的目的，這讓少數德勒斯登市民體認到，在這個城市即將舉辦空襲六十週年紀念前夕，應該要好好思考，如

何適切地賦予歷史記憶眞正有尊嚴的框架。2004 年 3 月，
在德勒斯登聖母教堂地下室舉辦的座談會上，大家開始
討論未來如何避免對罹難者的紀念被有心人濫用。討論
結果是大家都同意，做法之一是應該成立具有學術專業
水準的調查委員會，重新查證罹難者人數究竟有多少。17

　　第三個說法是柏林「恐怖政治地形中心」2015 年的特展
《1945 年的德國：終戰前幾個月》（*Germany 1945: The Last Months of
the War*）對於這個空襲事件所做的詮釋（圖 10）：

從斷垣殘壁中挖出受難者遺骸，運送到德勒斯登舊市集
一起火葬。1945 年 2 月。
2 月 13 與 14 日，擠滿難民的德勒斯登被大約 65 萬發炸彈

10.

柏林「恐怖政治地形中心」2015 年特展《1945 年的德國：終戰前幾個月》展出的資料，
其中根據德勒斯登「歷史學者調查委員會」公布的調查結果，將罹難人數訂在 25,000
人。

空襲。約有 25,000 人罹難。納粹媒體報導，超過 20 萬名死者。迄今這個數目主要是極右派激進團體在散布。

從以上三種說法可以清楚看出，新納粹利用二戰末期納粹宣傳組織所誇大的死亡人數，將德勒斯登空襲事件演繹為德國才是二戰真正受害者的政治宣傳。德勒斯勒慘遭空襲是大不幸，但是錯誤的歷史記憶、被新納粹工具化的紀念活動，讓德勒斯登成為現今德東地區極右派成長的重要溫床。新納粹之外，新興的仇外（尤其是仇視伊斯蘭）激進團體「歐洲愛國者反西歐伊斯蘭化陣線」（Pegida）自 2015 年起的激進排外運動更引起世人關切。

針對這個問題，值得進一步去探討的是，戰爭末期的納粹宣傳究竟如何渲染德勒斯登被空襲的慘狀，以至於現在還能繼續成為新納粹利用的有力宣傳材料？

如同英國歷史學者 Frederick Taylor 所言，德勒斯登被空襲後，當地政府並非隨隨便便進行清查傷亡情況，而是做到全面清查、滴水不漏。例如，有一位剛從波蘭 Silesia 逃難到此地，因為住在郊區飯店而不幸罹難的難民之例所示，在空襲後，她隨身所帶的巨額現款一一被清點記錄，人在他處而逃過一劫的丈夫之行蹤也立刻被找出來，確定沒有一起遇難。如果是這樣，為何納粹仍然能在罹難人數上大作文章？

對納粹政權的統治菁英而言，德勒斯登被瘋狂突襲所意

謂的，與其說是德國美麗的古都慘遭踐踏；不如說在節節敗退中，突如其來被盟軍重重羞辱了一番。如何在逆境中為自己扳回一城？誇大的新聞宣傳戰便這樣上場了。

自 1934 年元旦起，納粹開始實施「新聞編輯法」（Schriftleitergesetz），將新聞視為國家宣傳工具，而非公民社會監督政府、進行理性討論的大眾傳播平台。在這樣的情況下，不僅德國自己的獨立報刊雜誌很難生存，外媒也只有在配合新聞宣傳部長戈貝爾（Joseph Goebbel）意志的情況下，才能獲得在德國生存的空間。[18] 當時德國外交部想利用同盟國的國民反對自己國家瘋狂殺戮之民氣，於是連續兩個月積極提供外媒許多德勒斯登古建築與古文物被毀的照片、以及假造過的新聞資料。在納粹新聞宣傳部長戈貝爾一手精心策劃下，德國新聞局（DNB）所發的新聞稿卻不斷將德勒斯登描寫為一個沒有工業、只有藝術文化與醫療機構的和平古城。曾經有許多受過良好教育的英國人來此旅遊、求學、就醫，或者居住過一段時間。因此，盟軍如此瘋狂轟炸的行徑，是對無辜百姓與無辜的精緻文化進行大屠殺。針對盟軍聲稱，這裡是交通轉運樞紐，德國新聞局也堅決回應，貨物轉運站是位於市區最邊緣的地帶。

過去每逢遭受盟軍轟炸，德國新聞局總將之稱為「恐怖攻擊」（terror attack, 圖 11）。這次戈貝爾當然不會放棄大力放送這個字眼的機會，而他的確成功了。接下來，他更進一步

將 1944 年底開始湧入德勒斯登的大量東歐難民擺上檯面，對外媒記者強調，在盟軍空襲下，不僅有許多德勒斯登居民罹難，逃難至此的難民也難以倖存。這樣的新聞戰略確實大大奏效了。例如，3 月 4 日澳洲獨立新聞通訊社從倫敦發出的新聞稿（圖 12）上就寫著：根據路透社報導，2 月 15 日德勒斯登遭到空襲那晚，該城約有 100 萬人口，其中包括 60 萬難民。瞬間發生的大火吞噬了這個古城，德勒斯登已從歐洲地圖上消失了。

戈貝爾抓住了英語世界國民對盟軍瘋狂轟炸德勒斯登的反感，即時利用這股民氣，「特准」外媒可以不受德國新聞檢查，向國際發布德勒斯登嚴重受創的新聞。就在這股新聞操作下，德勒斯登罹難人數開始急速攀升。2 月 17 日，瑞典一家報紙 Svenska Morgonbladet 報導，德勒斯登被空襲時約有 250 萬人，其中包括 200 萬難民，因此罹難人數應有數十萬人。2 月 25 日，另一家瑞典報紙 Svenska Dagblatt 則指出，罹難人數上看 20 萬人。雖然根據當時德勒斯登警察局與納粹黨衛軍所做的結案報告，罹難人數是 25,000 人左右，然而，在當時耳語滿天飛的情況下，戈貝爾很有可能利用了立場看似中立的外媒（例如瑞典媒體），藉由對外人來說渾沌不明的難民潮人數，讓死亡數目瞬間攀升十幾倍之多，以激起德國人的悲憤與同盟國國民對自己政府行徑的強烈反彈。[19]

這一切如同 Frederick Taylor 所言，他認為處理德勒斯登

11.

德勒斯登大空襲後，德勒斯登的納粹黨報《爲自由而戰》（*Der Freiheitskampf*）是最早恢復正常出刊的報紙。1945 年 2 月 16 日，該報立即以「恐怖攻擊」（Terrorangriffen）來形容德勒斯登的建築與文化古蹟以及住宅區慘遭攻擊，但德國人的戰鬥意志不會因此受挫。

12.

1945 年 3 月 5 日澳洲報紙《*The Telegraph*》（發行於布里斯本 Brisbane）根據路透社新聞所做的報導。

被轟炸的新聞是「戈貝爾最後的暗黑傑作」（"Goebels's final, dark masterpiece"），[20] 他的新聞宣傳手法就是讓自己的國民相信，這完全是西方積極想滅絕德意志民族的謀算；若在此時，想與盟軍談和平，只會淪為他人俎上肉。既然無法光榮得勝，至少激起人民不想任人宰割的恐懼與絕望，將這場已經成為困獸之鬥的戰爭強撐到最後。

　　一個陰魂不散的過去也說明了：沒有好好釐清的過去，不只影響了現在，而且已經開始不斷在影響著未來。

14

對德勒斯登空襲不同的見證與記憶 (一)：

德國作家凱斯特內 (Erich Kästner)

如果蠢事不斷發生，只是以不同樣貌出現，
那就只能說，愚不可教。

DIE DUMMHEITEN WECHSELN, UND DIE DUMMHEIT BLEIBT.

——德國作家　艾瑞希‧凱斯特內 (ERICH KÄSTNER) ——

　　1945 年 2 月德勒斯登（圖 1）被轟炸後不久，以第一手
見證人的角度所寫的報導文學作品如雨後春筍般出現，而
且在二戰後屢創書市銷售佳績。例如，克拉夫特（Ruth Kraft）
寫的《沒有狼煙之島》（Insel ohne Leuchtfeuer）、羅敦貝格（Axel
Rodenberger）寫的《德勒斯登之死。關於一個城市毀滅的報導》
（Der Tod von Dresden. Ein Bericht über das Sterben einer Stadt）……等等。這
些當年紅極一時的暢銷書，如今都沒沒無聞了。原因無他，
因為它們都陷入納粹宣傳部長戈貝爾當時所羅織的新聞宣傳

1.

威尼斯畫家卡納雷托（Bernardo Canaletto）繪製的《易北河岸的德勒斯登城市風情》(Dresden
from the Right Bank of the Elbe above the Augustus Bridge).

c. 1750. Oil on canvas. 51.5 x 84 cm. National Gallery of Ireland, Dublin.

迷霧裡，欠缺對史實紮實的細究，更談不上對德國人自己戰爭罪責的反省。當歷史迷霧被撥開後，世人終究會看到，對歷史災厄的錯誤記憶，不管多麼饒富鄉土之情、與對受難者悲愴的同感，終究敵不過後世對真相的追索。

德勒斯登被空襲時，作家艾瑞希・凱斯特內（Erich Kästner, 1899-1974）雖然人在柏林，但是他的雙親一直定居在德勒斯登。透過他在當時所寫的日記，我們可以看到與德勒斯登轟炸相關的一些德國社會實況。尤其值得注意的是，作為納粹政權異議者的他，在當時就很清醒地意識到，納粹在空襲後是如何急忙展開新聞宣傳工作。他在政治上的敏銳覺察以及面對寫作向來堅持的心靈正直，讓他對德勒斯登空襲所作的紀錄跳脫訴諸受難者「國仇家恨」的悲情，而能在當時就進行深切反省，德國何以會深陷這種大滅絕悲劇的原因。

這樣清醒的思考與行文態度，不僅讓他對這段歷史的紀錄具有高度可信性，而且誠如 1975 年為他寫傳的恩德蕾（Luiselotte Enderle）所言：

> 當我宣稱，我將艾瑞希・凱斯特內看成是，為德國形象保留尊嚴的使者——不管他面對的是政治清明、或是混濁的時代，我是希望藉此將「作家」的意義定位成介紹世界各種人群彼此互相認識的媒介者。凱斯特內親切可愛與批判的才情讓他贏得朋友，但也樹立了敵人；對他

充滿熱情的朋友、以及對他咬牙切齒的敵人。這兩群人一起讓他成爲時代風雲人物。21

＊　　　＊　　　＊

雖然自 1927 年起，艾瑞希・凱斯特內便定居在新文化風潮蓬勃興起的柏林，然而在他心目中，德勒斯登才是他永遠的故鄉。因爲他在柏林能夠意氣風發創作的歲月只有短短五年半。1933 年希特勒獨掌政權的那一刻，凱斯特內正在瑞士蘇黎世。當時他看到許多人紛紛想辦法逃離德國，結果，他卻反向決定立刻回去，爲了要爲歷史做見證。他心裡很清楚，回到柏林後，等在他面前的絕對是難熬的苦日子。如他在一年前所寫的詩裡，就已經清楚指出問題之所在：

如你們所做的美夢，德國將不知覺醒。
因爲你們那麼蠢，而且根本不是上帝的選民。
總有一天人們會說：
想透過這群人來建立國家根本是奢望。
（Wie ihr's euch träumt, wird Deutschland nicht erwachen.
Denn ihr seid dumm und seid nicht auserwählt.
Die Zeit wird kommen, da man sich erzählt:
Mit diesen Leuten war kein Staat zu machen.）

　　的確，寫下這首詩之後沒多久，卡斯特內就被納粹禁止發表文章；接著，在宣傳部長戈貝爾主導、以及納粹學生會配合下，公開焚書行動於 1933 年 5 月 10 日在柏林大學前的歌劇院廣場舉行（請見第 3 章圖 7 和 9）。凱斯特內雖然不是猶太人，但身為異議者，他的著作也一樣難逃被焚燒的厄運。此後，他只好偷偷改用筆名發表文章，並到瑞士蘇黎世另外開一家出版社 Atrium，好為自己的作品另覓出版管道。

　　1943 年 11 月 22 日至 23 日凌晨開始，英美對柏林發動二戰以來最猛烈的空襲（圖 2～3）。凱斯特內住家所在的夏洛騰堡（Charlottenburg）首當其衝。1944 年 2 月 15 日深夜至隔天凌晨，凱斯特內位於四樓的家也難逃戰火，瞬間陷入火海。他所有的藏書與家當，統統付之一炬。唯一剩下的，是鑰匙——家全被燒成灰燼，只剩下鑰匙。最令人頭痛的是，他的母親剛好預定在 2 月 16 日那天要從德勒斯登搭火車到柏林看他。面對到處都在火燒的市中心，他已經趕不及通知母親暫時不要前來了。

　　凱斯特內在晨靄中先放下一切雜務，希望趕到火車站接到母親後，設法立刻讓她坐火車回家。但他卻沒想到，當時柏林各種車站幾乎都被封鎖了。他在市區花了三小時來回奔波，終於才走到可以接到母親所搭乘那班火車停靠的車站。母子相遇時，他的媽媽無論如何也不能相信兒子住的房子被燒個精光，堅持一定要親自看看。這一趟路，他們母子輾轉又花了兩個小時才越過重重路障走回家。

　　凱斯特內大概想也沒想到，一年之後，輪到他的故鄉德勒斯登被轟炸。

　　1945 年 2 月 13 日晚上，當德勒斯登突然飽受英軍投擲下的大量炸彈時，人在柏林的凱斯特內也正在防空壕裡躲避空襲。他從收音機裡聽到自己家鄉被轟炸的消息。2 月 14 日，他在日記上寫著：

2.

在盟軍開始對柏林展開空襲前，納粹政府已經透過街道上的布告，提醒民眾如何保護身家性命安全。圖為 1943 年 8 月，柏林街道上民眾圍觀布告的景象。

　　昨天深夜德勒斯登被猛烈空襲。電話不通，甚至有管制措施，不准大家進入。我到底何時才能知道父母親是否安然無恙？整個情況糟到極點。每當思及，面對這樣的轟炸，自己不僅離家一百八十公里遠，而且也在防空壕裡躲空襲，這真的讓人難以忍受到極點。[22]

3.

1943 年 11 月 22 日深夜，盟軍對柏林發動大空襲。圖為「新猶太會堂」（Neue Synagogue）當時被焚毀的景象。

Bundesarchiv, Bild 183-R99540/ Photo: o.Ang.

　　2月15日，他繼續寫下對父母親下落仍然不明的憂心，而且憶起一年前自己房屋被炸掉後，母親剛好到柏林來看他的景象：

　　今天中午撒克森中部，尤其是德勒斯登，遭到第四度空襲。由於盟軍的空襲部隊有一部分改往北邊飛來，所以我在柏林也躲在地下室裡避難。只要想到從前天深夜起，家裡那兩位老人家可能流落街頭、不知正蹲坐在哪邊的斷垣殘壁堆裡；而媽媽儘管嚇個半死，卻仍會將那兩個放著我文章手稿的文件匣死命抱在懷裡，我就覺得快要崩潰了⋯⋯

　　每天有 10,000 至 15,000 架飛機飛過德國上空，往下丟炸彈，而我們早就沒有防禦能力，只能靜靜等死。就像被拖到屠宰場的牛隻，只能靜待處置那樣。每每思緒至此，大腦就卡住了。我究竟何時才能得知父母親的下落？

　　今晚適逢我在若雪（Roscher）街的公寓被炸一週年。實在很不巧，房子被炸後第二天媽媽剛好到柏林看我，因為郵局拒收包裹，她只好親自跑一趟，幫我帶一些換洗衣物來。

　　⋯⋯不管我當時怎麼勸阻，也一再跟她說，不是只有我住的四樓，而是整棟樓房都被炸得精光，但她仍堅持一定要看看房子究竟被炸成什麼樣。⋯⋯我擔心那個景象

會把她嚇呆，但擔心也是多餘的。她只管快步前行，不想多看也不想多聽，直到兩小時後我們站在那個她認得的房屋中庭。……

她回家後寫給我的第一封信上寫著，她整天不斷地哭泣。而現在呢？一年之後？她會在德勒斯登兩眼空茫地往我這邊望過來嗎？我唯一能稍感放心的是，隔壁鄰居 Hilbrich 曾跟一些鄰居合力把那個穹窿頂的地下室補強得頗牢固。爸爸也曾說，那個穹窿屋頂與門框是可以撐得住戰火的攻擊。[23]

一個星期之後，儘管凱斯特內四處打聽，仍然得不到雙親的消息（圖 4～5）。在 2 月 22 日的日記上他提到，當時各種謠言滿天飛。而他自己因為向來反納粹的立場，根本無法像別人那樣獲准回去德勒斯登探望家人：

但我得不到離開柏林的許可。要獲得這樣的許可證，必須要能證明自己在德勒斯登的家人有傷亡或是財產有受損。但有人特別告訴我，即便我有這些證明也是沒用的。因為我是被納粹禁止寫作的作家，不屬於任何單位、社團、職業組織，因此沒有人可以為我開具任何通行證。而沒有通行證，就意謂著我在第一個管制站就會被野戰憲兵隊逮捕。[24]

4.

德勒斯登被轟炸
後，從市政廳的塔
樓往市區方向看過
去的景象。

SLUB Dresden / Deutsche

Fotothek / Erich Andres

5

從聖十字教堂塔樓
望出去所見德勒斯
登在二戰結束前夕
被炸毀的景象。

2 月 27 日他日記裡終於有了一些好消息：

2 月 23 日，我生日那天早上，終於收到消息了！兩封信
與兩張明信片，髒髒皺皺的，一起寄達！真是最棒的
生日禮物！他們都有好好活著，安好健康，而且房子也
安在。只是因為玻璃被炸碎，房間裡滿是煤灰，又冷個
要命，因此他們改睡到走道上。媽媽睡在沙發上，爸爸
把幾張椅子併起來當床睡。三餐是在「獅子啤酒屋」
（Löwnbräu）那邊發放的。

……昨晚 Orthmann 的信差帶回令人震驚的消息。聽他說，
德勒斯登被炸爛了。新的市政廳冒出的熊熊大火，頃刻
間將那些從孤兒院街逃出來的人群吞進火海，就像烈火
撲殺飛蛾那般。有些人為了自救，跳進救火用的蓄水池
裡。沒想到那裡的水也是滾燙的，人一下去就像被煮熟
的蝦蟹。聽說有上萬的屍體躺臥在瓦礫堆中。幸好我的
雙親安然活著！悲傷、憤怒與感恩之情一起湧現在我心
中，像霧靄中疾行的列車。

面對難以挽回的失敗，古羅馬將軍都會自己撲向敵人刺
出的劍。而這樣借用別人的手來自殺的行為，就是目前
第三帝國所做的。第三帝國正在謀殺自己，但屍體卻叫
德國。

……希特勒透過無線電報命令直屬於他的地區高階黨
務指揮官 Koch 與 Hanke 兩人在東普魯士的柯尼斯堡
（Königsberg） 與波蘭的布雷斯勞（Breslau）「要堅守住他
們防守的重地直到最後的勝利」。……宣傳可以達到許
多目的，可以美化大家不知道的真相。宣傳是一種染色
劑，一旦它開始胡作非為，對事實大肆顛倒是非，就有
助於政治競爭。……

春天與沒落，在天上如同在地上。自然與歷史的發展活
生生在我們眼前各持己見，走向分道揚鑣之途。如果能
體會一下歷史發展上的春天該有多美好！然而，這卻不
是我們的日曆上會有的美好。歷史上的季節邁遲了數世
紀之久，我們這個世代活在、而且將死在「現代的初冬」
（November der Neuzeit）。25

「現代的初冬」，對凱斯特內而言，嚴峻的苦日子才正
要開始。夾雜著德勒斯登被猛烈轟炸與希特勒不准前線軍兵
撤退的訊息，他看到的是希特勒政權大舉發動了政治宣傳戰
來挽救自己兵敗如山倒的頹勢。在凱斯特內眼中，當蘇俄紅
軍日益逼近，人部分人卻仍被蒙在鼓裡，而這種盲目相信希
特勒政權所做宣傳而產生出來的盲從力道，是讓苦日子只會
加劇的原因。

雖然凱斯特內沒有具體寫出他當下所體察到的政治宣傳

有哪些，但在 3 月 1 日的日記上，他的確一開頭就對納粹宣傳部長戈貝爾當時積極在做的事大表不以為然：

> 連戈貝爾都對歷史發展感到憂心忡忡，而且透過廣播向全世界發表他的看法。就像昨天他說：如果我們戰敗，歷史女神只能說是個妓女。他是想藉此間接表示，我們一定會打勝仗，因為女神不可能是妓女？還是他想為我們即將面對神界就要發生快速道德崩壞一事先打預防針？[26]

面對德勒斯登被猛烈轟炸，凱斯特內清楚表明，這是納粹自取滅亡的結果，德國人不管順服或不順服這個政權，只能自認倒楣作陪葬品（圖 6）。但是，這並不表示，他認為戰勝的同盟國所做的都是對的。1945 年 5 月 8 日，德國正式無條件向盟軍投降那天，凱斯特內在日記上寫出他對同盟國的批判：

> 而他們譴責我們，是靠他們的努力付出才有今天。他們幫我們做了原本我們自己該做的事。我們作為德國少數的異議分子，沒有盡到自己該盡的責任。這種譴責聽起來語意含糊不清，而且只說出一半實情，另外一半他們卻遮掩不論。同盟國忽視了他們也有連帶責任。他們略

而不談之處正讓人看出，他們所談的只是空話。過去這
一段時間以來，我們對空話變得極為敏感，即便是帶有
自由主義色彩的空話，或是在海外發表的空話。那些告
訴我們被告人席位在哪裡的戰勝國，應該坐到我們旁邊
來。被告人的席位還有很多空位。

長久以來，當那位劊子手在我們週遭公開行動時，是誰
跟希特勒同謀共舞？不是我們〔譯註：指德國反希特勒
的異議者〕。是誰跟希特勒簽署政教協定、貿易協定？
是誰派遣使節來對希特勒表示祝賀之意？誰派運動員到
柏林參加奧林匹克運動會？是誰寧可去握那個罪大惡極
之人的手，而不願意跟受難者握手？這些都不是我們做
的，而是各位法利賽先生！ [27]

6.

兩德民主統一後，
德勒斯登為艾瑞
希·凱斯特內在他
出生的故居不遠處
樹立紀念雕刻。

Bundesarchiv, Bild 183-
1990-0522-019/ Photo:
Matthias Hiekel

15

對德勒斯登空襲不同的見證與記憶(二)：

德國語言學家克倫培勒 (Viktor Klemperer)

第三帝國少有自己新創的語彙，也許，一個也沒有。納粹的語言很多源自
外國，大部分接收自希特勒之前的德語詞彙。但他們改變語詞的價值感及
使用頻率，使之成為大家耳熟能詳的用語。有些過去是少數個人或小團體
使用的語詞，他們把這些語詞變成具有納粹黨特色的語言；以前大家愛用
的表述方式，他們將這些字彙、詞組、句型浸染毒素，好讓這些語言來為
他們那個駭人的體制服務。他們將語言操弄成最有力、最公開、也最秘密
的宣傳工具。

——維克多·克倫培勒（VIKTOR KLEMPERER, ）
《第三帝國的語言》（*LTI*, 1946）——

維克多‧克倫培勒（Viktor Klemperer, 1881-1960）是德國籍猶太裔語言學家。從十六歲起，他就養成寫日記的習慣，並且維持到過世前不久。從政治史來看，他的日記貫穿了德皇威廉二世時代、威瑪共和、第三帝國、與東德共產黨統治時期。1996 年，柏林一家出版社將他在希特勒掌權時代（1933-1945）所寫的日記以《我要寫下歷史見證直到最後一刻》（*Ich will Zeugnis ablegen bis zum letzten*）為名出版，[28] 受到讀者熱烈歡迎，一年內就賣出十五萬套；1999 年德國第一公共電視台（ARD）還將之拍成 12 集的電視劇。

克倫培勒在納粹統治時期所寫的日記在兩德民主統一後之所以大受歡迎，因為他在日記裡詳細記載了獨裁專政如何一步一步滲透到人們的日常生活中（圖 1）。他視自己為「現代災難的文化史書寫者」（Kulturgeschichtsschreiber der gegenwärtigen Katastrophe），並將透過寫日記來進行歷史書寫的行動視為自我期許的使命。如他在 1945 年 4 月 8 日的日記所言：

> 這裡寫的不是關於發生的大事，而是關於獨裁專政下的日常生活，這是日後容易被遺忘的部分。被蚊子叮一千次比頭部被揍一拳嚴重。我觀察、記錄這些被蚊子叮咬的種種……。

克倫培勒的父親是猶太拉比，但他與其他兄弟卻受洗

為基督徒。自 1920 年起，他在德勒斯登理工大學（Technische Hochschule Dresden）擔任語言學教授，1935 年受到納粹德國通過反猶太人的「紐倫堡法案」（Nürnberger Gesetze）影響，被解除教授職位。兩年後，連上圖書館閱覽室查資料的權利都被剝奪，更遑論寫文章發表的權利。不久後，他甚至被禁止走進圖書館，他的藏書與打字機也全被沒收（圖 2 和 3）。

1.

1941 年 2 月 27 日，克倫培勒（在納粹時期依規定將名字寫成 Viktor Israel Klemperer，如圖左上所示）收到一張警察局的告發單，說他在該年 2 月 10 日晚上 8 點半左右位於德勒斯登 Caspar-David-Friedrich 街上的住家有一個窗戶沒有依照空防法的規定遮黑，必須被罰拘禁八天。這種以雞毛蒜皮小事羞辱、懲罰猶太人的官僚欺壓，是當時常有的事。

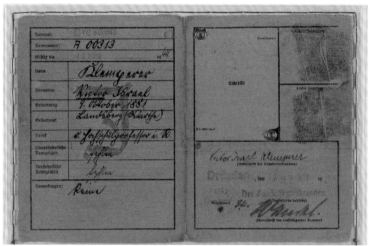

2. ～ 3.

在納粹統治時代，克倫培勒（Viktor Klemperer）的猶太識別證（Kennkarte）內頁（效期：1939-1944年）。當時他的名字被強制多加上 "Israel" 來註記他是猶太裔。身分證的外皮則以字母 J 來表明他是猶太人（德文：Jude）。

SLUB Dresden / Deutsche Fotothek / Regine Richter

SLUB Dresden / Deutsche Fotothek / Regine Richter

　　1941 年 12 月 20 日他被強迫別上代表猶太人記號的「猶太之星」（Judenstern, 請見第 4 章圖 1 和 2），這讓他深受打擊。他不像當時住在德國的部分猶太人那樣，以「錫安主義」（Zionism）的信念熱烈支持以色列獨立建國；反之，受洗成新教徒的他，他個人的認同完全是德國人，而非猶太人。出於這樣的認同，他也在第一次世界大戰爆發時，自願從軍。對於當時希特勒以血統來區分「德國人」、「猶太人」，他完全無法接受。1942 年 5 月，他在日記裡寫下：

> 我正在為自己的德國人身分從事激烈抗爭。我一定要堅持：我是德國人，其他那些人不是。我一定要堅持：是心靈、而非血統決定究竟誰是德國人。我一定要堅持：在我眼中，「錫安主義」是荒謬可笑的。我不是隨隨便便用開玩笑的心情受洗成基督徒。

　　比起其他猶太同胞幸運的是，他的妻子鋼琴家 Eva Schlemmer 並非猶太裔，再加上他自己在第一次世界大戰時立下的戰功，因此還可以一再拖延被送到集中營的時程。1945 年 2 月 13 日爆發的德勒斯登大空襲，則讓他在完全意外的命運偶然裡，徹底脫離被遣送到集中營的厄運。

　　從克倫培勒的日記來看，德勒斯登居民對即將面臨盟軍轟炸，多多少少是有一些準備，而非在完全無預警的情況下

被空襲。這樣的說法可與艾瑞希・凱斯特內（Erich Kästner）日記的說法相印證。凱斯特內有提到，他的雙親居住的那棟樓房，住戶事前曾一起將地下室做了加固的防護措施。克倫培勒在 1945 年 1 月 17 日的日記提到，宣傳部長戈貝爾鼓勵大家要堅持到最後的勝利。因為若想得到國家對戰爭損傷的補償，唯有戰勝才有可能：

> 防空演習的時間很短。……但到處瀰漫的不安也逐漸傳染給我們，實在是聽太多在柏林與萊比錫發生的慘事了。……
> Steinitz 女士對空襲感到無比驚惶（他的姊姊是萊比錫空襲的受難者之一），我怕的只有蓋世太保。Steinitz 女士給了我一份 1 月 9 日發行的《帝國報》（Reich）。宣傳部長戈貝爾在上頭所寫的社論〈空戰的問題〉裡，囉哩叭嗦地將希特勒在新年文告說過的話，又再換個方式重申一次：被盟軍空襲的受難者如果想得到補償，必須奮戰到勝利為止。

隔兩天在 1 月 19 日的日記上，克倫培勒記載了德國民眾對於戰爭兩種截然不同的看法：

> 誰能告訴我，民眾真實的心聲究竟是什麼？鎖匠

Liebscher 是個勇敢、對納粹毫無興趣、而且腦袋也蠻靈光的三十多歲之人，只是因爲有胃病，所以不必當兵。最近他在工廠裡告訴我，戰爭鐵定快結束了，因爲盟軍也快受不了繼續打仗；更何況他們並不像我們事事都「安排得周全到嚇嚇叫」，他們的軍事領導也不像我們那們堅定。另一種完全不同的民眾心聲：Stühler 女士今天在一個都是婦女所排的長長人龍裡第一次聽到有人大聲說，大家也把猶太人欺負得太超過了吧，他們「畢竟也是人」，而盟軍空襲柏林、炸毀萊比錫，就是德國人迫害猶太人應得的報應……。

2 月 8 日的日記刻劃了空襲前，德勒斯登社會不分族群的恐懼情緒：

大家都很害怕。猶太人害怕，在俄國人來之前，自己會先被蓋世太保殺害；亞利安人（譯註：指自認爲在血統上是德國人的那些種族主義者）害怕俄國人會來；猶太人與亞利安人害怕空襲時的疏散，害怕會有饑荒。沒有人相信戰爭即將結束，而猶太人與基督徒對轟炸同感害怕。

2 月 9 日的日記將德勒斯登低迷的氣氛具體寫了出來。

到處都有人在說，盟軍即將到此轟炸。不安的情緒四處可見：

> Schwarz 晚上過來這邊，談到英美雙方都提及俄軍企圖拿下德勒斯登。Waldmann 有看到一些平民行軍到烏勒村（Ullersdorf），去蓋防禦工事。Schwarz 跟這裡的納粹黨衛軍主管（姓 von Alvensleben）聘雇的司機之朋友很熟。他聽說，Martin Mutschmann（譯註：納粹在撒克遜邦最高統領指揮官）正在準備潛逃。

2 月 11 日的日記再度記下德勒斯登不尋常的緊急氣氛：

> 最新的傳言是根據以下這些現象產生的：街上到處都有士兵與納粹衝鋒隊（SA）在進行人員進出的軍事管制。聽說俄國降落傘兵穿著德軍制服降落到德勒斯登，而且藏匿了起來。對此我幾乎認為不值得一信，就像 1914 年我認為那個井水被下毒的謠言不可信一般。然而，看到這裡有那麼多俄國人穿著德國制服，為德國執行勤務，也無法完全排除有人前來投奔的可能。

2 月 12 日，克倫培勒在日記裡寫道，德勒斯登面對戰爭的壓力越來越大。老百姓被通知趕快存糧。還有人建議一位老婦人，最好把家裡掛的希特勒照片從相框裡取出，換張其

他照片再掛回去。

2 月 13 日，星期二。克倫培勒接到要被遣送到集中營的通知，要求他週五一早穿著工作服去報到，隨身帶個準備二至三天行程所需的手提行李。本來是接到大難臨頭的遣送集中營通知，但他萬萬沒想到，當晚盟軍轟炸德勒斯登一事，竟將他從悲慘的既定命運裡徹底拯救出來。

2 月 14 日的日記是克倫培勒夫婦在歷經德勒斯登空襲後，逃難到 Piskowitz 後，於 2 月 22 日至 24 日補記的。克倫培勒寫道，2 月 14 日一早夫妻兩人劫後餘生，見到路上處處都有一小堆、一小堆的屍體、甚或是血肉橫飛的屍塊。每個房子或多或少都遭到戰火襲擊，大家急忙從屋子裡將家當救出，置於屋前。因為著火的房子還繼續在延燒，完全看不到有消防人員過來救援。他跟妻子在城中四處行走，探查親友受災情況。有人早上有見過面，本來約好在猶太墓園碰面，但之後卻下落不明；有人一口氣救了四十個街坊鄰居（猶太人與非猶太人）；有人本來失去音訊，後來還好發現平安健在（圖 4）。

克倫培勒在日記裡特別提到，這場德勒斯登的空襲雖然恐怖，但對帶著「猶太之星」記號的倖存者而言，卻讓他們大大鬆了一口氣。我們可以從克倫培勒之前的日記清楚讀到，直到戰爭末期，還有一小部分猶太人因為與德國裔配偶結婚，暫時沒被送進集中營。但是，就在空襲前，在納粹心

知肚明自己的政權就要潰敗之際，他們都收到了即刻要被遣
送到集中營的召集令。然而，盟軍對德勒斯登猛烈的空襲戰
火，卻在瞬間讓情勢丕變。

　　克倫培勒提到一位猶太朋友瓦德曼（Waldmann）面對這
個新的變局，反覆一直說的話：「現在不用管那麼多了！所
有的名單都被毀掉了，蓋世太保有其他的事要忙。再過兩週，
一切都會成為過去。」這樣的說法，也獲得其他幾位猶太朋

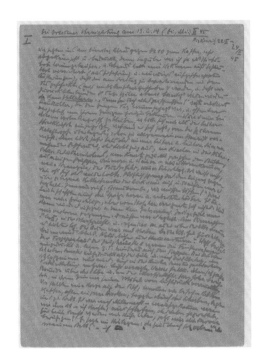

4.

Viktor Klemperer 於 2 月 22 日至 24 日補記德勒斯登於 2 月 13 深夜至隔天遭受大空襲的經過。

友的認同。而克倫培勒自己也說，到了下午時分：「經過昨夜的恐怖驚慌，又經過今天上午背著行囊到處漫走，此時的我整個人鬆垮了下來，對時間完全失去知覺。」一種難以言說的複雜心靈狀態，大毀滅裡有著大拯救。在 2 月 14 日的日記最後一段，克倫培勒再度用「失去時間感」與「比較鬆了一口氣」來形容自己當時面對一片空茫、不知從何感覺起的心境。

　　2 月 14 日的深夜，克倫培勒聽到消息，他們這些倖存者要被疏散到北邊的城鎮邁森（Meissen）與克婁雀（Klotzsche）。在隔天的疏散行動中，他只能將自己所有著作與手稿棄而不顧。[29] 經過克婁雀，在皮斯科維茨（Piskowitz）暫被安頓時，克倫培勒的猶太朋友眼見局勢混亂，擔心繼續佩戴「猶太之星」的記號反而增加快速被送到集中營的機率，因此鼓起勇氣把這個記號拔掉。克倫培勒在朋友鼓勵下，也把自己外衣上的「猶太之星」拔掉。

　　在皮斯科維茨，他們重新被詢問個人相關的資料。此時，沒有戴「猶太之星」的克倫培勒賭上性命安全，冒稱自己並非猶太人。他僥倖矇騙過關，當下卻冒出一身冷汗。他說當時「我站在鬼門關前，完全就像那晚身處空襲轟炸之中。」[30]

對德勒斯登空襲不同的見證與記憶（三）：

美國作家馮內果（Kurt Vonnegut）

ART IS NOT TRUTH.
ART IS A LIE THAT MAKES US REALIZE TRUTH.
——*PICASSO ON ART*（1972）——

　　將德勒斯登空襲罪責的討論推到全球矚目的聚光燈下，真正的推手不是歷史學者，而是美國小說家馮內果（Kurt Vonnegut, 1922-2007）。他在 1969 年出版的小說《第五號屠宰場》（*Slaughter House Five*）[31] 在越戰期間大為暢銷，1972 年被拍成電影後，更帶給全世界相當可觀的影響。

　　馮內果原本在康乃爾（Cornell）大學讀生化，但因發表嘲諷性文章惹惱校方，被處以留校察看。1943 年初，他決定輟學，改投軍旅，之後被派到歐洲作戰，1944 年 12 月中旬被俘。1945 年 1 月上旬，德軍輾轉將他從柏林附近的戰俘營遣送到德勒斯登南方的勞動營，生產製造給孕婦吃的營養補給品，結果讓他因緣際會遇上 1945 年 2 月的德勒斯登大空襲。所幸他們當時躲在一座屠宰場地下室肉品儲放庫的保存櫃裡，才能躲過這場浩劫，平安返回美國。[32]

　　從一封在他過世後才發表、但書寫日期是他於 1945 年 5 月 29 日（也就是德國向英美盟軍正式投降後三星期）所寫的家書（圖1），可以看到，他作為德勒斯登大空襲的親身經歷者與生還者，對這場空襲所知的訊息卻是被渲染過的版本。在這封信家書他寫到自己在德勒斯登的遭遇：

　　　　大約在 2 月 14 日，美國人來了，接著英國皇家空軍也來了。在二十四小時內，他們合力炸死了 25 萬人，而且把整個德勒斯登——可能是全世界最漂亮的城市——炸

毀。但我沒死。³³

「我沒死」，這句話在這封信裡被重複了三次。馮內果當時待在紅十字會設立的美國官兵等候遣返營，寫這封信時，他顯然是擔心家人對他的安危掛心。的確，就在他寫信的同一天，他的父親收到美國軍方寄來的通知，告知馮內果在軍事行動中失聯的消息（missing in action）。

活著，死了，擔心，誤傳。就這樣。

"So it goes"，就這樣。如《第五號屠宰場》不斷重複的關鍵語？

憑著這樣生死兩茫茫、人命存活旦夕間的戰爭記憶，回到美國後的馮內果一直想以德勒斯登空襲為題寫小說。然

1.

作家馮內果（Kurt Vonnegut）於 1945 年 5 月 29 日所寫的家書。

而，這本書卻花了他二十幾年才真正告成，如他在《第五號屠宰場》第一章所言：

> 二十三年前，我從二次世界大戰中退伍還鄉，當時我以為把德勒斯登毀滅的經過情形寫成一本書，對我而言是輕而易舉的事，只要我把當時的所見所聞記載下來就行了……。
>
> 可是，當時對於德勒斯登，我的腦子裡沒有什麼好說的——無論如何，想說的話還不夠想成一本書。而現在，當我已變成一個老廢物，剩下的只有回憶和幾個長大成人的兒子時，還是力不從心，找不出什麼話來表達。34

如何說呢？作為戰勝國的美國國民，馮內果經歷到的是，要從柏林被遣送到德勒斯登的半路上，自己乘坐的火車被英美盟軍炸掉；而到了德勒斯登後，他看到自己生平見到最優雅美麗的城市，但卻差點在此地喪命。德勒斯登空襲不到一個月後，美國又強力轟炸東京；隨後又在廣島與長崎投下原子彈，造成重大傷亡。二戰結束後進入冷戰時期，美國不僅對轟炸德勒斯登的行動一直以機密視之；在國內也以麥卡錫主義嚴厲整飭異議分子。而在越南的泥淖戰裡，更有無辜的傷亡日以繼夜地不斷增加人數中……。

歷史過去了嗎？號稱民主自由的陣營真的捍衛了人權與

人民的寶貴生命了嗎？馮內果經歷到的戰爭故事不是愛國英雄的故事，不是邪不勝正的故事；而是戰爭的盲目，子彈不長眼睛。究竟要以什麼樣的眼光來看自己經歷過的、以及還不斷在進行中的相同故事？「我問自己：現在究竟有多廣，多深，我自己能保留的有多少。」[35]

描述空襲的經過以及探討戰爭的因果問題，完全不是馮內果寫作時關心的要旨。他最後將小說的書名訂為《第五號屠宰場，或兒童十字軍：與死亡跳支不得不跳的舞》（*Slaughterhouse-Five, or The Children's Crusade: A Duty-Dance with Death*），以此點明這本小說的書寫基調：寫戰爭，卻完全不推崇戰爭行為。因為戰爭真正的受害者是與這場戰爭相關的所有人——不管屬於哪個陣營。

在這本小說的開頭，馮內果藉由第一人稱的作者拜訪昔日戰友，想討論如何寫這本關於德勒斯登空襲的書，卻沒想到被戰友之妻冷漠以對，對他這個寫作計畫毫不以為然：

「當時，你們只是小孩！」她說。
「什麼？」我問道。
「在戰場上你們只是小孩——就像樓上的孩子們一樣！」
我不得不點點頭，這話說得也是。在戰爭中，我們都只是一群傻兮兮的童男，剛剛結束童年時代的童男。

「可是，你們大概不會這樣寫出來吧！」這不是一句問話，而是一聲譴責。

「我，我不知道，」我說。

「我可知道的，」她說：「你們假裝大人來代替孩子，你們這些角色將在電影裡由法蘭克・辛納屈或約翰・韋恩，或其他的那些自認為迷人的，愛好戰爭的糟老頭子來扮演。戰爭的場面看起來很動人，因此我們將有更多這類的片子看，而他們打起仗來就像樓上的孩子們。」這下我可明白了，原來是戰爭使她如此怒不可遏。她不願她的孩子或任何人的孩子在戰爭中死去；她認為，戰爭的興起，一部分原因是書籍和電影所鼓動。36

這個橋段應該是真實的，這位朋友是他當時在德勒斯登的戰友 Bernard O'Hare。當 Bernard 的太太 Mary 跟他做出這樣的對話時，馮內果說：「她釋放了我（She freed me）。」馮內果回想，當時他們這些美國大兵的年紀的確是介於 17 至 21 歲之間，「我們看起來就是娃娃臉。作為戰俘，我們不太需要刮鬍子。想起來，當時刮鬍子這件事真的不是我們的麻煩問題。」37

一群不知天高地厚的年輕人被莫名的熱情驅動，以對世界天真無知的想像走上戰場，如同胡鬧的「兒童十字軍」。他們不僅要面對敵方軍火攻擊，也常常被自己陣營荒腔走板

的砲火掃射到。生命如兒戲，被野心掌權者翻弄於股掌間，如馮內果所寫：「戰爭帶來的重大後果之一，便是人從此不敢做有個性的人。」（One of the main effects of war, after all, is that people are discouraged from being characters.）但沉淪逝落之後，誰又有力紀念哀悼？馮內果在小說的開頭與結尾重複著鳥聲「唧唧啾啾？」來點出戰爭背後無情的冰冷與荒謬。

　　為了寫這本書，1967 年，馮內果在古根漢獎助金（Guggenheim Fellowship）的贊助下，重回當時已在東德治下的德勒斯登。當時，他對大空襲的認知也如一般人那樣，認為德勒斯登在二戰時是個完全不設防的藝文城市，對死傷人數的認知則下修到 13 萬 5 千人。在《第五號屠宰場》倒數第二章（第九章），他用相當反諷的筆法寫下德勒斯登被炸毀時的景象：

> 一個衛兵不時爬到貯藏室的上面去探聽消息，看看外面究竟是什麼樣子，然後又爬下來，把結果輕聲地告訴其他的衛兵。他說外面已成一片火海，整個德勒斯登都在熊熊的燃燒中，火焰吞滅了一切生物，一切能夠燃燒的東西。直到第二天中午，防空洞外面才算是安全。美國兵和四名德國衛兵爬上地面時，看到整個天空已被濃煙所籠罩，太陽只有一個小小的針頭那麼大。現在，德勒斯登已變成了月球，除了礦物之外，什麼也沒有了。石

頭熱得燙手，左右隔壁的人都已死光。

……有一件事是沒有問題的：城裡所有的人，不管他是誰，按理都活不成了。如果城裡還有人在走動，這就表示這次大轟炸的計畫還有缺點：月球上是沒有人的啊！[38]

就史實來看，馮內果是誇張了德勒斯登被**轟**炸的慘況。相較起艾瑞希・凱斯特內日記所提，他住在德勒斯登生活的父母與家裡的房子倖免於難（頁289），《第五號屠宰場》用拉高分貝的方式，極盡強調德勒斯登完完全全被摧毀殆盡。究竟該怎麼看馮內果小說敘述的內容呢？

首先應了解，這是小說家透過誇張特定歷史面向的手法，想要形塑特定的文學效果，以反襯作者「反戰」的主張。雖然，親臨歷史現場的馮內果知道，被空襲後的德勒斯登並非真的變成一座鬼城。反之，他的確有見到一些當地人平安無恙。在他身故後才公諸於世，但日期是1945年5月29日所寫的家書（圖1）上就有提到：

空襲結束之後，我們被派去從防空洞裡將屍體搬出來，有婦女、兒童和老人。有些人因腦震盪、火燒或窒息而死。當我們將屍體搬到市中心那個巨大的火葬堆去燒時，當地的市民朝我們開罵，並向我們丟大石塊。[39]

在德勒斯登轟炸後的歷史現場，馮內果顯然有親眼看到一些逃過一劫的生還者。他之所以誇大德勒斯登被炸到無人倖存，可以從兩方面來解讀：

（1）冷戰時期，美國對德勒斯登空襲一事不願坦然面對。這種無形的「沉默」，讓想要發聲的馮內果感到巨大的噤聲壓力，擔心隨時會被旁人曲解、排擠。這可從他在《第五號屠宰場》第九章裡，抗議當時美國軍事史研究完全不談轟炸德勒斯登一事看出。

（2）他寫這本小說時，越戰已是一場打爛的仗，不僅詹森總統因此宣布放棄競選連任，連繼任的尼克森總統都在就職演說中表示：「我們陷入了戰爭，需要和平」，開始構想美軍撤出越南的計畫。當時美國反戰示威運動遍布全國，社會也急切想找到新的思想出路，不願再被好戰的舊勢力繼續擺布。馮內果適時地借用英美在二戰終戰前夕聯手摧毀德勒斯登的故事，又再結合 1969 年阿姆斯壯（Neil Amstrong）登陸月球成功，在當時人心目中剛留下巨大的月球荒蕪影像，將兩個重要的歷史意象串連在一起，強烈地與當時美國人反戰的澎湃心緒互相唱和。

這樣的寫作策略的確讓《第五號屠宰場》這本小說一鳴

驚人。

馮內果不只藉由《第五號屠宰場》的寫作，讓世人知道「當時我在那裡」（第九章）的歷史見證；1972 年，這本小說被拍成電影，馮內果更因此成為美國年輕世代崇敬的文化導師。他曾帶著一貫訴諸荒謬的嘲諷口吻說，自己是唯一從德勒斯登空襲得利的人。

馮內果卻沒想過，當他在書末最後幾行寫道：「外面一片荒涼，沒有車輛，沒有人群」，[40] 小說家為了達到強烈訴求所做的藝術渲染，讓人們在四十餘年之後，需要相當費勁去釐清文學家營造的歷史圖像與真實的歷史實況之間有相當大的落差。

是的，不少人並沒有死，雖然飽嘗戰火的驚嚇、折磨。

馮內果的小說喚醒了廣大群眾去注意德勒斯登大空襲衍伸出來的戰爭責任、以及戰爭行為本身究竟有無意義的問題。他個人以小說家的渲染誇張手法，對抗了當時政界與歷史學界共同織成的沉默噤聲。但當時他萬萬沒有想到的是，四十年後，這樣的渲染誇張讓新納粹有了鼓動人心的著力點。

為了守護公義與真理的燈火不滅，歷史與文學所作的時代見證，需要不斷地互相照見，從彼此身上生還。

17
肩負起有責任感的歷史記憶：

德勒斯登空襲紀念對德國社會
造成的重大影響

你在什麼情況下夢見死者？
你常常在睡前想到他們嗎？……

他們用什麼和你拉關係？老交情？親戚？祖國？
他們有沒有說他們從哪裡來？……
他們沒有問什麼令人難堪的問題嗎？

如果有，你怎麼回答？
而不是只是小心翼翼地沉默？
或是含糊其辭地轉換夢的主題？
你有即時醒來嗎？

——波蘭詩人　辛波絲卡〈與死者密謀〉[41]——

　　關於德勒斯登空襲傷亡情況的歷史記憶，除了納粹宣傳部長戈貝爾的新聞宣傳產生很大的誤導作用（頁 274～276）外，對德勒斯登當地人而言，深植他們心中的更是與當地連結的文化記憶（圖 1）。1945 年 3 月 31 日，也就是耶穌受難日隔天的「聖週六」（德文 Karsamstag，英文 Holy Saturday），德勒斯登聖十字教堂合唱團總監 Rudolf Mauerberg 寫了一套《德勒斯登合唱組曲》（*Zyklus Dresden*）。其中一首根據舊約〈耶利米哀歌〉所寫的悼念經文歌〈這個城市為何如此荒涼？〉（Wie liegt die Stadt so wüst），成為在德勒斯登廣被傳唱的名曲。這首歌的前兩節如下：

1.

Wilhelm Rudolf，《德勒斯登 1945 年：瑪褆登街》（*Dresden 1945: Mathildenstraße*），1945-1949 年創作，木刻版畫。

過去這個城市人口稠密，如今竟如此荒涼？

所有城門毫無人蹤往來。

建造聖所的石塊散落大街小巷。

耶和華從高處降火，

進到我的骨頭，剋制了我。

這就是人稱爲

最美的、

稱爲全地所喜悦的城嗎？ 42

　　值得注意的是，這首大量引用〈耶利米哀歌〉詩文的名曲，並沒有真正扣緊耶利米在哀嘆時仍不忘自我反省的精神，願意深刻看到是自己的過失導致眼前的困局，如〈耶利米哀歌〉最後一句詩句（5, 12）所示：「難道你全然棄絕了我們，向我們大發烈怒？」。反之，作曲者 Mauerberg 將合唱曲最後一句改成自憐自艾的呼求：「主啊，看看我的愁苦！」（Herr, sieh an mein Elend!）

　　音樂之外，在視覺藝術上，攝影家 Richard Peter 於 1949年將他在德勒斯登轟炸後所拍的照片結集成《德勒斯登：相機在控訴》（*Dresden–Eine Kamera klagt an*）一書（圖 2～3）。跟當時許多攝影家一樣，Richard Peter 喜歡將一些沒有被完全炸毀的雕像與市區滿目瘡痍的景象合起來拍攝。其中最有名的一幅（圖 4），就是他從新市政廳塔樓一個天使雕像背後，往下

2.
───────
攝影家 Richard Peter 於
1933-1944 年間拍攝
的德勒斯登夜景，
背景是聖母教堂。
SLUB Dresden / Deutsche
Fotothek / Richard Peter sen

3.
───────
攝影家
Richard Peter
於德勒斯
登被空襲
後拍攝聖
母教堂被
炸毀的景
象（左後
方）。
SLUB Dresden
/ Deutsche
Fotothek /
Richard Peter
sen

拍攝德勒斯登市區一片斷垣殘壁的景象。這幅作品，甚至被
譽為二十世紀最著名的攝影作品之一。

　　這些在空襲後所拍的照片，不需要文字說明，很快就
能喚起德勒斯登當地人無以名狀的愴痛感。即便該如何詮釋
這些視覺藝術品，並沒有一致的方向。Richard Peter 的攝影作
品既可以用來訴求和平主義，但也可被有心人濫用來操作國

4.

攝影家 Richard Peter 於 1945 年從德勒斯登市政廳塔樓往南拍攝德勒斯登老城被轟炸後的
景象。

仇家恨。它可以帶我們看到當時德勒斯登市容殘破的某些面向，卻也可以被誤導到去相信，當時這個古城死傷到毫無人跡的慘狀。

交雜著納粹時代的政治氣氛與被刻意誇大渲染的新聞宣傳，德勒斯登空襲受難者的情緒與情感不僅與自己親友的傷亡烙印在一起，同時也被當地藝術家的創作思維不斷幽微地牽引著。「無辜的城市」（unschudige Stadt）映照著「無謂的摧毀」（sinnlose Zerstörung），「歷史記憶」很容易成為只是選擇性看到自己的巨大創傷。德國人不能哀悼嗎？有沒有權利為自己親友與同胞的傷亡流淚（圖5）？

如果失去親友的傷痛是隱藏在心裡，大轟炸之後留下來的斷垣殘壁，卻是幾十年來德勒斯登人每天歷歷在目的戰爭記憶。從二戰結束到東德政權結束一共四十五年間，德勒斯登聖母教堂被炸毀的遺跡一直以沒有被清理、整建的樣貌赤裸裸地出現在市中心路旁（圖6）。長期面對這樣的戰爭廢墟，即便身經戰火的那一代逐漸逝去，但是飽含著情感與情緒的重大歷史爭議，卻仍繼續留存在兒孫輩的記憶中。

自 1949 年起，東德政府開始利用民間這種高度壓抑的情緒，宣傳西方帝國主義如何有計畫地想消滅德意志民族。「紀念德勒斯登大空襲」就這樣被視為最能將二戰傷痛記憶在地化、公開化的事件。[43] 東德政府延續了納粹宣傳手法，對空襲事件的詮釋一直扣緊在英美完全枉顧人命，在道德上嚴重

有瑕疵。隨著東德共產黨刻意將德勒斯登打造成「社會主義的模範城市」，讓德勒斯登人覺得自己在歷史位階上高於其他東德城市，[44] 這個城市被扭曲的二戰空襲記憶也順理成章被大家共同接受為無需爭議的歷史。

5.

德勒斯登畫家 Wilhelm Lachnit 在自己家鄉慘遭空襲後繪製的《德勒斯登之死》（*Der Tod von Dresden*）。

圖片 提供：達志影像

6.

Richard Peter 約於 1965
年拍攝德勒斯登教
堂遺址孤立於風雪
中的景象。
原來德文作品名稱：
Ruine der Frauenkirche
gegen Rathausturm

7.

1965 年 2 月 13 日德
勒斯登在舊市集
（Altmarkt）舉行紀
念大空襲二十週年
紀念。這場紀念活
動形同冷戰時期東
德對西德政府的嗆
聲活動。
SLUB Dresden / Deutsche
Fotothek /Erich Höhne &
Erich Pohl

　　一九五〇年代起，紀念德勒斯登空襲進一步被東德政府演繹為「華沙公約組織」反「大西洋公約組織」（NATO）最好的戲碼之一（圖7）。在操作上，五〇年代的東德政府紀念2月13日的活動都是整天的。從早上八點鐘起開始群眾集會，一直到深夜環繞全城的「星光遊行」。一整天的紀念活動主要是要將全城的人凝聚在一起，好讓大家產生共同情感、形塑共同記憶，因此官方很重視參與人數多寡。在強力動員下，1953年有10萬人參加；兩年後，參加人數增加到20萬人。[45]

　　政府強力操控歷史記憶，致使與官方說法不同的歷史詮釋、以及對德勒斯登在二戰期間支持納粹政權的省思毫無發聲的可能。即便是當時慶幸自己因這場空襲而能逃脫被送往集中營命運的學者 Viktor Klemperer，在東德共產黨執政五年後，也寫了一篇名為〈地獄之舞〉（"Höllentanz"）的文章（圖8），附和東德官方「反西方」的詮釋角度。這篇雜誌文章一反過去他在日記書寫上嚴謹持守的冷靜觀察與客觀論事的態度。

　　這種完全被東德官方操控的歷史記憶，一直要到一九八〇年代東德民主運動風潮開始興起，大家才意識到，應該擺脫政府長期以來對人民的洗腦，開始質疑德勒斯登在二戰期間並非真的是個「無辜的藝文古城」，且不全如官方所言，與納粹在東線戰事的布局完全無關。有鑑於民間質疑聲浪日高，東德政府更擴大在每年2月13日舉辦大型戶外紀念活動，企圖以高調的方式提醒人民，西方強權曾經帶給大家的

痛苦。[46] 政府與民間的緊張拉鋸，明顯表現於 1982 年德勒斯登青少年自發團體「狼皮陣線」（Gruppe Wolfspelz）舉辦的活動。2 月 13 日當天，他們自行籌辦了一場和平運動，反抗政府以軍隊日益加強對社會的控制（圖 9）。那天晚上十點，他

8.

Viktor Klemperer，〈地獄之舞〉（Höllentanz）發表於 1950 年 2 月 10 日的《德國之音》（Deutschland Stimme）。

們手持蠟燭與鮮花，一邊繞行聖母教堂遺址，一邊高喊「不
要再有戰爭」（Nie wieder Krieg），同時唱著英文歌曲「We shall
overcome」。這是東德史上青少年第一次對德勒斯登空襲歷史

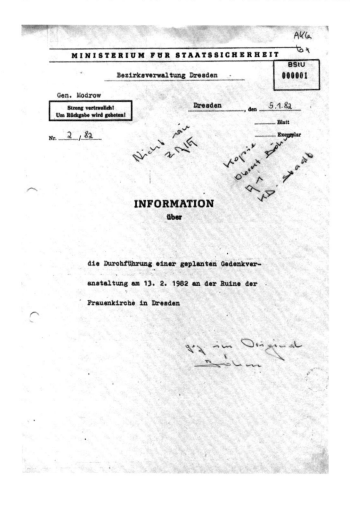

9.

針對「狼皮」（Gruppe Wolfspelz）在 1982 年 2 月 13 日晚間在德勒斯登聖母教堂所舉行的
青少年和平抗議活動，可以想見，東德國家安全局（Stasi）在事前便獲得情報。這是
當年 1 月 5 日的情報檔案。

自行發展出與官方完全不同的詮釋視野。

當時東德教會為了轉移大家對這場青少年抗議運動的注目，傍晚時分特別在聖十字教堂舉行和平論壇。沒想到，那天從東德各地蜂湧到德勒斯登的 8,000 名青少年，有默契地先到聖十字教堂參加和平論壇；接著在晚上十點卻快速地轉移陣地到聖母教堂參加「狼皮陣線」舉辦的和平遊行。就這樣，這個晚上德勒斯登青少年對和平政治的訴求，催化了東德社會快速走上和平運動之路。[47] 1982 年底，西德《明鏡週刊》（Der Spiegel, 50/1982）便以〈巨大拉力形成的連結網絡〉（Ein Netz von erheblicher Spannkraft）來形容東西德年輕世代出於對民主價值共同的嚮往，已經快速凝聚起一種同聲共氣、互相支援的聯繫網絡。[48]

兩德民主統一後，1991 年開始積極推動聖母教堂重建工作，並從全世界募得一億一千五百萬歐元捐款作為重建經費（總經費一億八千萬歐元），希望藉此將德勒斯登打造成一個帶著基督信仰色彩的世界和平中心（ein christliches Weltfriedenszentrum），化解長期以來深植此地人們心中的扭曲歷史記憶。然而，不幸的是，隨著兩德統一以來，德東地區有些人覺得自己淪為二等公民，「新納粹」與 2014 年新興的種族主義團體「歐洲愛國者反西歐伊斯蘭化陣線」（Patriotische Europäer gegen die Islamisierung des Abendlandes, 簡稱 Pegida）找到了不少對尚未癒合的歷史傷口見縫插針的機會。他們藉著每年 2 月 13

日紀念德勒斯登空襲的「紀念遊行」（Gedenkmarsch），不斷高倡復仇主義與種族沙文主義。尤其值得注意的是，應和他們的，主要是年輕人、甚至是青少年，而非親身經歷過空襲的老一輩受難者。

自小在德勒斯登長大的作家 Franziska Gerstenberg（1979- ）認為，Pegida 是兩德統一以來，德勒斯登第一個具有廣大號召力的群眾運動。雖然他們的訴求很有問題、有些甚至自相矛盾，但是透過參與這個群眾運動，會讓兩德統一以來覺得自己淪為二等公民的一些德東人重新找到互相取暖、與人平起平坐的機會。這可以視為從集體主義社會剛走出來的群眾，透過再次投入群眾運動，重新尋找自己認同的「集體感」。但是，麻煩的也是，這種集體感是建立在過去集體主義社會習慣透過「製造對敵」來建構「我群認同」的基礎上。即便這個「對敵」根本是自己憑空想像出來的，但是他們仍會因此對自己鎖定的目標猛烈攻擊。49

當然，期待德勒斯登人有能力自行解決 1945 年盟軍大空襲所產生歷史記憶糾結的問題，恐怕並不容易。然而，針對這個困境，參與釐清德勒斯登空襲確實死亡人數的歷史學者 Matthias Neutzner 仍然語重心長地呼籲，歷史記憶固然重要，但是「肩負起有責任感的歷史記憶」（Verpflichtung für ein verantwortliches Erinnern）更是責無旁貸。50

第四篇

開放東德秘密警察檔案

正義的果實是促進和平的人用和平栽種出來的。

——新約〈雅各書〉3: 18——

18
東德秘密警察檔案
是怎樣開放的？

憂傷痛悔的心，你必不輕看。

——舊約〈詩篇〉51: 17 ——

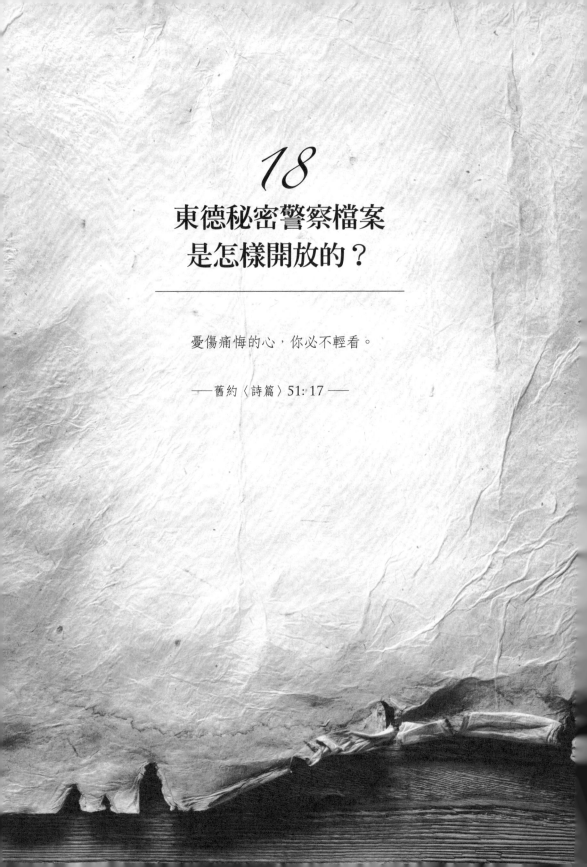

　　聯邦德國處理納粹的過往，是二次世界大戰之後對法西斯極權所進行的轉型正義工程，對此德文常用「超克過去」（Vergangenheitsbewältigung）來表述。一九九〇年兩德民主統一後，需要對東德共產極權進行另一次轉型正義工程，對此德文的說法不再是「超克過去」，而改成「清理過往」（Aufarbeitung der Vergangenheit）、或「清理東德共產黨獨裁政權」（Aufarbeitung der SED-Diktatur）。

　　在第二次轉型正義工程裡，東德秘密警察檔案是否應該開放、以及如何開放，是最核心的問題之一。但在整個上路過程中，卻充滿許多爭議與波折。

　　在 1989 年柏林圍牆倒塌前幾個月，東德處處都有民運活動。民眾經常包圍、占領國安部（Ministerium für Staatssicherheit, 簡稱 Stasi）設在各地的分支機構，要求這個透過秘密警察（Stasi）與線民（Inoffizieller Mitarbeiter, 簡稱 IM）無孔不入窺視人民生活各層面的恐怖機構立刻停止運作。對這個推翻共產黨統治過程了然於胸的前東德人權牧師高克（Joachim Gauck）──他也是現任聯邦德國總統──在 2009 年出版的回憶錄《夏天裡的冬天，秋天裡的春天》（*Winter im Somme*─*Frühling im Herbst. Erinnerungen*）對此有詳細的闡述。[1]

　　柏林圍牆倒塌促成了當初蓋起圍牆的政權垮台。然而，一個專制統治東德四十餘年的統治集團當然不是省油的燈。東德共產黨利用兩德尚未民主統一的空窗期，在 1989 年 12 月

偷偷將「國安部」（Ministerium für Staatssicherheit）改名為「國安局」
（Amt für Nationale Sicherheit），企圖以內部轉型的方式掩人耳目、
繼續存活。然而，這個舉動卻被東德民眾根據聯邦德國基本
法對人權的保障大加抵制，要求徹底解散國安部，停止一切
秘密偵查與竊聽的業務。

　　1990 年 1 月 15 日，位在東柏林的國安部總部被大批民
眾占領（圖 1），並且在公民組成的委員會監管下被迫解散

1.

1990 年 1 月 15 日大批民眾衝進位在東柏林的國安部總部。

（圖 2）。這個公民委員會的主席是一位年方 23 歲的大學生
David Gill。同年 6 月，公民團體組成「解散國安部特別委員
會」（Sonderausschuss zur Auflösung der Stasi），高克牧師被選為主席，
David Gill 為祕書長。這個委員會主要任務除了負責起草「東
德祕密警察（Stasi）檔案開放法」，還負責調查有哪些人在自
己正職之外，也是為國安部祕密工作的「特工」（Offiziere im
besonderen Einsatz），因為他們有可能在國安部解散後，還會在
各種職業領域繼續串連、暗中活動。

2.

1990 年 1 月 16 日大批民眾在東柏林的國安部總部門前示威抗議，高喊「解散國安部」。

　　高克說，雖然國安部在柏林圍牆倒塌後沒多久就毀掉了一些檔案資料，但他們仍彙整出近兩千名「特工」的名單。事證確立後，他們通常先私下告知這些人就職的主管單位，要求這些「特工」自動辭職或辦理提早退休。如果不從，只好公布姓名。高克說，之所以選擇這麼做的原因不是想羞辱他們；而是不能讓這些人繼續留在原來職位上，繼續做有害人權的事。2 然而，可以想像，對東德社會而言，這樣的政治清查動作，終究還是引發了不少恐慌。

　　關於秘密警察檔案，「解散國安部特別委員會」認為，從政治、司法與歷史各方面來考量，應該要開放。但是，當時東德內政部長 Michael Diestel 基於個資保護，認為不要開放為宜（圖3）。然而，才正沉浸在打破四十餘年政治禁忌喜悅中的東德「解散國安部特別委員會」認為，個資法是在保護個人、而非保護加害者（Datenschutz kein Täterschutz），因此在 1990 年 8 月 24 日快速通過「秘密警察檔案開放法」。

　　然而，這個檔案開放法卻讓即將民主統一的東西德也開始陷入雙邊角力。雖然當時的東德「人民議會」（Volkskammer）通過「秘密警察檔案開放法」，然而，西德內政部卻表示，這項決議在兩德統一後，他們未必要完全接受。西德各邦內政部長聯席會議也決議，日後要將東德秘密警察檔案歸入位於柯布倫茨（Koblenz）的聯邦檔案廳（Bundesarchiv）集中管理。西德做成的這些決議也被白紙黑字寫入「兩德統一協定」

（Einigungsvertrag）之中。

　　西德不想大規模開放東德秘密警察檔案的想法讓一些
東德人大為光火。高克在回憶錄裡寫道：「我們才剛立下一
個可以在政治史、或甚至在法律史上名留青史的法案，現在
我們人民議會委員所代表的民意，竟然就這樣被棄置一旁不
顧？」[3] 高克也說，因為當時「解散國安部特別委員會」極
度堅持自己原來提出的版本，以至於有些人開始擔心，兩德
統一恐怕會因此流產。為此，他們開始做出一些讓步。接受
兩德統一後的國會可以不必承認東德人民議會所制定的「秘

3.

1990 年 9 月 28 日在東德「人民議會」（Volkskammer）裡，高克牧師（圖右）被選為保
護秘密警察檔案資料特任官，與他面對面的是當時東德內政部長 Michael Diestel。

密警察檔案開放法」；但是聯邦德國有絕對的義務另立新的
檔案開放法，而且新法應該保留原來舊法的幾個核心思想：

（1）檔案應該公開；
（2）檔案由聯邦層級來管理，但應該分散在德東各處保
存，不可集中化；
（3）管理東德秘密警察檔案的專門委員會應任命可獨立
行使職權的德東人士做代表參加。[4]

然而，就當「解散國安部特別委員會」忙著與官方斡旋
時，耐不住焦躁的東德人已經衝進柏林的國安部總部，霸占
該棟建築物。高克並不支持這種做法，但是他承認，東德人
要求開放秘密警察檔案所做出的這類舉動，當時是被高漲的
情緒主導（höchst emotional）。[5]

兩德民主統一後，不具備法學訓練背景的高克牧師被任
命為首任「聯邦秘密警察檔案館」（die Behörde des Bundesbeauftragten
für die Stasi-Unterlagen, 簡稱 BStU）特任官（Sonderbeauftragter），由他聘
任資訊法專家 Hansjörg Geiger 為館長。剛開始時，他們向聯
邦政府回報需要聘雇 560 位員工；沒想到在大量工作負荷下，
最後聘用了超過 3,000 名員工。

Geiger 回想起他與高克剛會面時，自己最初的印象：「聯
邦政府希望能打造一個嚴謹有效的機構，高克先生想的卻是

如何給社會帶來啟蒙。」[6] 幸而在彼此坦率的意見溝通下，兩人始終合作無間。然而，想要全面開放檔案的理想，在開館初期還是受阻。Geiger 說，有一次在波昂（Bonn），曾有一位聯邦官員就對他們說，雖然東德倒台了，但是有關國安的資訊還是不能全面對社會大眾開放。因為即便是敵對的雙方，看穿一個情報系統如何運作，就意味著，同時看穿另一個情報系統如何運作。

　　為了突破聯邦政府想守住的底線，貫徹公民有權知道國家檔案資料對他們做了哪些紀錄，Geiger 提出了 1983 年聯邦憲法法院對個人資訊開放與使用所制定的「資訊自主權」（Recht auf informationelle Selbstbestimmung）來為檔案開放做支撐。簡單來說，就是個人有權決定有關他自己的資料應該如何被公開與使用。這不僅是為了保護人權，更是為了捍衛人性尊嚴與保障國民在社會上可以自由發展。因為人民有權知道，在國家公權力行使上，「誰」（who）在「何時」（when）記錄了關於他個人的「什麼」（what）。只有當一個國民能真正知道國家手中有什麼關於他個人的資訊，他才能清楚判斷，要以何種方式在社會上與人來往。[7]

　　Geiger 也認為，不能因為東德共產黨統治時期政治上處於特殊狀況，就可以把他們過去經常以違法方式蒐集到的各種線報資料封存起來、束之高閣。以為兩德民主統一後，政治以聯邦德國的民主人權法治為依歸，不會再發生過去那樣

的事。反之，他認為，正是因為東德曾經用這樣的方式嚴密控制過整個社會，因此，兩德統一後的德國更迫切需要透過開放檔案，進行政治啟蒙。

Geiger 之所以願意為高克開放檔案的理想戮力以赴，與他過去的工作經驗有關。他說，過去在做資訊保護的工作時就發現，人很容易受既定印象擺布。「我認為自己知道某事」與「資料上白紙黑字寫了什麼」往往是兩回事。人很容易憑自己過去的認知，憑空臆測根本不是那麼一回事的過往。因此開放檔案讓一般民眾有機會去看與自己相關的資料，有助於他們了解，自己究竟需要面對哪些問題？或是有哪些謠言是在他們的背後流傳著？然而，調閱檔案時，難免會看到關於自己的檔案上還包括第三者的資料。在這個部分，檔案局就需要先將檔案影印，以塗黑的方式遮住第三者的姓名，然後再將新的版本影印後，提供給調閱者閱讀。

Geiger 從法律專業上戮力以赴，是支撐東德秘密警察檔案開放幕後最重要的推手。高克說，他與東德民運人士有的只是突破集權政治統治的奮鬥意志；但在正常的民主法治下，開放檔案的理想在體制內究竟該如何落實，他們從來沒有好好想過。[8] 此外，Geiger 難能可貴之處還在於，會想辦法在東德民運人士把民主運作想像成「自由放任」（*laissez-faire*）與聯邦德國官僚體系運作之間，努力找出平衡點。

1991 年 12 月，德國國會通過新的「東德秘密警察檔案法」

（Stasi-Unterlagen-Gesetz），主要核心部分一直沿用至今。這部新法的前言明確寫著，主管機關應該提供受難者個人相關的檔案資料，並協助受到不公不義對待的人進行司法訴訟，以讓冤屈獲得平反。高克很安慰，新法比當初他們在東德時期制定的舊法還要開放，受害者不僅可以知道線民的化名（例如 IM Karl），而且還可以知道真名。[9]

高克說，秘密警察檔案館存在的意義在於，讓受害者可以調閱過去與他們相關的所有密告資料，如此一來，他們可以清楚了解，個人的命運如何受到國安部的秘密警察網絡影響（圖4）。然而，高克也說：

> 想把自己再次放回過去，不想活在被選擇性記憶保護的過往回憶裡，是需要勇氣的。這樣的人會將過去的生命階段重新活過一次，尤其是在心潮澎湃的情況下重新與過去的情境相遇。這有可能讓人再次感受到被鄙視、被利用、被羞辱、被排擠、或者被隔絕，過去的舊傷會重

Der Bundesbeauftragte für die Stasi-Unterlagen Roland Jahn

Je besser wir Diktatur begreifen, umso besser können wir Demokratie gestalten.

4.

現任聯邦秘密警察檔案館（BStU）專責政務官 Roland Jahn 在官網上留下的話：「我們對極權專政了解越多，越知道如何打造民主政治。」

新被掀開。「記憶」並非只是對過去發生的事再知道一些新的資料，記憶同時也是再經歷一次舊的傷痛、重新將過去被沉沉壓抑住的夢魘再搬到陽光下，重新經歷一次。10

19
面對檔案開放後的狂風暴雨

好心點，
這些人、這些白人可以好好聽我們想說的話嗎？
拜託！我們希望你們當真來看的，就只是，
我們也是人。

FOR GOODNESS SAKE, WILL THEY HEAR, WILL
WHITE PEOPLE HEAR WHAT WE ARE TRYING TO
SAY? PLEASE, ALL WE ARE ASKING YOU TO DO IS
TO RECOGNIZE THAT WE ARE HUMANS, TOO.

——南非屠圖大主教（DESMOND TUTU, 1931- ）——

　　東德共黨政權的倒台並不像捷克與波蘭那樣，是藉由反對黨長年有組織地與共黨政權對抗、周旋而達成；而是在八〇年代透過民眾自發走上街頭舉行燭光晚會，東德慢慢將各地民氣匯聚起來。隨著柏林圍牆在不刻意施壓的情況下，竟然戲劇性地自行倒塌，因此，東德人民對共黨政權長期積壓的滿腔怒氣，便在 1989 年 12 月 4 日與 5 日轉往占領不同城市的國安部機構來進行集體宣洩。因此，當時帶領東德民運的高克（Joachim Gauck）牧師說，對東德民眾而言，1989 年 11 月 9 日柏林圍牆倒塌，並非民主革命的終點；1990 年 1 月 15 日，大批東德民眾占領東柏林的國安部總部（參見第 18 章圖 1），才是真正點燃了東德民主革命風潮的熱火。

　　東德人對秘密警察檔案何以憤恨至此？這些檔案串連起來長達 204 公里，卷宗裡記錄了約四百萬東德人與約兩百萬西德人的情蒐資料。各式各樣無端被羅織的罪名讓許多年輕人莫名其妙被控「叛國」，因而被送進監獄，中斷了大好前程。更糟的是，告密者有時就是自己的好友或配偶。這樣的情況，讓兩德民主統一後的東德秘密警察檔案開放問題成為高度政治性、但同時也充滿高度情緒性的角力戰場。2009 年，當高克在回憶錄《夏天裡的冬天，秋天裡的春天》回顧擔任秘密警察檔案館聯邦特任官的歷程，尤其是 1992 至 1995 年密集處理「線民」（IM）問題那幾年，他說那真是一段「驚濤駭浪的歲月」（Turbulente Jahre）。[11]

　　與東德秘密警察檔案緊密相關的關鍵字「IM」（Inoffizieller Mitarbeiter）指的是「非正職雇用的線民」。高克所主持的檔案館裡，在檔案管理上，是有標準的表格來登錄與線民相關的資料，其中包括：姓名，工作期間，線民類別，是否負有密報的義務，是否有收錢，是否有因此獲獎，是否有自行脫離線民組織……等等。[12] 根據兩德統一後的法律規定，涉入線民工作情節嚴重的人，也就是所謂「密集回報的線民」（Intensivomnformanten），只要一經證實，就無法擔任公職以及民主政黨的黨職。然而，除了查清這些前科深重的人之外，何以處理「線民」問題會棘手到讓主事者陷入「驚濤駭浪」？

　　在納粹時代，蓋世太保已經是非常惡名昭彰。然而，蓋世太保在當時所鋪下的線民網絡還不至於去號召民眾透過「告密」來表達對元首的效忠。然而，在東德共產黨統治下，「告密」卻被視為對國家忠誠的具體表現。根據統計，東德政權垮台時，東德國安部（Stasi）的正式員工有 9 萬名，非正式雇用、但積極合作（包括定期提供線報）的線民有 17 萬 4 千名。相較之下，二戰末期，蓋世太保的員工是 31,000 名，而且他們除了負責偵防全德國 8,000 萬人口外，還負責被納粹征服的所有其他地區。換言之，如果納粹是以極盡殘酷的手段整肅異己，東德共產黨便是以鋪天蓋地佈建的秘密警察與線民通報系統、加上不斷升級的情蒐伎倆，來達到威嚇人民不可造次的恐怖統治。[13]

　　東德共產黨如何吸引這麼多人加入線民工作？說穿了，不外乎威脅利誘與哄騙欺瞞。針對還在學校就讀的學生，他們大量吸收比較缺乏家庭與父母支持的青少年與年輕人，提供他們日常生活的關懷以及日後在社會上往上爬的組織網絡。有些人因為自己同性戀的行為被發現，為了怕被公開，只好屈從於秘密警察的指揮。有些人則是天真地被矇騙，以為將他們聽聞到對政府的批評往上呈報，可以幫助領導階層了解民怨，藉以改善人民的生活。

　　兩德民主統一後，原來在東德大學任職的教職員都要經過「除垢」檢查。神學教授 Heinrich Fink（1935- ）是兩德民主統一後，柏林洪堡大學（Humboldt University）第一位以選舉方式產生出來的校長。由於當時聯邦秘密警察檔案館可以調閱比對與他相關的資料並不多，因此讓他順利通過「除垢」檢查，當上校長。1991 年 11 月，當時秘密警察檔案館聯邦特任官高克依據 Fink 在 1987 年有打電話給東德國安部的時勢評估單位，而且他在事後也因此獲得金牌獎勵的證據，公布 Fink 具有線民身分。Fink 遂在 1992 年 1 月被洪堡大學無限期解聘。Fink 認為，自己只是在不小心的情況下被秘密警察利用，因此一方面積極想透過司法途徑為自己平反；同時，他也加入東德共產黨轉型後成立的政黨 PDS，將自己塑造為被聯邦德國迫害的受難者，開始號召東德人團結起來對抗西德。PDS 也樂於利用 Fink 被解聘的事件，將之作為兩德統一後德東人

（Ossi）向德西人（Wessi）嗆聲的工具。在 Fink 煽動下，聯邦秘密警察檔案館自然也避免不了要面對支持 Fink 的大學生集體上街抗議、對檔案館強力施壓的行為。

在東德政權行將結束之際，國安部有關 Fink 的檔案資料有約六百頁被撕毀。所幸經過修補後，這些資料全部被搶救回來，於 2005 年 5 月重新公諸於世。[14] 其中包括 1968 年他與秘密警察第一次會談的紀錄，以及 1989 年 10 月 7 日與秘密警察碰面的報告。另外也還有他因線報而獲獎與收受獎金收據等證明，以及國安部對他的觀察報告，認為他相當積極配合。此外，還有他作為神學院老師，卻把學生參與「國際人權救援組織」（Amnesty International）與東德民主抗爭運動的訊息洩漏給秘密警察的資料。

Fink 的例子是屬於鬧得沸沸揚揚的例子。基本上，東德轉型正義工程在教育界進行的情況並沒有到整肅的地步。聯邦秘密警察檔案館在確定有明確從事線民工作的事證後，會將這些資料送到當事人工作的人事主管單位。例如，若有老師曾經從事過線民工作，他的資料就會被送到所屬那一邦的教育部，由他們負責釐清所有細節，給老師申辯機會，再自行做出處置的決定。檔案館並不對續任或解職做任何裁決。根據統計，柏林地區的中小學老師有 4.7% 有擔任過線民的紀錄，但遭到解聘的只有 0.9%。

政壇上陷入「線民風暴」的人數就比較多。例如，曾

任左翼黨（Die Linke）黨主席的 Gregor Gysi 與曾任交通部長的 Manfred Stolpe 都被指控過。隨著政壇污水到處四濺，連聯邦特任官高克本人也在 1991 年 4 月被指控曾為線民，陷入風暴。[15]

這件事的始末要從 1983 年說起。當時在 Rostock 負責牧養青少年的高克牧師因為經常批評政府、讚揚瑞典等西方國家生活方式，被東德國安部視為「工農國家的敵人」（Feind des Arbeiter- und Bauernstattes），應設法將他剷除，以免污染青少年思想。在關於高克的秘密警察檔案裡，可以清楚看到這個計畫是這樣布局的：國安部想要有計畫地破壞高克牧師在教會界的名聲，因此在 1985 年 11 月 18 日派兩位國安部官員去拜訪高克，然後將這個會面的消息以耳語方式傳給高克的同事與教會領導階層，讓他們對高克的信仰忠誠度起疑。然而，面對這兩位官員來訪，高克談的都是當時青少年的問題。

隨著高克在八〇年代末期人權牧師的形象日益鮮明，而東德政權卻越來越搖搖欲墜，秘密警察開始改變想要毀滅高克的計畫。一位國安部的官員 Wolfgang Terp 在 1988 年 7 月 28 日拜訪高克，希望拉攏他成為線民。然而，高克並沒有同意，因為這有違他做人的基本原則。然而，高克兩度與秘密警察接觸的檔案在 1991 年 4 月被德國右派報紙《世界報》（Die Welt）刊出來，同時也不斷被高克長年的死對頭、前東德內政部長 Michael Diestel（參見第 18 章圖 3）拿出來猛力攻擊。高克本來想冷處理，但 Diestel 卻緊咬他不放。高克無奈之餘只好

到法院提起告訴。

　　雖然自己也被惡意中傷，高克並不認同當時德國左翼政黨基於自由主義原則，所提出的「畫下追討底線」（Schlussstrich）之主張。他認為，不應將左派與共產黨統治混淆在一起，因為左派不該是壓迫人的極權政治。[16] 然而，在對「線民」罪行的起訴上，高克也指出，兩德統一協定有提到，在東德不算犯法的行為，統一後的德國不可以根據聯邦德國的法律對原來生活在東德的人加以司法追訴。只有在嚴重傷及性命的罪行上，不受「新法不溯及既往」的規範限制（例如，邊界或圍牆邊守衛以過度傷害的方式射殺想從東德逃往西德的人，以至於逃脫者受重傷或身亡），而應從違反人權及自然法的角度審判懲處罪犯。[17]

　　2000 年，高克即將卸任特任官前，秘密警察檔案館又面臨另一個棘手問題。根據 1991 年修訂的檔案管理法，被視為「影響當代歷史的重要人物」（Personen der Zeitgeschichte）因屬公共人物，因此，除了本人以外，與這些人相關的秘密警察檔案（其中有不少是當年東德對西德政要的電話竊聽紀錄）可以開放給媒體與學術研究使用。當時，剛卸任不久的德國總理柯爾（Helmut Kohl）聽說檔案館已經將他的檔案資料整理好，準備提供給媒體與學術研究使用時，大為光火，遂在 2001 年向柏林行政法院提起訴訟，認為聯邦秘密警察檔案館的相關規定讓他個人權益受損。因為新聞記者與學者去調閱他的檔案，

有可能不是為了揭露秘密警察的罪行，而是為了找出可以攻訐、詆毀他的事證。後來柏林行政法庭與聯邦行政法庭都判柯爾勝訴，理由是：一個人若非東德秘密警察共犯結構裡的一員、也非從中獲利者，那他就擁有與自己相關資訊的自主權，別人不可調閱他的檔案。[18]

柯爾對聯邦秘密警察檔案館的提訟事件，基本上反映出「個人資訊自主權」與「媒體自由」這兩個民主社會核心價值之間的緊張拉扯。法院對柯爾的訴訟宣判時，高克已卸下檔案館聯邦特任官職位，然而，他在回憶錄裡指出，他對法院的判決有不同的意見。他認為，雖然柯爾某些說法是對的，但這樣的判決結果會讓昔日東德共產黨領導階層與支持這個極權統治體系以牟取私利的人大大鬆一口氣。因為只有秘密警察共犯結構裡的人會被揭露，其他應該被列入「影響當代歷史的重要人物」的東德統治集團重要人物都可以用「資訊自主權」來阻擋別人調閱他們的資料。[19] 根據法院的判決，2002 年 9 月聯邦秘密警察檔案館將相關法律修正為：為維護學術研究自由、言論自由，與人格權等基本權利，與「影響當代歷史的重要人物」的檔案是否開放，由聯邦專責政務官裁決，不需要得到當事人同意。

「柯爾判決」（Kohl-Entscheidung）引發的眾多爭議，除了讓我們看到檔案開放與從事歷史記憶工作之間存在著某些難以圓滿解決的爭議外，也同時提醒大家，東德政權迫害人權

的機制除了秘密警察之外，還有其他許多機制（如東德共產黨、一般警察、各種公部門機構、親俄共的組織……等）也需要多加注意。

這個爭議本身除了讓我們看到公民社會如何面對個人隱私權與公共告知權之間的拔河外，也清楚顯示出，轉型正義這個複雜的政治、社會工程不是一蹴可幾，更不是只靠某些人的熱情可成。目前檔案館官網上對「影響當代歷史的重要人物」與「政治機構或公權力部門主管」（Information über Personen der Zeitgeschichte, Inhaber politischer Funktionen order Amtsträger）相關檔案的申請規定如下（圖1）：

> 調閱「影響當代歷史的重要人物」與「政治機構或公權力部門主管」的檔案，如果是有關當事人在現代史所扮演的角色、與他在政治機構或公部門權力運作的情形相關，聯邦秘密警察檔案館可以提供檔案資料，前提是基於研究這些檔案所產生的果效會高於對案主個人個資的保護。
>
> ……
>
> 原則上，我們會告知「影響當代歷史的重要人物」與「政治機構或公權力部門主管」的當事人，有哪些人基於何種研究目的與主題，申請調閱了有關他們個人的哪些資料。

　　整體而言，德國處理轉型正義的模式非常重視「知」
的權利，也很重視透過釐清歷史真相，建立有責任感與前瞻
性的歷史記憶。這與南非「真相和解委員會」著重在眾目睽
睽的公開場合讓加害人與被害人進行和解的做法不同。高克
承認，德國始終有人認為，透過檔案開放來從事轉型正義的
做法會帶給社會許多不安，而且能藉此平反的正義是有限

Informationen über Personen der Zeitgeschichte, Inhaber politischer Funktionen oder Amtsträger

Unterlagen, die Informationen über Personen der Zeitgeschichte, Inhaber politischer Funktionen oder Amtsträger enthalten, kann der BStU dann zur Verfügung stellen, wenn diese mit der jeweiligen zeitgeschichtlichen Rolle, der Funktionsausübung oder der Amtsausübung der betreffenden Person im Zusammenhang stehen. Voraussetzung ist, dass das Aufarbeitungsinteresse die persönlichen Schutzrechte der benannten Personen überwiegt.

Für Forschung und Medien sind personenbezogene Informationen dann zugänglich, wenn sie schon zum Zeitpunkt der Informationserhebung allgemein zugänglich, das heißt offenkundig waren. Dazu zählen Informationen aus öffentlich gehaltenen Reden. Auch Äußerungen gegenüber Dritten, mit deren Verschwiegenheit nicht gerechnet werden konnte, und Informationen, die nachweislich weder durch Verletzung des privaten Rückzugsbereichs noch des Rechts am gesprochenen Wort oder durch Spionage erlangt wurden, werden zur Verfügung gestellt.

Darüber hinaus hat die Forschung nach strenger Rechtsgüterabwägung Zugang zu Informationen, die der Staatssicherheitsdienst durch Spionage erlangt hat oder die sich aus von ihm gefertigten Berichten, Stellungnahmen, Zusammenfassungen von Wortlautprotokollen nach Abhörmaßnahmen und Verletzungen der Privatsphäre ergeben. Solche Informationen unterliegen jedoch besonderen Verwendungsregeln, über die jeder Forscher und jede Forscherin ausdrücklich informiert werden.

Von jeder Verwendung ausgenommen sind Aussagen, die der Staatssicherheitsdienst durch verbotene Verhörmethoden erpresst hat. Verschlossen bleiben auch Tonträger oder Wortlautprotokolle, die aus Abhörmaßnahmen stammen, sowie Informationen, die durch Bruch des Brief- und Telekommunikationsgeheimnisses oder von Berufsgeheimnissen (zum Beispiel von Rechtsanwälten, Ärzten, Geistlichen) erlangt wurden.

In der Regel werden Personen der Zeitgeschichte sowie Funktions- und Amtsträger vor Bereitstellung der Unterlagen darüber informiert, welche personenbezogenen Informationen von welchem Antragsteller zu welchem aufarbeitungsthematischen Zweck verwendet werden sollen.

1.

「聯邦秘密警察檔案館」對「影響當代歷史的重要人物」與「政治機構或公權力部門」檔案開放的辦法。

的。然而，針對社會一些質疑，他也經常回應：「只有當我知道實際上曾發生過什麼事，才能知道我應該原諒什麼。」（Vergebung kann ich nur, was ich weiß.）[20]

　　德國政府於 2013 年 1 月發表了兩德統一 20 年來《聯邦政府處理東德共黨極權統治轉型正義工作現況報告》（*Bericht der Bundesregierung zum Stand der Aufarbeitung der SED-Diktatur*），[21] 其中提到聯邦秘密警察檔案館自 1991 年開館後，20 年來申請調閱檔案資料的次數達 670 萬次，其中 283 萬次由一般民眾提出。根據當初兩德統一所定的協定，曾被東德共產黨迫害過的人，可以在統一後透過司法訴訟程序，獲得平反。1992 與 1994 年，德國分別就刑法、行政法、就業法等不同需求制定「平反法」（*Strafrechtliche-, Verwaltungsrechtliche, Berufliche-Rehabilitierungsgesetz*），讓受害人可以根據檔案資料，在法治社會的架構下就自己在政治上、社會身分平等上，與就業上被迫害的冤屈尋求正義。在德國政府眼中，讓蒙冤者獲得應有的平反，是邁向和解（Wiedergutmachung）的第一步。與聯邦德國對納粹加害者追訴毫無期限限制的作法不同的是，針對東德轉型正義所立的三種平反法是有一定的實施效期（目前延至 2019 年 12 月 31 日）。根據統計，兩德統一 20 年來，透過秘密警察檔案館的司法協助，有超過 96,000 個個案向法院提出刑事上平反的訴訟。[22]

20
英國歷史學者如何面對
秘密檔案裡的自己？

要重建自己過去真正的感覺，真是何等的難事。然而，要重建別
人的，可就容易多了。有時候，那個過去的我，對我是那麼地陌
生。一路寫下來，寫到最後幾頁，在寫「我」時，我幾乎感覺寫
的該是「他」才對。

——歷史學者 TIMOTHY GARTON ASH [23] ——

區區一個檔案將會開啟一扇門，讓人們走入被稱為「遺忘的過往」
那個不見天日的廣袤迷宮之中。然而，就如考古學家打開古埃及
墳墓，讓新鮮空氣流進去那樣，沒人能說得準，這個打開門的動
作會對墓裡久埋的古物帶來什麼改變。
因為開放檔案並非意謂著，過去的歷史經驗會一五一十回到原來
的情境，等著重新被認識。

——歷史學者 TIMOTHY GARTON ASH [24] ——

　　二戰結束，並沒有給世界帶來真正的和平。冷戰的肅殺不僅讓號稱「自由民主陣營」的國家也籠罩在威權陰影之中，冷戰也讓所謂「自由民主陣營」國家諜影幢幢。台灣的白色恐怖造成許多讓人聞之悲愴難抑的悲劇是其中一例。連老牌民主國家如英國也不免風聲鶴唳；其中相關的人，又以名校教授被指控為蘇俄間諜最引人矚目。

　　布朗特爵士（Sir Anthony Blunt, 1907-1983）是研究義大利文藝復興藝術史的國際知名學者。他曾擔任倫敦柯陶藝術學院（Courtauld Institute of Art）院長；此外，還長年（1945-1973）擔任英國皇家藝術收藏主任典藏官（Surveyor of the Queen's Pictures），在英國備受尊崇。1964 年，他承認自己自一九三〇年代在劍橋大學就讀時，就參與「劍橋五人組」（Cambridge Five），為蘇俄從事間諜工作，直至一九五〇年代初期為止。在他自我坦承後，英國政府經過長期調查，由首相柴契爾夫人在 1979 年宣布褫奪他的「爵士」（Sir）頭銜。這十五年的調查期中，布朗特獲得英國政府承諾，不會將他起訴。[25]1997 年，愛爾蘭著名的當代小說家 John Banville 將布朗特既是藝術愛好者、卻又是間諜的故事寫成小說《誰能奈他何？》（*The Untouchable*），討論何以共產黨統治對戰前某些英國知識菁英具有如此致命的吸引力？此外，這本小說也探討了何以某些知識分子檯面上以熱愛心靈自由的藝術創作博取世人掌聲，檯面下卻樂於為極權政府服務？

冷戰結束後，隨著東德秘密警察檔案開放，衍伸出來的問題也包括有不少「非東德人」（例如西德政要、西德文化界與知識界名流、以及進入東德的外國人）亦有各種秘密情資檔案被保留了下來，其中包括他們被跟監、或被竊聽的紀錄。

牛津大學歷史系教授 Timothy Garton Ash 就是其中一例。他於 1980 年透過英國與東德首次簽訂的文化協議進入東德從事學術研究，自此被東德秘密警察網絡盯上。1991 年 東德秘密警察檔案庫開放，研究現代東歐史的他自然不會放過這個好機會，希望了解自己是否也成為密報的對象之一。沒想到，秘密警察檔案庫裡的確有厚達 325 頁的情資檔案是關於他的，代號為「羅密歐」（Romeo）。Ash 教授將自己面對這批檔案的經過寫成一本書《檔案裡的個人史》（*The File. A Personal History*），台灣出版的譯本將之譯為《檔案羅密歐》。雖然中譯不盡理想，但可作為管窺東德秘密警察檔案性質的一個參考。

Ash 在 1980 年 1 月到東柏林的洪堡大學（Humboldt-Universität）歷史系做九個月交換研究，在這段期間共有五位線民向國安部提供了與他行蹤相關的資料，其中包括在威瑪（Weimar）畫廊工作的米榭拉（Michaela）。

1980 年 4 月 25 日，Ash 到威瑪參加「莎士比亞日」活動，借住在豪斐（Haufe）醫生家。豪斐醫生的先生是研究德國古典文學的學者，在五〇年代末期，因不認同共產黨統治被萊

比錫大學革職。豪斐一家與米榭拉夫婦熟識，因此米榭拉得知 Ash 到威瑪的消息。

在米榭拉寫給秘密警察的線報中，她以相當偏頗的筆調寫下線民觀察報告：「傍晚，G（筆者註：即 Timothy Garton Ash）不顧 H 夫婦禮貌性的暗示談話到此結束，反倒利用這家人好客的善意，設法讓他們同意招待他在家裡留宿。」此外，米榭拉也順道對自己熟識的朋友豪斐夫婦記下一筆：「這兩個人明顯過著資產階級的生活方式……我認為，他們會從西德的大眾傳媒蒐集情資。」雖然，米榭拉接下來也強調，豪斐夫婦對「我們的社會主義體制」並無敵意。[26]

看到檔案後的 Ash 教授，除了將秘密警察檔案所記的事項與自己當時所寫的札記交相比對外；也分別拜訪了檔案裡跟他相關的人（包括線民米榭拉），透過雙方親自對談，確實釐清檔案記載的情資跟當事人對所記之事的記憶與看法有何差異。

他先將與豪斐夫婦相關的檔案寄給他們，然後約好時間前往威瑪拜訪。見面後，豪斐醫生說，他們努力回想當時共度週末的事：「那天是 25 日，剛好是克里斯多福生日，我們才擺好餐桌、點上蠟燭，你就出現在門口。我把你帶進門，我記得，我請你坐在餐桌那邊，然後給了你一些吃的東西。」豪斐醫生接著說：「你看起來有些拘謹，絕非『她』所形容的那樣死命糾纏。」[27] 豪斐醫生也對米榭拉在背後抹黑她非

常不以為然。豪斐醫生說，自己每天早上六點起床，要出門上班前，得先把整棟公寓打掃乾淨。而米榭拉卻活在她的「城堡」（Schloss）裡，還雇用了一名清潔婦，這在當時是極不尋常的事。在這樣的情況下，她竟然說別人過著資本階級的生活。[28]

即便豪斐醫生夫婦認為自己跟米榭拉並沒那麼熟，但這份檔案的現身，的確讓他們彼此之間從此形同陌路。接著，Ash 教授從電話簿找到了米榭拉，繼續對證。

米榭拉回應說，當時他們認為 Ash 是假借學生身分為英國情報機構做事，因此認為，東德國民有回報這個外國人行蹤的義務。但面對自己打熟人小報告一事，米榭拉則滿臉羞愧，淚流滿面。她說，在威瑪的畫廊工作，讓自己有機會過好日子，因此，更希望透過與情治單位合作獲得更多好處，有機會可以出國看看。[29] 但是，米榭拉表示，並不知道自己被國安部列為線民。[30]

針對像米榭拉這樣的狀況，聯邦檔案館在獲知相關訊息後，通常會主動追查其他檔案，以便進一步確定這樣的人涉入線民工作究竟有多深，考慮是否要將她正式登錄為線民。[31] 當 Ash 教授在寫《檔案裡的個人史》一書時，因為是以學術研究身分申請調閱資料，因此可以在與他個人相關的資料外，申請調閱米榭拉的個人檔案資料。在 1976 至 1984 年間與米榭拉個人相關的六百頁檔案裡，Ash 教授整理出她如何一步步

成為東德祕密警察忠誠線民的的過程。

米榭拉曾在一次前往匈牙利進行官方訪問的行程中，偷帶可以自由匯兌的現金出國。事發後，有一位情治單位的官員對他說，只要她肯合作，就沒事，不會讓她從此喪失出國機會。她原本還頗遲疑，但幾個星期後，當這位官員再度登門拜訪後，就留下一份紀錄，說她已經願意配合了。兩個月後，米榭拉自己回報，她順利訪問了瑞士——當時一般東德人作夢根本就不敢想像去得了的國家。[32] 因為在畫廊工作經常可以接觸到許多來參訪的外國顯要，1976 年米榭拉的線民等級被拔擢為「可與敵方直接接觸的線民」（IMV），再接下來又進一步被拔擢為「負責特定國安領域的線民」（IMS）。兩度被拔擢後，米榭拉持續提供各種線報，包括她在工作的畫廊接待了前來參訪的柯爾（Helmut Kohl），當時柯爾正是代表基督教民主黨聯盟（CDU/CSU）參選西德總理的候選人。[33]

Ash 指出，從米榭拉涉入線民密報工作的軌跡，可以看到一個線民如何越陷越深。米榭拉原本只針對自己工作可以接觸得到的資訊提供線報；然而，當她與情治單位的人越混越熟後，家人與朋友的私事都成為她回報的內容。這裡當然產生一個很大的問題：她是否有意識到，她以「好同志」的身分與任職情治單位的朋友「聊天」的內容，統統都會被當作線報記載下來，作為社會控制的情資？[34]

＊　　　＊　　　＊

　　走過為自己揭開檔案黑霧的過程，Ash 教授在《檔案裡的個人史》結尾部分寫出，環境對人的影響確實很深。在扭曲的環境裡，因為人性的脆弱與人善於自我欺瞞，大部分的人往往任由不公不義的環境來形塑自己的行為與選擇。雖然極少人是生而為惡，但大部分的人卻很容易隨波逐流。當一個社會絕大多數的人是跟著生物本能來求生時，一大群人造出來的共業就匯成極大的惡。[35]

　　與高克總統在回憶錄所說的情況相當類似，Ash 也認為，東德情治機構之所以能吸納這麼多人成為線民，加入共犯結構，與二次戰後很多人成為沒有父親可以陪伴長大的失怙兒、或父親成為被審判的納粹戰犯有很大的關係。在失去家庭依靠、或對父母無法產生認同的情況下，新的專制體系很容易找到缺口，透過秘密警察的成員給予無父的青少年心靈溫暖、與學業／事業上的協助，讓他們一生只認同這個狹隘政治觀所構築的世界，而不會去質疑只懂得完成上級交待的任務究竟意味著什麼？[36]

　　看到聯邦秘密警察檔案館經常有不少人在閱讀個人檔案時，震驚於自己被家人或朋友出賣，而在檔案館閱覽室當場哭倒的景象，Ash 教授也說，雖然檔案館有年紀較長的員工事前都會告知前來調閱自己檔案的民眾，有可能會看到讓自己非常詫異的線報資料，提醒他們先做好心理準備，而且也

會注意調閱者的閱讀情況，前去安慰看起來受到非常多驚嚇的人；然而，最好還是能對檔案管理的員工加強更多專業訓練，減低調閱者直接面對檔案滿載的黑暗時，一時之間難以承受的巨大心理衝擊。37

21
秘密檔案裡的
德國諾貝爾文學獎得主

誰能說：「我已經潔淨了我的心，脫淨了我的罪？」

——舊約〈箴言〉20: 9——

「看哪，我的眼裡滿是淚水！」（Seht, wie meine Augen tränen!）

德國諾貝爾文學獎得主葛拉斯（Günter Grass, 1927-2015）在邁向老年的過程裡，越來越有勇氣坦然面對自己的過往（圖1）。

2006 年 8 月，他出版自己的回憶錄《剝洋蔥》（*Beim Häuten der Zwiebel*），[38] 公開揭露自己在納粹時期，先是參加「希特勒青少年團」（Hitlerjunge），後來又加入納粹武裝黨衛軍（Waffen SS）的過往（圖2）。針對不少人質疑他：「為何遲到現在才承認？」葛拉斯沒有為自己做辯解，他說：

1.

諾貝爾文學獎得主葛拉斯（Günter Grass）於 2006 年 9 月參加自己新書《剝洋蔥》發表會時的神態。

不應該為了幫那個少年人——也就是我——開罪，就說：
「有人引誘我們走上歧途！」不，是我們把自己帶上歧
途，是我讓自己走上歧途。

　　晚年的葛拉斯透過誠實告白，讓大家知道，自己也曾犯
下嚴重錯誤。藉由剝洋蔥的過程會不斷流淚的意象，他將自
己在 1939 ～ 1959 年間的生命歷程，一層一層撥開在世人面前。
他承認，「回憶」是剝洋蔥，邊剝邊流淚，有時雙眼甚至會
刺痛難耐到極點。

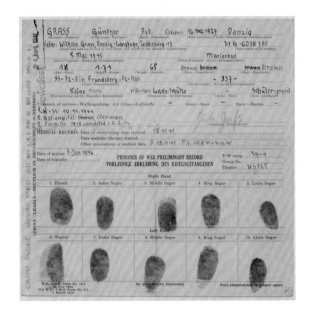

2.

葛拉斯（Günter Grass）在二戰戰俘營留下的個人資料，其中登錄著，他在 1944 年 11 月
10 日加入納粹武裝黨衛軍（Waffen SS）。

　　當然，葛拉斯也知道，揭露自己過去不敢告人的黑暗面，他長久以來在世界文壇享有的尊榮會受損。然而，他也承認，他的內心有兩個自我，一個是「血肉的自我」（empirisches Ich），另一個是「文學的自我」（dichterisches Ich）。「血肉的自我」對自己曾為納粹共犯這個不堪的過往想沉默、想遮蔽、想遁逃；然而，「文學的自我」卻認為應該為歷史留下真實紀錄，因此逼迫他要勇於面對，甚至直接把一片片洋蔥拿到鼻子下給自己嗅聞。葛拉斯坦承，寫這本回憶錄不是要對長年隱瞞的謊言做告解、以求獲得救贖；而是相信藝術永恆的價值，因此願意將自我坦露在真實歷史記憶的書寫面前。

　　面對東德秘密警察檔案開放，葛拉斯本來興趣缺缺。在他心目中，「白紙黑字史料」有時太片面、太刻意留下，結果反而造成與「歷史真相」之間有著非常弔詭的關係。他一方面不相信能從這些有問題的檔案裡，理出多少歷史真相；二方面也不想知道究竟有誰告了他的密。然而，眼見許多人把這些檔案全然當真，讓某些人蒙受不白之冤（雖然也讓有些加害者得到應有的懲處），他決定以自己為試驗對象，放手讓新聞記者徐立特（Kai Schlüter）自由調閱聯邦秘密警察檔案館裡所有關於他的資料。在 2009 年，徐立特便以這些資料為基礎，出版了一本相當有意義的書：《監視葛拉斯：秘密警察檔案》（*Günter Grass im Visier. Die Stasi-Akten*）。[39]

　　為何東德秘密警察會盯上住在西德的葛拉斯呢？

　　東德共產黨自 1961 年 8 月 18 日開始監視葛拉斯。因為，五天前，柏林圍牆在無預警情況下突然蓋了起來，這件事遭到這位 1959 年出版《錫鼓》（*Blechtrommel*）而享譽世界的小說家猛烈抨擊（圖 3）。自此直至柏林圍牆倒塌將近三十年的歲月裡，葛拉斯一直是東德政權眼中的「敵人」（Feind）與「反動者」（Reaktionär）。只要他到東德參加活動或訪友，不僅他的行蹤會立即遭到監視；跟他來往的東德作家也經常受到上

3.

1962 年葛拉斯（Günter Grass）在西柏林住家（攝影：Roger Melis）。

© Roger Melis

級壓力，必須想辦法改變葛拉斯對東德的態度。

　　將近三十年的監視，東德秘密警察檔案庫對葛拉斯寫下的線報多達 2,200 頁，徐立特挑選出其中最重要的文件，以全文照刊的方式編纂成《監視葛拉斯》這本書，彙編在書裡的內容還包括比對葛拉斯與其他見證者手邊保存的資料或口述回憶。他與葛拉斯都希望藉由這樣的方式，揭露東德秘密警察檔案紀錄具有的特質，以便提醒對這批檔案有興趣的人，在接觸、解讀這些檔案資料時，應該先具備的認知了解。

　　監視葛拉斯的是哪些人呢？從檔案裡，可以看出東德秘密警察網絡的佈建方式如下：1961 年，東德官方的作家聯盟秘書長 Erwin Strittmatter 邀請葛拉斯到東柏林開會。葛拉斯答應了，當時他並不知道，Strittmatter 就是線民（代號 IM Golgow）。後來，他陸陸續續接觸到了東德作家聯盟主席 Hermann Kant（代號 IM Martin）、東德筆會理事 Paul Wiens（代號 IM Dichter）、歷史學者 Karlheinz Schädlich（代號 IM Schäfer），以上這些跟他接觸的重要人物全都是線民。此外，更值得注意的是，在萊比錫瑞克朗（Reclam）出版社為他出書的出版社社長 Hans Marquardt（圖 4）更屬於「直接與敵人面對的線民」（代號 IMB Hans）。

　　以《監視葛拉斯》這本書收錄的最後一則秘密警察檔案來看，可以讀到不少有趣的訊息。這一則是在柏林圍牆倒塌前四個月，也就是 1989 年 7 月 4 日萊比錫瑞克朗出版社長

Hans Marquardt 寫的線報，主題是「西德作家葛拉斯目前的政治態度」。線報的第一段提到，葛拉斯說他自己與西德社民黨高層關係良好，也是社民黨顧問團的成員。而且葛拉斯認為，西德社民黨與東德共產黨在政治與經濟層面上許多合作有不少進展，但在意識形態、與文化交流上還有許多努力的空間。

4.

重量級的東德出版家 Hans Marquardt（1986 年 9 月攝）也是監視葛拉斯的線民。

SLUB Dresden / Deutsche Fotothek / Klaus Morgenstern

　　2009 年 12 月 22 日，葛拉斯針對這個檔案寫了一封信給徐立特，信中提到：「他會幫秘密警察工作，我真的是想不到。他對東德政局的判斷相當縝密，有時也非常有批判性。」[40] 儘管葛拉斯本人原本對秘密警察檔案究竟可以揭露多少歷史真相存疑，但透過解密他個人的檔案，看到著名的萊比錫瑞克朗出版社社長竟然是高階線民，而且東德作家聯盟主席 Kant 早自 1961 年起就擔任線民這些資料，的確讓他對東德政治與文化之間的複雜關係有了更新、更深刻的體認。

　　總結整個檔案資料彙編與交叉比對其他資料的過程，徐立特寫道：

　　　東德秘密警察檔案反射出一個帶著濾鏡看到的世界。這個世界是透過服從東德共黨政權的秘密警察持有的政治觀點，為他們心中的對敵打造出來的鏡像……。

　　　這些檔案不是為了公開給社會大眾看而寫的。它們是為了提供情資給一個操弄意識型態戰爭的國家機器而寫。即便這些資料確實有受到官方認可，而且也對應出某些真實的面向，但在閱讀時，永遠要記得，必須保持批判性的距離，不要全部當真。雖然檔案記載的許多事有發生，但是對這些事件經過的報導卻有許多誤解，與事實有很多出入，有時也夾雜著造假的資料與謊言。檔案資料之間的連結關係並不穩定。有時候，針對葛拉斯某個

時刻的行動，同時會有好幾筆線報。之所以會如此，有
時原因是因為他們都討厭葛拉斯，想要一起扳倒他；有
時卻是不同情治系統之間出於業務競爭或內鬥，訊息不
互相流通所致。因此，他們對各自監視的對象，有些會
認為事態不打緊，有些則將之渲染為極為嚴重……有些
時候，當葛拉斯與人私下會面，而秘密警察無法逼近到
現場監視時，他們會以自己的臆測當作監視所得的情資
往上通報。41

　　電話竊聽的情況也一樣。有不少電話竊聽並沒有當場錄
音，而是竊聽者就自己所聽到的，用口頭報告的方式向上級
回報。但是，竊聽者是否有確實聽對、或是回報正確，都無
法印證。同樣地，聽取回報的上級在聽取竊聽者的口頭回報
時，是否有聽對，或有正確記錄下來，也無法印證。42

　　2010 年 3 月，葛拉斯在接受《時代週報》（Die Zeit）專訪
時表示，以他自己的檔案為例可以看出，東德秘密警察雖然
布下天羅地網進行情蒐，讓人民產生莫大心理恐懼，但從線
報裡有許多錯誤的基本資料（如人名、書名）、以及對一些事
情來龍去脈的陳述根本邏輯不通，在在都可證明這個線報系
統佈建地再怎麼嚴密，最終還是沒有能力維持住這個國家政
權的穩固。43

　　由於葛拉斯在世界文壇享有崇高聲望，也是西德社民黨

（SPD）資深黨員，經濟上並不需要仰賴去東德出書賺取補貼；再加上經常支持東德異議作家，因此，他始終是東德共產黨眼中的「釘子戶」，如秘密警察給他的檔案代號 Bolzen（螺栓）所示。然而，東德線民之所以無法真正確實解讀葛拉斯在東德的言行，有部分原因應該是受他們自己刻板的意識形態教育所限。從一則 1983 年 5 月 4 日的線報資料可看出，東德作家聯盟主席 Bernt Engelmann 認為葛拉斯這個人「難以捉摸，而且政治態度曖昧不明」（unberechenbar und politisch zwielichtig）。[44] 葛拉斯在讀到這則檔案後，做出的回應是：「因為我既批評西德的政局，也批評東德的政局。對兩邊批評的力道是一樣的。從東德人思想言行的習慣來看，這是難以想像的。」[45]

　　針對在秘密警察檔案開放過程中，有些人力主應該開放以建立歷史記憶，有些人則認為不該開放，以免加深東西德統一後的社會裂痕，葛拉斯提出他個人的看法。他認為，直到東德政權垮台，東德秘密警察才真正成功地控制了東德人，因為秘密警察檔案讓西德人認為，每個東德人都有可能是間諜或線民。這種偏見是造成現在德國社會內部分裂很重要的因素。在兩德民主統一之初，強調東德秘密警察檔案在轉型正義上的絕對重要性，卻沒有先將檔案內容可能包含的問題向社會大眾好好說明；也沒有教導民眾這些檔案都是在政治高壓環境下向統治階級所寫的報告，以至於大家一開始

誤以為秘密警察檔案上寫的資料都是真的，有不少人因此被
冤枉，甚至自殺而死。葛拉斯說：

> 過度渲染秘密警察檔案的絕對重要性來進行轉型正義，
> 是錯誤的方法。大家都沒有考量到，這些情資是在何
> 種政治壓力下寫出來的。有多少人為了邀功，盲目、瘋
> 狂地去做線民，打別人的小報告。看看我們的梅克爾總
> 理，在東德時期，她加入了東德政府資助的「自由德國
> 青少年團」（Freie Deutsche Jugend），也順利地完成大學的
> 學業。但從來沒有人會認為，她有可能是線民。即便當
> 時她必須通過國家安全檢查，確定具備足夠資格可以前
> 往蘇俄〔作者註：有不少東德人當線民是為了獲得順利
> 出國的許可與機會〕，而她在當時的東德政府眼裡，的
> 確是像其他獲得出國許可的東德人一樣夠資格。無論如
> 何，我們看她在政壇上周旋對應的方式，很明顯可以看
> 出她當年在東德求學時面對外在環境的作風。而且她也
> 沒有參加任何反對運動。46

　　葛拉斯很顯然是想提醒大家，千萬不要用貼標籤的方式
來進行轉型正義工程，因為「以善之名」匆促發動的轉型正
義，可能造成對無辜者誤傷，規模難以估算。他以現任總理
梅克爾為例，說明並非所有正直努力的人都一定要跟「民運

人士」扯上關係。而沒有事前做好審慎告知民眾相關檔案資
訊的工作，反而可能造成無以挽回的社會內在分裂。

第五篇

收拾善後，轉換悲情

你若從你中間除掉重軛
和指摘人的指頭，並發惡言的事，
你心若向饑餓的人發憐憫，
使困苦的人得滿足，
你在黑暗中就必得著光明，
你的幽暗必變如正午。
耶和華也必時常引導你，
在乾旱之地使你心滿意足，
骨頭強壯。
你必像澆灌的園子，
又像水流不絕的泉源。
你們中間必有人起來修造久已荒廢之處，
立起代代相承的根基，
你必稱為修補裂痕的
和重修路徑給人居住的。

——《以賽亞書》58:9-12——

22

Primo Levi 的文學世界
與歷史記憶裡的灰色地帶

無法好好暢快走完自己人生的人，得不時拿一隻手抗衡自己對命運的一些絕望，儘管成效很有限；但他可以拿另一隻手把自己在破敗的斷垣殘壁間所見到的記錄下來。因為他看到的跟別人不同、而且比別人多。透過留下記憶，他雖然在生前就已經死亡，卻是真正活下來的人。

——卡夫卡（FRANZ KAFKA），1921 年 10 月 19 日日記 ——

　　隨著德軍節節敗退，納粹用盡各種手段進行大規模屠殺的腳步也愈益加快。1942 年當「最終解決方案」敲定時，整個納粹政權像是一個著了魔的龐大殺人機器。殺人，成為這個恐怖政權無法停止下來的存在方式。

　　在這樣的情況下，納粹卯盡全力將全歐各地的猶太人快速送往集中營屠殺。1944 年 2 月 22 日，北義大利化學工程師 Primo Levi（1919-1987）就在匆忙中，與其他 649 位猶太人被送進位於德波邊境的奧許維茨（Auschwitz）集中營（這群人後來只有 23 人生還）。接下來他成為沒有姓名的人，只剩編號 1745175。同年三月底，法國也首開將境內猶太人送進集中營滅絕的行動。

　　Levi 有幸靠著自己在化工領域的專業知識，沒有在集中營裡被折磨至死。戰爭快結束前，他被派去參與 I. G. Farben 公司設在集中營裡研發合成橡膠的計畫，以做奴工換取免於被送進毒氣室的厄運。1945 年 1 月 27 日奧茲維茨集中營被蘇俄紅軍解放後，Levi 花了九個月時間，輾轉經過烏克蘭、羅馬尼亞、匈牙利、奧地利，千辛萬苦回到義大利杜林（Turin）的家鄉。在回程火車上，他開始把集中營近一年的悲慘經歷寫出來。「一定要活著出去，留下歷史見證」，這是許許多多生還者當初咬緊牙關苦撐下來的主要動力。然而，隱隱然，他們似乎也擔心著，即便能活著出去，說了有誰聽呢？

　　1946 年底，Levi 完成了集中營回憶錄《如果這算是人》（*Se*

questo è un uomo, 英譯：*If This Is a Man*），然而，剛開始時，卻沒有
出版社願意出版。經過多方嘗試，1947 年終於有一家小出版
社願意，但銷售情況並不好。在這本書的開頭，Levi 寫了一
首詩：

在自己溫暖的家裡
生活安逸的人啊！
傍晚回到家
有熱騰騰的食物與祥和的面容等著你們時，
好好想想這算是男人嗎？
在泥濘裡工作
不知平安為何
只是為了一小片麵包就大打出手
只是因為不小心說了 yes 或 no 就一命嗚呼。
好好想想這算是女人嗎？
沒有頭髮、沒有名姓
沒有力氣可以再想起
一絲一點。
兩眼空茫
肚腹淒寒
像寒冬裡的青蛙。
我要求大家記住下面這些話：

好好省思發生過的這些事吧！
將它們刻在你們的心上
不管在家裡，還是外出走在街上
不管入睡或晨起
告訴你們的孩子也要記住這些話。
不然，有一天你家房子會崩塌
你會被疾病所苦。
你們的孩子會棄你們於不顧。

　　儘管 Levi 大聲疾呼歷史記憶的重要，當時卻幾乎無人回應，這讓他極為沮喪。就像他在書中〈暗夜裡〉這篇所寫，在集中營的深夜，大家幾乎都做著相同的夢：活著出去後，努力把自己在集中營裡不幸的遭遇說給最親近的家人聽。但是家人卻聽得有一搭沒一搭，只顧著彼此閒聊些雞毛蒜皮的雜事，彷彿千辛萬苦從鬼門關前逃回來的他們根本就不存在。Levi 寫道：「為什麼每天所受的苦楚總會被轉譯到我們的夢境，而且不斷重複上演在沒有人想聽我們說什麼的故事裡？」[1]

　　《如果這算是人》這本書雖然在出版之初乏人問津，但在一九五〇年代末期終於受到越來越多重視，也紛紛被譯成各國語言，成為見證奧許維茨集中營生活最重要的經典回憶錄。比較例外的是法國與以色列，這兩國對 Levi 作品的重視，

要到 1987 年 Levi 過世後才真正開始。[2]

　　不論是對納粹集中營的記憶所進行的文學書寫、或是就義大利當代文學史而言，《如果這算是人》之所以能歷久彌新，不是因為 Levi 用控訴的手法記下集中營生活的殘酷；而是 Levi 用嘲諷卻不失自制、幽默的筆調，夾雜著科學家實事求是的精準論事，清楚具體地將集中營生活各種真實面貌刻劃了出來；同時，他也在字裡行間將人性問題赤裸裸地彰顯了出來。

　　此外，更值得注意的是，如同著名的猶太裔歷史學者 Tony Judt 所指出：在 Levi 心目中，集中營並不是「關一群受難者的聚居地」（a community of victims），而是「許許多多孤立存在的小團體被硬湊在一起的龍蛇雜處之地」（an accumulation of isolated "monads"）。[3] Levi 從這種角度書寫他對集中營的記憶，曾遭到不少批判。因為比起《安妮日記》是一位青春少女眼中所見的世界、所想到的黑白分明圖像，Levi 的觀察是複雜、敏銳、多元的綜合體，他的作品提供的思考角度也是多重的，而非善惡各站一邊。然而，歷經時間的汰洗檢驗後，Levi 的作品反而因為最引人深思，所以歷久彌新，真正為納粹集中營歷史留下他人著作難以取代的深刻見證。[4]

　　Levi 的記憶文學能夠越陳越香還有另外一個原因，就是他在面對歷史記憶時所懷抱的視野與人不同。整體而言，對納粹大屠殺所書寫的歷史記憶可以分成兩類：一是以猶太人

的認同為導向，藉由陳述猶太民族受難的創傷記憶，追討猶太族群在國際上應得的歷史公道；二是從普世價值的角度出發，不只探討德國納粹所做的罪行，要求應有的公義，同時也從普遍人性的角度反省整個「集中營制度與亂象」。

　　就第一點來說，猶太族群與以色列在戰後大聲疾呼歷史記憶的重要，確實為猶太人所受的深沉創傷開啟了極大的回復正義空間，不論在戰後聯邦德國歷史記憶論述的主流核心價值、或是受難者的賠償上，猶太人都成為最不可忽視的受難者群體。然而，就猶如「歐洲猶太人受難者紀念碑」完完全全以猶太人為中心，排斥其他受難群體的做法（參見第 7 章），也引發世人相當大的爭議。以色列作家 Amos Oz 著名的自傳性小說《愛與黑暗的故事》（*A Tale of Love and Darkness,* 2002）就是用以色列建國歷程為基底，探討許多以色列人只想留在固步自封的內在創傷裡，把他們在二戰期間所受的集中營之苦無限上綱，完全不願意花一些心思去關心世界上其他角落還有不少人正遭受非常悲慘的對待。換言之，如果以色列的建國認同是建立在，這是一個長期以來一直被迫害的族群，需要國際社會不斷為猶太人的受難伸張正義；而聯邦德國的政治認同基調，也的確是建立在不斷為納粹屠殺猶太人的歷史錯誤道歉認錯上，這一來一往之間，固然為轉型正義留下難能可貴的和解典範，但也讓「歷史記憶」能開展的範圍受到強烈「政治正確」的政治道德暗示。在這一點上，台灣史學者

吳叡人曾對南非轉型正義和解政策做過的評論，也可以在聯邦德國與以色列和解的脈絡裡一併提出來做為參考：

> 然而我們不能忘記，和解的政治終究是一種政治，在這個特殊場域之中，政治受人的道德意識所驅動、制約，但政治同時也在型塑、制約道德意識。換言之，所有轉型正義故事的道德劇背後都平行存在著一個爭奪物質與象徵權力，爭奪地位、意義與價值的殘酷劇場。對於所有這些敘述，我們因此都必須進行道德與政治的雙重閱讀。[5]

就第二點而言，如同 Levi 在書寫《如果這算是人》時所採取的普世人性觀察角度所示，他並沒有從「猶太人」的民族觀點來書寫集體記憶的企圖；反之，他關心「人的尊嚴如何在邪惡體制設計下，一步一步被碾碎、被腐化」以及「邪惡的因子如何進入我們的日常生活」，而且他也從這些角度來探討納粹與集中營的問題。Levi 認為，集中營是道德灰色地帶，正反兩個極端所謂的「聖人」或「禽獸」在此都屬極少數。而一般所謂的「凡夫俗子」處在這種威權專制環境裡，很容易就被訓練成殺人不眨眼的兇魔。

Levi 提到，集中營最恐怖的地方是被設想為生物與社會的實驗場。在把人視為牲畜的情況下，讓大家進入道德失序

的灰色地帶，例如他在《如果這算是人》第八章〈善與惡的彼岸〉結語寫道：

> 在合成橡膠奴工廠裡，偷竊的行為會被民間聘來的管理人員懲罰，但納粹黨衛軍卻認為這是合法、而且他們也鼓勵這種行為。在集中營裡，偷竊行為會被納粹黨衛軍禁止，但卻被公務員認為是合法交易行為。囚犯彼此間發生偷竊行為，通常都會祭以懲處，但偷的人和被偷的人受到的處罰一樣多。筆者現在想問讀者，好好想想集中營裡「善」與「惡」、「正義」與「不正義」到底該怎麼定義？請根據筆者上述所勾勒的景象與所提的例子，好好想一想，鐵絲網裡這個世界的道德秩序如果搬到我們生活的日常道德世界裡，我們的世界還走得下去嗎？[6]

除此之外，集中營裡「灰色地帶」（the gray zone）的問題也包括，有些囚犯想盡辦法討好納粹管理者，希望讓自己日子稍微好過些。但是，討好這些納粹的方法，就是加入欺壓其他囚犯的行列。Levi 這樣描寫了那些向納粹輸誠的人：

> 如果讓他擁有可以操控一群亡命人生死大權的機會，他會搖身一變成為殘酷暴君，因為他深知，如果他不這

麼做，會有另一個看起來更願意做這種事的人搶走這個
好位置。此外，在被壓迫時，他內心滿懷的怨恨無以宣
洩，現在就可藉機毫無理性地加倍奉還到其他受難者身
上。只有當他感到自己從納粹管理者身上受到的氣可以
轉嫁到這群可以被自己欺壓的人身上，他的心理才會舒
坦些。

筆者很清楚，現在刻劃出這樣的圖像與一般被壓迫的受
難者所說，大家都是團結一致的，即便沒有一起反抗，
至少在一起面對苦難，是大不相同的。[7]

　　從 Levi 親身經歷所見，納粹之所以能瘋狂進行大屠殺，
主要就是將人物化、工具化。因為不承認他們所排斥的人是
跟德國人一樣，是具有個體生命尊嚴的存在，因此對他們進
行殺戮並無妨。在《如果這算是人》的第二章〈跌落谷底〉
（"On the Bottom"），Levi 這樣描寫奧茲維茨「滅絕營」（extermination
camp）是如何滅絕人的：

想像一下一個人被剝奪自己所愛的所有人時，同時也失
去了自己住的屋舍、自己的衣服、日常生活的習慣、衣
服、褲子、與自己擁有的所有一切。他剩下的，只是一
個行屍走肉，只知被虐與饑寒，完全忘卻尊嚴與自我節
制，因為失去一切所有的人也最容易喪失自我。這種人

的生死可以在毫無人性溫暖的情況下被任意定奪，幸運的頂多就是依照還剩下多少利用價值來被判定。在這個層次上，我們可以了解「滅絕營」涵蓋的雙重意義，而大家也可知道，何以我們會用「跌落谷底」來形容此地的生活。[8]

如果 Levi 一生只寫《如果這算是人》一書，也許他在大屠殺歷史記憶工作上的意義就像 1986 年諾貝爾和平獎得主 Elie Wiesel 那樣，不斷強調歷史記憶的重要性。然而，Levi 的作品之所以日久彌新、受到越來越多重視，甚至在他過世將近三十年後，他著作的英譯本全集（*The Complete Works of Primo Levi*）[9] 於 2015 年在美國正式出版。凡此種種都讓人看到，Levi 對歷史記憶問題的省思，在境界上，有超越一般人談論「歷史記憶」的更高層次。

他在出版第一本書《如果這算是人》整整四十年後，Levi 出版了自己最後一本書：《淹沒與獲救》（*The Drowned and the Saved*, 義大利文初版：1986）。在這本書的序言裡，Levi 回顧這四十年來歐洲對納粹集中營所做的歷史記憶，他認為其中存在一個很麻煩的問題：亦即還活著、而且願意繼續為歷史做見證的人，因為受到閱讀其他人對集中營回憶錄的影響，不知不覺中，大家所說的話越來越成為「模糊不清、而且制式化的回憶」（blurred and stylized memories）。[10] 面對集中營真正殘

酷的真相（包括體制上故意引發獄友之間互相欺凌），[11] 他只能
很感慨地說：

> 相隔這麼多年之後，今天我們可以很確切地說，集中營
> 的歷史幾乎是被像我這種沒有真正看到究竟可以慘成什
> 麼樣的人寫出來的。那些知道集中營真正慘狀的人，不
> 是再也回不來了，不然就是因為他們當時受苦太深或驚
> 嚇過度，已經心魂皆喪，無法再做任何觀察。[12]

　　Levi 的浩嘆反映出他深切了解到，檯面上所謂的「歷史
記憶」本身其實掩蓋了不少歷史真相。當初為了法庭審判，
集中營受害者先前所做的陳述都是從一致的角度對納粹政權
提出控訴，因為受難者控訴加害者本來就是天經地義。但是，
這種單一方向的控訴在無形中，也掩蓋了集中營生活部分的
真實情況。例如，集中營受難者之間互相欺凌的事實，有些
人自甘成為納粹走狗，欺負剛被送來集中營的新難友。對此，
Levi 在《淹沒與獲救》一書裡寫道：

> 淪為囚犯的人沒有人會忘記，剛遭遇到以下這些狀況
> 時，他是如何地詫異：自己第一次被恐嚇、第一次被侮
> 辱、挨到的第一個拳頭──這些都不是出自於納粹黨衛
> 軍，而是那些做納粹同路人的獄友；那些跟我一樣穿著

條紋獄服的神秘人物，他們專門欺負新來的菜鳥。[13]

　　Levi 在意的，並不是算舊帳，而是想揭開集中營體制如何把人徹底異化之全貌。他要揭露納粹如何利用人與人之間的互相踐踏與不信任，輕而易舉地控制所有被囚禁的人。他在《淹沒與獲救》第三章〈恥辱〉裡還寫下：

　　我必須重複——我們這些生還者，並非真正的歷史見證人。這是令人很不舒坦的見解，但當我這麼多年來閱讀他人所寫的集中營回憶錄，同時也隔了好長一段時間後重讀我自己以前寫的回憶錄，我越來越清楚意識到這個事實。我們這些生還者不僅是比例極小下一群不尋常的少數，我們也靠著言語閃爍、別具能力，或運氣夠好而躲過致命災厄，沒有真正觸到集中營悲慘深淵的最底層。那些死去的人，那些正面照見死神煞星的人，他們已經無法回頭告訴我們真正悲慘的遭遇長什麼樣；或者，即便他們倖存，都已心魂皆喪、無法言語了。這些人是那些新進來的菜鳥，那些被淹沒的人，他們才是真正的歷史見證者，他們的證詞才真的有效力。這些死去的人才是集中營真正的常態，我們這些生還者都是例外。[14]

　　Levi 所言這些面向的歷史記憶很不容易獲得世人掌聲，
當然也不會進入紀念園區公開展示的歷史記憶內容。然而，
它們是不是「歷史記憶」該記憶的內容呢？

　　與 Levi 立場類似的，也可在著名的猶太裔政治思想家
漢娜‧鄂蘭（Hannah Arendt）的看法上得到印證。她在耶路撒
冷旁聽納粹戰犯審判時，以高度的道德勇氣與批判勇氣寫出
一篇篇即時報導，除了有關艾希曼（Eichmann）不知悔改的醜
陋外，同時也探討猶太人在協助遣送自己同胞到集中營過程
中所做的各種共犯行為。當這些文章在《紐約客》（The New
Yorker）發表時，只想看到艾希曼被處死的猶太同胞對鄂蘭發
動鋪天蓋地的猛烈攻訐，批評她是猶太人的叛徒，如電影《漢
娜‧鄂蘭：真理無懼》（Hannah Arendt: Ihr Denken veränderte die Welt,
2012）所呈現的情節那般。如果現在大家只記得鄂蘭指責艾
希曼是「邪惡的平庸」之具體化身，應該想想，這種片面式
的重視其實忽略了，鄂蘭關心的，是普世性「惡之本質」的
問題。在她心目中，若要好好討論這個問題，除了檢討納粹
罪行外，也應將猶太人何以願意加入納粹加害者共犯集團，
一起迫害自己同胞的問題一併討論。

　　Levi 對集中營受難者人性問題的探問，在他活著時很少
有人願意認真以對，但在他過世一個世代之後，卻受到高度
重視。究其原因，過去與「歷史記憶」相關的討論傾向於去
強調，「記憶」連結到「認同」（identity），因此「我學習記

住什麼」與「我是誰」被視為緊密相關的連結。但也因此，有關「歷史記憶」的問題經常避免不了淪為戰爭。

　　換句話說，當我們在說「歷史記憶」很重要時，究竟是在說什麼？是用平和的敘述語氣說：「某些事情很重要，應該被記住」？還是，是用命令句說：「某些事情**絕對**不可被忘記」？為了強調「**絕對**」這個命令句的正當性，「不可忘記」被說成是與「認同」息息相關。好像沒有維持住**絕對**應該要有的「記憶」，就會失去「認同」，而人存在於世不能沒有「認同」。

　　真的是這樣嗎？

　　在談到「歷史記憶」相關問題時，往往被忽略的是，人類的「記憶」常隨著所處情境的變遷有所不同，「記憶」其實是不穩定的。誠如著名的記憶研究學者 Daniel L. Schacter 在《記憶七罪：我們的心智如何遺忘與記憶》（*The Seven Sins of Memory : How the Mind Forgets and Remember*）[15] 一書裡指出，我們日常生活裡的記憶很容易產生以下七種現象：轉瞬即忘（transience），心不在焉（Abesent-mindedness），被卡住了、不管怎麼想就是想不起來（blocking），錯誤歸因（misattribution），可受暗示性／可受建議性（suggestibility），偏見（bias），縈繞糾結（persistence）。因此，我們應該對「記憶」先天具有變動性與不穩定性有清楚的覺知。親身經歷過巴爾幹半島種族大屠殺的受難者 Miroslav Volf 是一位神學家，回顧自己家鄉曾經

深陷在「記憶」與「認同」引發的殘酷屠殺，他以縫製「百納被」來形容人類「主動」縫製記憶的行為：一部分從不斷湧現的記憶片段裡，選擇自己當下認為有意義的片段加以組合；另一部分又縫進別人與外在環境提供給我們的材料。他認為，既然我們不斷地在縫補與打造自己的記憶，那我們的「認同」就不會只是取決於「我們記得什麼」，而是也包括「我們如何記得」，「別人如何看待我們所抱持的記憶」，「我們如何面對當下所抱持的記憶，如何回應過去的記憶」，以及「我們如何透過展望未來，面對過去曾有的記憶」等等。換言之，我們並不是過去的奴隸。Volf 強調，「我們大於我們所擁有的記憶」（we are larger than our memories）。而我們如何處理過去的記憶，取決於我們如何看待自己所處的現在，以及懷抱何種願景展望即將邁入的未來。16

　　針對這些問題，著名的歷史學者、同時也是納粹受難者遺族 Carlo Ginzburg 也發表過同樣具有深刻啟發意義的看法：

> 我們把「歷史」這個概念斬釘截鐵地連結到「記憶」（remembrance, memory），這是有問題的。我們喜歡把歷史視為人類的集體記憶，但集體記憶之所以能夠成立的前提是「遺忘」。在近現代國族主義或二十世紀主要的意識形態建構運動中，我們可以看到，集體記憶之所以能成立，正在於它成功地把某些東西「遺漏掉」（left

out）：歷史因此能被轉化成一系列可被符號化或抽象化的特質，而這些特質可以連結到「光榮的過去」——革命、戰爭、階級鬥爭、日耳曼、瑪麗安（Marianne）、無名英雄……等等。即便是個人的記憶，就本質而言，也是有選擇性的——我們只記得自己沒有忘記的東西。因此，我們要認清，「記憶」與「遺忘」是交織在一起的。這也就是猶太歷史學者 Yosef Yerushalmi 爲何會說，「遺忘」眞正的反面不是「記憶」，而是「公義」（justice）。換句話說，歷史最終所追求的「公義」，正是「判斷」（judgement）這個字原來的字源。我認爲，今天若要談歷史意識，「公義」會是最好的思考方向。[17]

23
如何撫平大屠殺
留下來的世代傷痛？

只是共存，難有和平；
和平必須透過同心齊力才有可能。
FRIEDE IST NIEMALS DURCH KOEXISTENZ,
SONDERN NUR IN KOOPERATION MÖGLICH.

——德國哲學家雅斯培斯（KARL JASPERS）——

在愛裡，沒有懼怕。

——新約〈約翰一書〉4: 18——

　　哈佛大學法學院教授 Martha Minow 在她所寫的書《在報復與寬恕之間：面對種族大屠殺與大暴行之後的歷史》（*Between Vengeance and Forgiveness: Facing History after Genocide and Mass Violence*, 1998）寫到一句經常被引用的名言：「慘烈暴行之後，難以善了。」（"There are no tidy endings following mass atrocity."）其實不只是在暴行之後，二十世紀許多曾經發起轉型正義工程的國家，在結束這項巨大政治工程後，還是會發現，歷史的裂痕不會因為有司法或和解運動的介入，就可以完全「善了」。[18]

　　畢竟，人心是肉做的。家庭裡流傳的歷史記憶，在強韌度上遠超過教科書與官方認定的說法。對這些問題，最了解箇中三昧的，應該就是在二次戰後接受西方各國對納粹戰犯審判、也自行對納粹受害者付出巨額賠償金的聯邦德國。

　　有鑒於所謂「揭開歷史真相」與「司法審判」並不能完全撫平歷史傷痕，而需要有更實際的、人與人之間直接的情感交流來參與，因此聯邦德國各種非政府組織（NGO）就肩負起透過志工服務，來化解自己國家與他國之間歷史冤仇的重責大任。

　　1958 年 4 月 30 日，克萊辛（Lothar Kreyssig）法官在全德基督新教大會（EKD）上呼籲：「我們請求能夠擁有和平。」（"Wir bitten um Frieden."）希望為年輕世代成立「為贖罪而行動和平志工服務」（Aktion Sühnezeichen Friedensdienste, 簡稱 ASF. 英譯：Action Reconciliation Service for Peace）。在納粹執政時期，克萊辛眼見當時

德國新教教會支持希特勒政權，昧於信仰樂作大屠殺幫兇，自 1934 年起，便參與了反希特勒的「告白教會」（Bekennende Kirche），與少數教友兼戰友積極從事反抗運動。1958 年，他發起全德志工服務行動，不是為了讓西德快速達到與各國「和解」的目的，而是希望以實際的服務行動，懇求世人原諒。1959 年起，他們的志工服務從荷蘭開始，依年逐漸擴及挪威、希臘、法國、英國、南斯拉夫……等國。主要服務對象是納粹受難者、各地社會邊緣人與殘障人士。1961 年起，更前往以色列。ASF 的志工到以色列養老院為這些自小說德語的猶太長輩服務，陪他們讀童年時讀過的德文書，也從這些生還者口中親聆他們訴說過去的歷史，了解他們的感受。[19]

　　然而，隨著 1961 年 8 月柏林圍牆蓋起來，東西德基督新教無法再一起合作，這個志工服務團便由西德新教教會繼續負責下去。只要是曾被納粹直接或間接肆虐過的國家，這個志工服務團每年都會派遣總計約 180 名志工（大部分是年輕人）前去為受難團體做社會服務。希望藉此喚起西德年輕人勇於面對歷史錯誤的意識，並積極表現德國人懇求世人原諒的誠意。1967 年起，ASF 更在德波邊境的奧許維茨集中營紀念園區辦理為期二至四週的研習營，讓學員透過研讀檔案史料、以及與生還者對談，持續培訓下一代志工。

　　1996 年起，ASF 開放名額讓非德國籍的猶太受難者後代有機會到德國相關機構服務。因此，今天在「萬湖會議之屋

紀念園區」（Gedenkstätte Haus der Wannseekonferenz）這個最具特定歷史代表意義的地方，不時可以遇到導覽志工是由猶太受難者後代來擔任。

為什麼要特別選擇「萬湖會議之屋紀念園區」來進行這項意味深長的歷史和解工作呢？

位於柏林郊區的萬湖（Wannsee），十九世紀時，是德意志帝國首都名人巨賈豪宅群聚處。其中有一棟別墅原為實業家 Ernst Marlier 所有，名為「馬利爾別莊」（Villa Marlier）。這裡後來成為納粹史上著名的「猶太人最終解決方案」（Endlösung der Judenfrage）——也就是消滅全歐洲猶太人計畫——協商、簽訂之處。1942 年舉行的這個會議被稱為「萬湖會議」（Wannseekonferenz），因此這棟別墅日後被稱為「萬湖會議之屋」（Haus der Wannseekonferenz, 圖 1）。

馬利爾別莊原是由十九世紀下半葉德國著名建築師 Paul Baumgartner 依照義大利鄉間別墅風格設計的豪宅。同樣在萬湖邊，還可見到普魯士皇家藝術學院院長李伯曼（Max Liebermann, 1847-1935）的別墅（Liebermann-Villa, 圖 2），建築設計同樣是由 Baumgartner 負責。

1941 年，馬利爾別莊落入當時納粹黨衛軍（SS）統帥 Reinhard Heydrich 掌管的基金會（Stiftung Nordhav）之手，Heydrich 遂將這棟豪宅改為納粹黨衛軍軍官招待所。1942 年 1 月 20 日他在這裡召開「萬湖會議」。由惡名昭彰的艾希曼

1.

萬湖會議之屋

（Haus der Wannsee-
konferenz）。

2.

在柏林萬湖邊的

Liebermann-Villa。

（Adolf Eichmann, 圖 3）負責規劃大規模快速屠殺猶太人的方法。在他所起草的「最終解決方案」裡，他將滅絕全歐猶太人的計畫鉅細靡遺地條列出來（圖 4）。1947 年在德國外交部檔案館找到這個草案時，的確讓大家清楚看到，納粹時代德國如何以國家公權力高度介入屠殺猶太人的重大罪行。

　　「萬湖會議之屋」之所以能成為紀念園區，與納粹反抗者及奧許維茨集中營生還者吳爾弗（Joseph Wulf, 1912-1974）息息相關。猶太裔的吳爾弗從集中營生還後，緊接著又歷經「死亡行軍」（Todesmarsch）的危難，終於在 1945 年春從行軍隊伍中脫逃成功。在北歐與巴黎停駐數年

3.

柏林大選侯街 115 號 (Kurfürstenstraße 115) 過去是納粹國安部猶太人事務總部，也就是艾希曼上班的地方。如今，這附近的巴士站特別展出艾希曼在耶路撒冷大審受審時的歷史照片，以提醒來往路人，對納粹所犯的歷史錯誤「永遠不可遺忘」(Never Forget)。

後，他於 1952 年重返柏林定居，不少家人則在二戰期間罹難。身兼納粹反抗者、受難者與生還者，他在 1945 年 2 月就加入波蘭的「猶太歷史委員會」（Jüdische Historische Kommission）；在巴黎時結識法國專門研究種族主義與納粹政權的歷史學者 Léon Poliakov（1910-1997）後，更積極與他合作，廣蒐歐洲各國史料文獻（包括美國位於西柏林的 Document Center 所藏之資料），針對納粹的意識形態、文化政策、滅絕猶太人的種種作為進行深入研究。1955 年，他們在西德出版了第一本關於納粹滅絕猶太人歷史的專書《第三帝國與猶太人。史料與論文》（*Das Dritte Reich und die Juden. Dokumente und Aufsätze*）；[20] 隔年又出版《第

Land	Zahl
A. Altreich	131.800
Ostmark	43.700
Ostgebiete	420.000
Generalgouvernement	2.284.000
Bialystok	400.000
Protektorat Böhmen und Mähren	74.200
Estland	– judenfrei –
Lettland	3.500
Litauen	34.000
Belgien	43.000
Dänemark	5.600
Frankreich / Besetztes Gebiet	165.000
Unbesetztes Gebiet	700.000
Griechenland	69.600
Niederlande	160.800
Norwegen	1.300
B. Bulgarien	48.000
England	330.000
Finnland	2.300
Irland	4.000
Italien einschl. Sardinien	58.000
Albanien	200
Kroatien	40.000
Portugal	3.000
Rumänien einschl. Bessarabien	342.000
Schweden	8.000
Schweiz	18.000
Serbien	10.000
Slowakei	88.000
Spanien	6.000
Türkei (europ. Teil)	55.500
Ungarn	742.800
UdSSR	5.000.000
Ukraine	2.994.684
Weißrußland ausschl. Bialystok	446.484
Zusammen:	Über 11.000.000

4.

漢娜‧鄂蘭在《平庸的邪惡：艾希曼耶路撒冷大審紀實》一書裡討論的主角艾希曼在「萬湖會議草案」中，詳細列出歐洲各地應被滅絕的猶太人數目（Wannsee List）。

三帝國及其侍從》（*Das Dritte Reich und seine Diener*）；[21] 1959 年則
針對納粹意識形態編造者的相關史料編纂了《第三帝國思想
的建構者：史料集》（*Das Dritte Reich und seine Denker. Dokumente*）；
[22] 1963 年，他甚至針對納粹政權偏好的藝術出版了《第三帝
國時代的視覺藝術》（*Die bildenden Künste im Dritten Reich*）。[23]

　　作為戰後德國納粹歷史研究的先驅與推動者，吳爾弗
於 1965 年呼籲，應將「萬湖會議之屋」改為「國際研究納粹
歷史及其後續效應史料中心」（Internationales Dokumentationszentrum
zur Forschung des Nationalismus und seiner Folgeerscheinungen）。剛開始時，
西柏林市議會並不願意。即便世界猶太人會議（World Jewish
Congress）在 1967 年承諾，願意提供所需經費來促成這個構想
落實，但仍被西柏林市議會否決。當時的西德主流社會還沉
浸在打造了戰後「經濟奇蹟」的榮景中，對吳爾弗的努力不
願意給予太正面的回應。作為奧許維茨集中營受難者，吳爾
弗雖然得以生還，但卻留下許多難以平復的心靈創傷。1974
年 10 月 10 日，他從自家住宅跳窗自盡。在此之前兩個月他
寫信給兒子大衛，其中提到：「我在此地出版了十八本關於
第三帝國的書，但這些書完全無法發揮影響力。」[24]

　　吳爾弗的哀感不是無故而發，但應從不同層次來理解。

　　根據 Nicolas Berg 在《納粹大屠殺與西德歷史學者：
研究史與歷史記憶》（*Der Holocaust und die westdeutschen Historiker:*
Erforschung und Erinnerung, 2003）所做的研究，1955 年當吳爾弗出版

《第三帝國與猶太人。史料與論文》時，其實獲得西德媒體
與學術界高度迴響，因為當時主流社會避談納粹過往的禁忌
終於被他打破了（Tabubruch）。雖然此書的銷售情況還不到「暢
銷書」的地步，但至少可以用佳評不斷來形容。但是，吳爾
弗之所以仍感失望，是因為大家並沒有將這本書視為「經典
之作」（Klassiker），因而在他個人的感受中，大家給予的評價
讓他失望。[25]

　　從另一方面來看，1956 年，吳爾弗出版《第三帝國及
其侍從》後，當時慕尼黑當代史研究所（Münchner Institut für
Zeitgeschichte）所長 Martin Broszat（1926-1989）寫了一篇名為〈當
代史史料編纂問題〉[26] 之書評對吳爾弗進行抨擊。Broszat 認
為，吳爾弗的論述為「爭議之論，不具學術價值」；從方法
論來看，吳爾弗編纂的書在史料蒐集上也不夠嚴謹。Broszat
說，這種書除了具有新聞媒體嘲諷效應外，對應該與歷史事
件本身保持適當距離的學術研究並無貢獻。Broszat 甚至還認
為，史料編纂不應成為政治遊說工具，納粹歷史研究不應交
由集中營猶太生還者來擔任。[27]

　　回顧這段受難者歷史書寫被西德史學界位居要津的學者
以「學術水準」為由壓抑下來的研究史過往，Berg 指出，這
是一種「納粹共犯掌控下的歷史書寫」（Mitläufererzählung）。[28]
這些假學術之名、卻不願意坦誠面對受難者遭遇的學者，只
在乎學術論文的形式應該如何呈現才叫正確（wie / how），但

對於為何發生這些慘絕人寰之事的原因 （warum / why）卻毫無興趣。[29]

　　為了紀念「萬湖會議」五十週年，吳爾弗當年提出的構想終於在一九八〇年代下半葉被西德政府重新接受。1992年，「萬湖會議之屋」被改為「萬湖會議之屋紀念園區」（Gedenkstätte Haus der Wannseekonferenz）。隨著這個紀念園區的成立，自九〇年代起，吳爾弗當年努力編纂史料的用心終於受到大家肯定。因為每個到此參訪的人，都會聽聞到他曾經付出的許多努力。雖然吳爾弗本人無法親眼見到這個理想實現；但是，在這個紀念園區裡，如今反而有猶太受難者的後裔透過ASF的交流計畫，到這個曾經擘畫以殘酷手段滅絕他們族人的陰影之地擔任志工。

　　對這些受難者的後裔而言，能夠毫無拘束地在此尋求自己長期以來困惑不解的答案，解除心中的地雷禁忌區，意義重大。他們也許冒著家人的不諒解而來，但是當他們可以用導覽志工的身分，將自己在此找到的答案與世界各地來此參訪的觀眾自由分享時，他們自小在家庭生活無形中感染到的負面思考減少了許多。過去，在以色列，他們的視角是受難者的視角；但在這個紀念園區裡，他們開始接觸到大量加害者的資料，這讓他們有豐富的史料資源，從多元的角度慢慢建構自己對這一段歷史的認知。

　　知識與思考之外，可以無所不談本身就是很好的療癒，

這讓他們放下了過去在家庭生活裡學到對德國人的心防與下意識保持的距離。[30] 當然，「可以無所不談」的基礎在於，德國透過轉型正義，的確把自己打造成一個以人權與人性尊嚴為基礎的民主法治國家。此外，德國的歷史教育不再被特定保守勢力操控，而是以開放的態度，面對世界各方對他們納粹過往的質問。

美國著名的文學評論家 Geoffrey Hartman 在《最長的陰影：納粹大屠殺留下來的創傷》（*The Longest Shadow: In the Aftermath of the Holocaust*, 1996）一書裡曾說：「在這個敏感的區塊，傷痕與療癒很難分得開。」（"Wound and cure, in this sensitive area, are hard to tell apart."）[31] 是的，重大歷史創傷的確很難在三、四個世代間「善了」。但透過「可以無所不談」，當揭開傷痕的同時，如果能彼此坦白、願意以真誠面對過往的心互相看見，療癒終究會在彼此心中慢慢展開。

24

轉換悲情：重新看
「戰火下的孩子輩與孫子輩」

我又有一個對抗槍聲恐慌症的新處方：槍聲太大時，趕往最近的木梯，跑上跑下幾回，而且至少一定要跌倒一次。跑來跑去跌倒會產生摩擦聲和其他聲響，你就不會去注意槍聲，更不用擔心了。鄙人我已經試過這道神奇藥力，十分有效！

——安妮‧法蘭克（ANNE FRANK）[32]——

　　不管戰勝或戰敗，平民百姓永遠是戰爭最大的輸家。而加害者與受害者的後代都同樣有心理創傷的問題需要面對。在從事轉型正義的同時，不要忘記好好處理這個至關重要的區塊。畢竟，在政治與法律之外，人的心靈如何復返健康，社會心理如何走向願意彼此互相扶持，更是需要好好來處理。

　　二次戰後至一九八○年代，德國人雖然普遍避談納粹過往；但在此同時，他們都眼睜睜地看到，許多男人從戰場回來後，身心受到嚴重創傷。沒有出門打仗、留守在家園的婦女，也有許多人被占領軍強暴。被強暴的少女，絕大部分無法從父母處得到安慰與幫助；有些少女的母親甚至於也是慘遭強暴的受害者，因此造成許多婦女長期以來對自己作為女性的認同十分低下。此外，還有 1,400 萬德裔百姓從東歐被驅趕到戰後滿目瘡痍的西德（其中約有 50 萬人在逃難途中過世，圖1），以至於戰後西德處處可見離鄉背井的人，以及孤兒、寡婦（圖2）。德國人既是發動戰爭、殘害六百多萬人的加害者，同時也是自己陷自己於熊熊戰火摧殘中的受害者。然而，因為二戰傷亡太慘重，德國社會對於自己人民受害的問題，一直很難談，即便到現在。

　　的確，加害者如何以受害者的身分自傷自憐呢？

　　戰後西德人在心理上經歷的這般重大危機，直到 1967 年心理分析師米雪莉西（Alexander & Margarete Mitscherlich）夫婦出版《無力哀悼》（*Die Unfähigkeit zu trauern*）[33] 一書，才首次被清楚

1.

1948 年 8 月從波蘭被驅趕到西德的德裔兒童難民。

2.

1945 年 11 月柏林 Lichtenberg 區的反法西斯婦女委員會發起行動，收容 180 位難民與因戰爭失去家庭的孤兒。圖為一位孤兒與他的新媽媽合照。

Bundesarchiv, Bild 183-N0301-373/ Photo: Otto Donath

地刻劃了出來。這本受到高度矚目的書提到，能夠對自己錯誤的行為產生罪惡感，進而懂得「哀悼」，前提是犯錯的行為者必須能從「獨立個我」（Individuum）的角度同理去感知另一個「獨立個我」內心的傷痛。而一個人是否具有這種同理別人痛苦的能力，取決於童年期自我認知是否受到良好的養成。換言之，是否具備足夠的心理素質，可以真切地（而非扭曲或盲目地）看待他人在自己生活周遭共存這個事實。米雪莉西夫婦提到，二戰後的西德人以壓抑的態度避談納粹時代的種種，不希望因為道歉導致自尊受損，但反而因此讓社會重回二戰時期那種父權至上的硬派作風，不願意顯露情緒，也找不出適切的表達方式，對納粹受害者表示自己內心的悼念。因為拒絕承認別人跟自己一樣，有權揮別歷史陰影以追求當下與未來的幸福，結果反而讓自己一再錯失好好道歉認錯的良機。

在六八學運遍地開花的前夕，米雪莉西夫婦在西德開了第一槍，尖銳地對當時西德社會的心理危機提出清醒的批判。這不僅戳破了大家一味沉浸在戰後十年就快速創造出「經濟奇蹟」（Wirtschaftswunder）背後潛藏的心虛；同時也指出，戰後西德社會表面上雖有美國幫助他們建構的民主法治架構，但在社會心理上，大家仍停留在過去的威權傳統裡，以至於當時的德國社會雖有很多人在戰爭中失去父親（vaterlos），但竟然處處處充滿父權思想與作風。

　　如何去除這種父權心態？政治、社會檯面上可以清楚看
到的，是西德社會長達十二、三年的「六八學運」（1967-1980，
圖 3）。在冷戰時期，戰後出生的西德年輕世代在政治上要求
西德徹底丟開納粹的「英雄主義」與「國族主義」，追求真

Bundesarchiv, B 145 Bild-F024827-0005
Foto: o.Ang. | 27. Mai 1967

3.

1967 年 5 月 27 日至 6 月 4 日伊朗的巴勒維國王（Schah Mohammad Reza Pahlavi）夫婦（前排中間站立者）接受
西德政府邀請前往西柏林訪問，激起西德大學生群起反彈，抗議西德執政者不該與這位自稱為「亞利
安人之光」的納粹支持者為伍。這個不滿的情緒因為 6 月 2 日柏林的大學生歐能佐格（Benno Ohnesorg）在
示威抗議活動中被警方槍殺，爆發成全國性學生運動，成為歐洲「六八學運」先鋒（雖然時間早於 1968
年）。西德的六八學運後來有一部分走向極端化，成為「赤軍連」。直至 1980 年，部分學運重要參與
者組成「綠黨」，西德六八學運才由體制外抗議運動走向體制內的改革路線。

正的民主深化；在社會上則追求更多階級與性別平等。然而，因為後來學運激進派走向「赤軍連」的暴力抗爭，不時以綁架或暗殺的方式表達對政府高層與企業權貴的不滿，以至於引發社會越來越正反兩極的看法。赤軍連引發的社會驚恐與對立，讓大家難以從深層的心理層次面對戰後西德社會隱而未顯、卻普遍存在的巨大心靈創傷問題。

　　這樣的情況一直延續到一九八〇年代中葉，心理分析教授拉德博醫師（Hartmut Radebold, 1935- ）開始從自身經驗意識到「戰火下的孩子輩」（Kriegeskinder, "war children"）遭遇到的心理困

4.

戰後柏林滿目瘡痍。照片可見 1947 年柏林居民在布蘭登堡門前的荒地種菜維生的景象。

Bundesarchiv, Bild 183-M1015-316/ Photo: Otto Donath

境。所謂「戰火下的孩子輩」是指 1928 年至 1947 年出生的那一輩德國人，也就是拉德博醫師自己身處的世代。這個世代有什麼樣的心理困境呢？

　　拉德博醫師以自己為例，說他在 50 歲以前，對戰爭與戰後生活的記憶只有自己經歷過的一些事情，但他對這些事情卻沒有任何感覺。為什麼呢？他說，1943 年，他原本住在柏林，年紀 9 歲。當時家裡被炸，寒冬裡，他又飢又寒地被帶到一個今天屬於波蘭的邊境小村。直到 1945 年初，他們在零下 20 度的冰天雪地裡，被蘇俄紅軍拿著槍從後面驅趕離開。當時在逃難的路上到處可見樹上吊掛著屍體。像他哥哥（當時 15 歲）那般年紀的男性，則統統被蘇聯紅軍抓走，婦女則免不了被紅軍抓去做性服務。戰後，他與母親回到柏林，從姑姑那裡得知父親過世的消息。母親得知噩耗後，一夜之間頭髮全白，從此沒有再流過淚。1947 年，哥哥因受重傷從俄國被遣返。回家後，兄弟兩人卻各自活在自己傷痛的內心世界裡，不曾交談過彼此的心情，家人之間的談話也完全迴避戰亂喪亡帶來的悲傷（圖 4～5）。直到 1993 年，他跟哥哥才有勇氣一起閱讀父親在二戰期間留下來的日記，回顧他們從來就不願意去回想的過往。從自己的生命經驗來看，拉德博醫師說，很多人以為，小孩在長大成人的過程中，自然而然會忘掉成長期間所歷經的夢魘，這是完全錯誤的。反之，創傷經驗會在他們日後的發展上，留下難以抹滅的深刻影響。

　　躲空襲、逃難、被驅逐、生病、失怙、失母、或失去兄
弟姊妹的經驗，是許許多多「戰火下的孩子輩」共同的歷史
經驗。拉德博醫師指出，有些人壓抑了一輩子，等到猛然驚
覺自己內心深埋著那麼難以回首的戰爭記憶時，即便有些人
日後在事業上相當有成就，但仍然很容易突然陷入憂鬱症的
狀況，光是聽到某個特別相關的年分，就會淚流不止。這樣

5.

1943 年 8 月 25 日杜塞爾道夫（Düsseldorf）遭盟軍空襲。大學生與納粹青少年迅雷救助
隊（HJ-Schnellkommandos）幫忙救火。誰能想像得到，盟軍連番的大空襲與親眼目睹大
火燒屋的恐怖經歷，埋下了這些在當時看來英勇救火的青少年中晚年時必須辛苦面
對「創傷後壓力症候群」的問題。
Bundesarchiv, Bild 183-J15960/ Photo: Genzler

驀地裡陷入憂鬱的情境，連拉德博醫師自己都體會過：不喜歡與人來往、睡眠狀況不良。在 55 歲時，拉德博醫師甚至經驗到，他在診療檯後方聽與自己同世代的病患講述病情時，做醫生的他竟偷偷地在病患後面拭淚，同時也開始不斷想起自己童年時，常在漫無人煙的街上看到的滿目瘡痍。這時他才驚覺到，不管是來求診的病患還是他自己所面對的症狀，並非他過去診斷的「中年危機」，而是戰爭帶來的「創傷後壓力症候群」（PTSD）。[34]

拉德博醫師指出，「戰火下的孩子輩」在年輕的時候，看起來都相當正常；但過了 45 歲以後，會陸陸續續出現一些症狀。尤其當自己的孩子開始獨立成家、他們必須面對退休以及晚年生活時，這時候精神方面的問題就會逐漸浮現出來。因為當外在世界加諸給他們的身分地位與世俗期待逐漸褪去時，他們開始重新回到「做自己」的狀態，這時他們就會發現，自己很難面對長期以來像是用厚厚水泥蓋（Betondecke）壓抑住的戰爭記憶。有的時候，甚至生活裡一件小意外或小插曲，都很容易引起他們的驚恐與過度反應，好像重回戰火下的槍林彈雨。即便像是與德國距離四千公里遠的波斯灣在 1991 年發生戰爭時，也會讓他們焦慮到難以成眠。

因為這些觀察與個人親身體會，拉德博醫師開始專注這個領域的研究，並於 2000 年出版第一本相關主題的專書：《缺席的父親：從心理分析角度看戰火下的童年帶來的影響》

（*Abwesende Väter. Folgen der Kriegskindheit in Psychoanalysen*）。[35] 2002 年，拉德博醫師與歷史學者羅伊雷克（Jürgen Reulecke）進一步合組「二戰與童年」（weltkrieg2kindheit）跨領域研究團隊，對二戰時期的德國兒童進行有系統的深入研究。根據他們的研究結果，二戰期間，德國約有六成的兒童與青少年在生活上受到戰爭影響。受到影響的兒童與青少年平均有 3 至 4 次逃難、被驅逐、空襲、受飢寒、被暴力脅迫、甚至被強暴的經驗。戰爭結束時，總計有四分之一（250 萬名）的德國兒童與青少年失去父親（全歐有 2,000 萬）；父母雙亡的兒童約有 20 萬。

　　根據上述的資料來看，如果以 2012 年德國超過 65 歲的人口有 1,650 萬人這個事實來看，若其中有六成是潛在的「創傷後壓力症候群」患者，那麼，二十一世紀初期的德國社會不僅是一個老年化問題相當嚴重的社會，而且其中約有一半的老年人口可能受到「創傷後壓力症候群」的糾纏。這個數字是相當可觀的。在「創傷後壓力症候群」患者身上很容易出現的症狀是，創傷記憶並不是規規矩矩按照時空前後次序清楚分類，在大腦裡有秩序地被儲存起來。反之，因為創傷後壓力經常不自覺地湧現，過去創傷的記憶經常會跳脫特定時空的記憶框架，不時冒出於其他正常生活的情境裡。因此，負面情緒會經常無緣無故就淹沒了正常生活的平靜安好。

　　2010 年拉德博醫師出版了另一本書《缺席的父親與戰爭年代的童年：超克陳年心理舊傷》（*Abwesende Väter und*

Kriegskindheit: Alte Verletzungen bewältigen）。[36] 這本書探討了「戰火下的孩子輩」面對納粹父親時，糾結的心理問題。拉德博醫師提到，有些向他求診的病患雖知自己的父親在納粹時代確實做了很多傷天害理的事，但仍下意識地高度理想化自己父親的形象。作為心理醫師，他會選擇要病患清楚地面對歷史真相。他認為，對這類病患有效的治療方式是，鼓勵他們寫下自己的傳記，將自己腦海裡的記憶與各種書信、日記、以及照片結合起來，透過公開或出版，跟自己的孩子以及外在世界對話。他認為，開啟這種有建設性的對話過程，效果跟心理治療一樣好。因為加害者的子孫不想正視過去，過去並不會因此就消失。反之，壓抑的心靈創傷──不管對加害者還是受害者──而言，心靈受創的「後果」是有跨世代感染給下一代（transgenerationale Weitergaben）的可能。畢竟孩子很容易受到父母親焦慮的情緒、或突如其來爆發的負面情緒所影響。

　　根據拉德博醫師的估算，全德國「戰火下的孩子輩」大約有 3%～5% 自二戰結束後，就一直被「創傷後壓力症候群」困擾。30%～35% 則隨著年齡漸長，病情轉趨嚴重。另有三分之一的老年人雖有病情，但因社會或家庭支援足夠，並不影響正常的生活。有些人的症狀表現在繼續被希特勒當年要求德國小孩從小要學會的規矩所制約，例如：不要顯露出情緒、打落牙齒和血吞、不准掉淚、節儉。因此，有些人從來就不丟舊東西，甚至連一條橡皮筋也捨不得丟；有些人則打死也

不願意接受別人幫忙，因為不想讓自己再陷入戰後初期深刻感受到的「無助」情境。[37]

　　綜合大量長期的研究，拉德博醫師呼籲，如果家中有長者出現這種受戰火影響的「創傷後壓力症候群」症狀，家人應該多傾聽、多讓他們把自己的傷痛經驗說出來；而且最好能就醫，或參與團體治療，千萬不要因為年紀大而放棄。畢竟在人生最後幾年，能夠沒有噩夢、沒有無端心情低落、或突感絕望，都是值得老人家追求的幸福。另外需要注意的還有，不要讓老人家獨自前往過去的傷心地，若要去，應有人陪伴。不然有時長輩會突然間陷入「情境再現／瞬間經驗重現」（flashbacks）的恐怖情境中，若一時之間突然想不開，很容易發生意外。

　　受到拉德博醫師研究的啟發，科隆的新聞記者 Sabine Bode 接著繼續追蹤，探討「戰火下的孫子輩」（Kriegsenkel, "war grandchildren"）在「戰火下的孩子輩」教養下，會遭遇到的問題。在她的訪查裡，所謂「戰火下的孫子輩」指的是 1960 至 1975 年間在戰後西德「經濟奇蹟」（Wirtschaftswunder）裡成長起來的那一代德國人。這一個世代的德國人有什麼樣的心理困境呢？我們可以用西德前總理柯爾（Helmut Kohl）的家庭悲劇為例說明。

　　2001 年，柯爾的太太安內蘿瑞（Hannelore）自殺身亡，成為國際矚目的新聞。這位前總理夫人出生於 1933 年，她來自

納粹家庭，父親在二戰期間從事軍火生意，但在戰爭結束前夕，年紀僅十二歲的她，多次遭到俄軍強暴，而且強暴後直接就被丟出窗外，以至於日後經常因脊椎舊傷感到不適。少女時代被強暴的陰影，一直是這位前總理夫人揮之不去的夢魘。1993 年，當她還在擔任總理夫人時，曾企圖自殺未遂；柯爾總理卸任後，在 2001 年捲入政治捐款醜聞時，安內蘿瑞便選擇在此時結束自己的生命。

柯爾家庭的不幸是典型的「戰火下的孩子輩」在自己組成家庭後，無力營造成功家庭幸福的悲劇。然而，安內蘿瑞的遭遇，影響所及的範圍，卻包涵了她自己的兩個孩子，也就是「戰火下的孫子輩」。柯爾總理夫婦的長子 Walter 與次子 Peter，在母親過世後，相繼為她寫了傳記，[38] 揭露了光鮮亮麗政治家庭背後的陰暗與不堪。可以想見，他們選擇打破沉默，把自己家庭生活的內幕公諸於世的做法，引起父子間極大的嫌隙。因為對父親柯爾來說，對難以面對的事保持沉默，是「戰火下的孩子輩」認為應該守住的界線。他們向來就希望，以一生的勤懇實幹，來證明自己確有享受戰後西德政治、經濟重振榮光的資格。

然而，「戰火下的孫子輩」卻不願意再繼續活得那麼不明不白了。自小在家裡，他們雖然擁有優渥的物質環境，但長期看到長輩對骯髒不合理的事只知保持沉默，對自己遭受不公平的待遇不知抗爭，對別人無端受苦的事同樣也不具備

同理心……等等，相當不以為然。他們雖然沒有經歷過戰爭的殘酷與戰後生活的困苦，但這並不表示他們是在快樂無憂的環境中長大。父母輩長期習慣的沉默，在他們心裡烙印下的，不啻是另外一種心靈創傷。他們無法與雙親無話不談，親子關係因為被重重心理陰霾屏障，也經常顯得不穩定。

　　Sabine Bode 追蹤探討上述這些現象，於 2009 年出版了《戰火下的孫子輩。被遺忘世代承受的重擔》（*Kriegsenkel. Die Erben der vergessenen Generation*）[39]。在書中，Bode 提到，她自己是屬於六八學運那個世代的人。那個世代的西德年輕人與父母親的關係通常也不好，但那種「不好」是屬於世代之間權力的抗爭。「戰火下的孫子輩」情況則不一樣。他們生長的大環境因為經濟富裕了起來，許多家庭問題或父母親長期情緒不穩定的問題反而因此被視而不見。小孩應從家庭與父母身上獲得安全感的問題，也常常因此被嚴重忽略。

　　不擅長表達情感與情緒（gefühlskalt），通常是年紀較長的德國人讓外界覺得德國人「冷漠」的主因之一。然而，這種「冷漠」外表的背後，卻有可能是納粹文化與戰爭留下來的心靈瘡疤。長期以來，這些瘡疤沒有被醫治，因此也沒有機會結痂。德國的軍國主義與法西斯主義，不僅帶給世人許多傷痛；作為加害者，他們自己在心靈上也蒙受了三、四個世代難以平復的創傷。

　　針對「戰火下的孫子輩」在親子關係上經常感受到的缺

憾，Bode 呼籲「戰火下的孩子輩」，用「無所不談」的開放
心態，跟自己的孩子好好談自己家庭真正的故事，不要再用
遮掩的方式迴避家人之間的溝通、對話：

> 戰火下的孩子輩經常選擇保護自己的父母，就像我們現
> 在還可以看到的許多例子那樣。他們不喜歡被自己的孩
> 子問倒。這是可以理解的。但如果他們在人世間最渴望
> 的，就是世界和平，那他們真的可以為家庭裡的和平好
> 好做些事。此刻就是他們從自己生命的陰影裡跳出來，
> 好好來說，他們真正知道的事。除了他們，又有誰能告
> 訴我們這些實情？ 40

　　即便天晴，仍是陰天，因為長輩心裡有難以打開天窗說
亮話的陰霾。這些陰霾，成為家庭文化裡見不得光的暗處。
戰後七十年，德國社會深深看到了這一點。深深地看到，只
是物質環境優渥，並不能帶給家庭真正的幸福，也無法為後
代創造健康成長的環境。不論是加害者或受害者，經歷戰爭
這一輩的長者如果不能坦然面對過去，子孫在這樣的家庭環
境裡成長，隱隱然都會受到陰霾心緒的影響。畢竟，束縛長
輩的心理暗影，常常會在無形之中繼續糾纏子孫，終而無法
讓後代子孫打從心靈深處感受到，自己是在明朗開放的家庭
環境裡長大。

　　2015 年，拉德博醫師以自己的心路歷程為例，寫了一本書：《探尋一位戰火下長大的孩子心路歷程中的蛛絲馬跡》（*Spurensuche eines Kriegskindes*）。[41] 在書的開頭，他寫了一段獻詞：

> 寫給戰火下的孩子輩，他們必須踏上一段悲痛、而且經常令他們頹喪不已的回顧之旅，以便能了解自己的成長歷程以及當時外在大環境帶給他們的影響。
> 因此，他們有責任好好去面對一種高度相左的情況：一方面去探究自己的家人在納粹時代以及二戰時期究竟想了什麼、說了什麼、做了什麼；在此同時，另一方面，對於當時種種外在的歷史情境帶給自己哪些摧毀性的創傷經驗，也要能坦白說出這些傷痛。

　　不僅受害者及其子女是戰爭傷亡的受害者，「加害者」及其子女也會因為加害者不願意坦誠面對過往、不願意面對自己心靈的創傷，遂讓自己陷自己於另一種形式的受害情境，而且還會讓這種心靈陰影長期所造成的後果，在自己家庭裡成為代代相傳的負面暗影。誠如米雪莉西夫婦在《無力哀悼》一書所指出，當大家對發生過的事噤聲，不願意讓歷史真相有被揭露的機會，後代子孫在這樣的環境中成長，他們在不自覺中真正學到的，就是不要相信自己真實的感受。然而，一個不相信自己真實感受的人，也不會相信別人的感

受。當大家生活在一個互信薄弱的社會，所有的人──不管
是加害者還是受害者的後代──只有繼續當受害者。

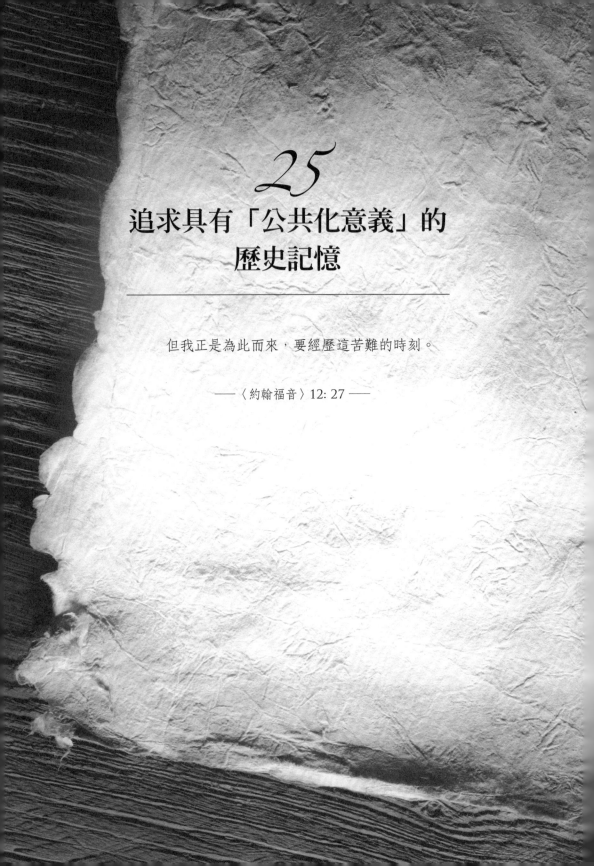

25
追求具有「公共化意義」的
歷史記憶

但我正是為此而來，要經歷這苦難的時刻。

—〈約翰福音〉12: 27 —

　　在文豪歌德（Johann Wolfgang Goethe, 1749-1832）一生發光發熱的城市威瑪（Weimar）附近，有一個著名的布痕瓦德（Buchenwald）集中營。這個集中營如同撒克森豪森集中營那般，二戰期間是納粹集中營，在二戰之後則被蘇俄改做特別監獄（Speziallager Nr. 2）以及勞改營（Gulag）。1952 年起，東德政府開始籌備將此地改成國立紀念園區（Nationale Mahn- und Gedenkstätte Buchenwald），這是繼普勒層湖（Plötzensee）納粹受難者紀念碑之後，42 東德政府對納粹屠殺歷史成立的第二個紀念性地標。然而，東德政府對納粹過往採取的歷史記憶政策，不是民主社會基於「轉型正義」核心精神追求的人性尊嚴與多元價值，而是將納粹大屠殺的歷史記憶轉化為東德共產黨對抗法西斯政權成功的記憶，象徵東德人民打敗法西斯主義的指標。因此在紀念園區豎立的「國立紀念碑」（Nationaldenkmal, 圖 1），是為了歌頌共產黨的反抗英雄，並正統化東德共產黨（SED）統治東德的歷史地位。43

　　歷史記憶在此成為政治工具。紀念園區與紀念碑的設置，不是為了提醒後世，過去踐踏人性尊嚴、摧毀自由價值的錯誤不可再犯；而只是為了紀念一個閉鎖且不容僭越的政治認同：「東德建國立基於共產黨對抗法西斯成功」。從這個角度來看，東德所設置的納粹受難者紀念園區，比較像傳統上許多尚未民主深化的國家追求的歷史記憶那般，著重於去記憶自己戰勝他國的光榮紀念、紀念自己的陣亡將士、或

記憶別國曾經如何以霸權／不人道的方式虧負自己的國家與民眾。這樣的歷史記憶，比較傾向於在國族主義思考的框架下，藉由特定歷史事件來凝聚情感性的「家國」意識。「歷史記憶」也因此被視為是建立「認同」的基礎。

　　然而，這種連結「政治性」與特定「認同」的紀念園區，本質上很容易失去作為「墓園」與「安息所」的永恆關懷。因為歷史的紛擾在此無法止息，只是暫時性地被另一種意識形態、以及一時之間得勢的政治正確所覆蓋。這也就是何以東德對納粹大屠殺的記憶難以延伸到對「普世價值」的探討，反而轉換身形進入另一種國族主義的軀殼。社會學家 Jan

1.

東德時期為布痕瓦德紀念園區所設置的「國立紀念碑」，由 Fritz Cremer 於 1952-1958 年創作。照片是在紀念碑揭幕後幾個月所拍。

Bundesarchiv, Bild 183-68832-0002/ Photo: Wittig

Philipp Reemtsma 將這種性質的紀念園區稱之為「聖地型紀念園區」（Sakraler Ort）。[44] 來到這種地方，參觀者、悼念者不被允許可以發揮個人批判思考力，而是被「聖地」已經自我預設好的意義所統攝。「聖地」不需要向參觀者、悼念者說明自己何以被設立的原因，因為透過先自我神聖化，是前來的參觀者、悼念者必須用謙卑的態度瞭解聖地之所以為聖地的意涵。在「聖地型紀念園區」的現場，沒有容許可以提起疑義的空間，讓參訪者對「受害經過」與「對死者產生悼念」之間的關係，重新再做一次確認。因為詮釋相關歷史事件的觀點已經被預設好了，無法從多元面向允許新的思考、新的探問。除非能夠重新調整這種紀念園區面對歷史的方式，否則很難將其視為可以提供轉型正義教育適當的場所。

　　兩德民主統一後，布痕瓦德紀念園區經過大幅轉型，轉向在悼念的氛圍裡，作為參訪者「互相學習的場域」，「以歷史學為基礎，動手探索知識的教育機構」、以及「民主社會公民教育的場所」。[45] 之所以要強調「悼念的氛圍」，因為這裡曾是泯滅人性暴行的發生地，因此，紀念園區的主要功能是墓園，而非一般透過展示來引導知識獲取的歷史博物館。而在此處所進行的教育，應該是幫助參訪者深刻去認識，捍衛人性尊嚴對文明社會的必要性。

　　歷史學者兼布痕瓦德紀念園區基金會主席 Volker Knigge 說，這個園區的教育不再以「歷史記憶」為主要出發點，而

是以低門檻的參與式學習，不斷讓大家透過相互討論，學習
如何反思過去歷史的錯誤；並進一步去思考，公民社會如何
能被打造得更穩固。因為根據他們對參訪經驗的追蹤，參觀
完紀念園區後，參訪者需要再花不少時間好好沉澱，省思過
去與現在的關係，才真的能將參觀紀念園區所感受到的「經
驗」轉化為比較清晰可論說的「認知」。如果沒有「討論」，
只是一味強調「歷史記憶」的重要，換言之，如果沒有經過
可以導向沉澱的省思過程，只是任由在紀念園區現場沾染帶
有儀式性的情感，這種飄忽不定的情緒感知，相當容易成為
政治操縱的對象。46

　　因此，在紀念園區的教育上，如何將情緒性、情感性的
感受，引導到後續能鼓勵參訪者用知識探索的方式繼續深化
自己內在的思辨，是很重要的轉化工作。亦即，參訪者應學
習到如何用正確的方式了解加害者與受害者之間的關係，而
不是被兩者之間無法化解的仇怨轄制。此外，讓參訪者學習
用正確的態度去了解，何以歷史教訓必須被記住，而不是陷
入害怕或其他的情緒傷害中，也是很重要的事。

　　布痕瓦德紀念園區對「歷史記憶」教育的反思，清楚反
映出，德國從過去幾十年來的經驗累積裡清楚看到的事實：
只是致力於「歷史記憶」教育，即便經歷轉型正義後的社會，
也未必能真正消弭爭端，不一定真能化解仇恨。因為一般人
對歷史記憶的認知傾向於與「情感」連結在一起，社會大眾

通常想要的，是如何去通則化自己主觀情感上的認知，而非深刻去了解，優質的歷史研究如何從歷史悲劇事件裡提升出來的、在理性上應該勇於去認知的「歷史啟蒙」。對受難者本人及其家屬而言，面對歷史創傷，受難的經驗常會讓人將記憶絕對化，因為這些記憶對他們個人而言極為真實，以至於受難者很難去接受，也許在某些地方，他們有可能記錯了。這些被他們記住的受難記憶也對他們後來的人生造成重大影響，有些人終其一生活在記憶帶來的傷痛情緒中。年長的人對某些事件尤其容易在時間軸上任意放大、加長、加值，或隨著生活環境的改變將記憶加以扭曲。

　　誠如曾在八〇年代南斯拉夫共產黨政權統治下遭受過許多迫害的神學家 Miroslav Volf 從自身經驗深切體認到的事實：無法讓人走出傷痛的記憶，常會毀掉受難者的餘生。有時太過激烈，「記憶的正義之劍也常斬斷它想捍衛的良善」（the just sword of memory often severs the very good it seeks to defend.）。有鑑於此，Volf 主張，受難者不應將個人的記憶視為私領域的事，而應勇於攤在陽光下，讓大家一起幫忙把歷史真相釐清，讓記憶具有「公共化的意義」（public significance）。[47]

　　重新看待「歷史記憶」的問題，重新檢視它可能衍伸的影響，讓二十一世紀的研究者從更寬闊的視野重新檢視歷史記憶內在的問題，並思考更理想的轉型正義教育該如何進行。

　　兩德民主統一後，社會心理學家 Harald Welzer 的研究團隊針對德國的家庭如何面對納粹過往做過深入調查，並於 2002 年出版專書《爺爺不是納粹：德國家庭記憶裡的納粹歷史與大屠殺》（ »Opa war kein Nazi« Nationalsozialismus und Holocaust im Familiengedächtnis）。[48] 在 1997 至 2000 年間，這個研究團隊一共訪談了 40 個家庭（30 個來自過去的西德，10 個來自過去的東德），與其中 142 位成員（分屬祖、父、孫三代）進行單獨訪談。這個研究計畫想要了解，一般普通德國百姓（不具有極端政治傾向）在學校課堂之外，究竟如何獲得對納粹過往的記憶？在家裡家人彼此之間如何談論這些事情？尤其是父母輩與祖父母輩如何跟孩子、以及孫子談他們在納粹時代的經歷？這些兒孫輩又如何回應學校所教的歷史？[49] 這個研究的重要性在於，透過學術研究的清楚分析，了解家人之間的對談對年輕世代的歷史記憶影響有多深？不同世代的德國人在歷史記憶上是否有差異？

　　《爺爺不是納粹》這個計畫的研究結果，十分有趣，也因此相當值得注意：第一，家裡長輩對兒孫所講的記憶經常隨著外在環境的變化而改變，尤其是很容易受到與二戰歷史相關的電視劇或電影裡的故事情節影響。因為有大眾媒體加持，說的人覺得自己的敘述比較具有公信力；而聽的幼輩也認為，既然電視或電影都這樣演了，長輩之言的確可信。第二，長輩講述的方式，都是有選擇性的。大多數的人（有三

分之二）是從「受害者」或「英雄敘事」的角度來講自己的經歷。也就是說，有些德國人選擇將自己視為受害者，有些人則高度英雄化自己當年的作為。但是接受訪談的二戰歷史當事人很少人會去反省，自己在納粹政權下，是否有哪裡做錯了？或是何以甘於去做邪惡體制的共犯？[50] 在這樣的情況下，兒孫輩也很容易受親情影響，將自己家裡長輩視為「受難者」或是「英雄」。第三，在長輩講述自己親身經歷時，經常沿用納粹時代意識形態下的分類概念「猶太人」、「俄國人」……等等，因此不知不覺中就把納粹時代的意識形態繼續傳給下一代。第四，在講述到有關「加害」部分的歷史時，講述的長輩通常不會警覺到這是加害者的歷史。對於集中營的歷史，則通常會用「我們當時並不知情」輕輕帶過（圖 2～3）。

　　由於家庭裡傳遞的歷史記憶主要是訴諸情緒與情感，「歷史見證者」的講述揉合了親情的連結，因此與學校教育著重理性討論的「知識啟發」有相當大的差別。[51] 就「戰火下的第三代」（即孫子輩）而言，究竟在他們心目中，是家裡長輩講的「親身經歷」對他們影響比較大？還是他們經常擺盪在「爺爺說的」與「老師教的」兩個平行世界之間？《爺爺不是納粹》的作者指出，大部份孫子輩傾向於，他們可以接受整個納粹政權影響下的德國是一個龐大的共犯結構，但這個共犯結構的規模大小究竟要如何拿捏，底線卻在於，要

2.

1938 年 3 月奧地利
家庭照，祖孫以歡
迎納粹的口號入
鏡。
Bundesarchiv, Bild 146-
1969-055-50/ Photo:
o.Ang.

3.

1945 年 3 月 9 日二
戰結束前夕，宣傳
部長 Joseph Goebbels 頒
發鐵十字勳章給
十六歲的納粹青
少年團成員 Wilhelm
Hübner，獎勵他攻打
波蘭 Lauban 的戰績。
當時納粹政府眼中
的少年英雄，戰後
會如何講述他自己
的故事？

看在哪個範圍內，自己的親人不算是涉入的共犯。[52] 這樣的結論當然是相當「因親情而設事」。但這個結果確實清楚呈顯出戰火下第三代的特質。

2010 年 10 月，德國《時代週報》（*Die Zeit*）繼續追蹤戰火下第四代（親身經歷者的曾孫輩）面對納粹歷史的態度，發現有了相當大的轉變。[53] 根據這個調查，德國社會對納粹歷史過往的認知，親情的糾結對後代子孫產生的影響，要到第四代（曾孫輩）才會鬆開。因為曾孫輩通常跟親涉歷史事件的曾祖父母輩沒有親自接觸過，因此「這件事多少與我直接相關」的顧忌淡薄許多。他們絕大部分願意相信自己的先人曾經涉入納粹共犯的行為，但不覺得承認這件事是在「背叛」自己的家庭。此外，「戰火下的孩子輩與孫子輩」在心裡上暗暗懷著是否該將德國視為二戰受害者的心理糾結，在第四代身上也淡化了許多。

面對二戰親身經歷者逐漸老去，德國對納粹過往的歷史記憶工程即將面臨歷史見證者紛紛從歷史舞台謝幕的局面。但是德國社會在歷史記憶上，卻仍然有著「後轉型正義階段」的一些噤聲。著名的德國歷史學者 Reinhart Koselleck 便針對以往德國在從事歷史記憶時有過的缺失作出提醒。他認為，因為德國作為加害者，過去一直不敢去探討德國如何讓自己陷入「受害」情境的問題。Koselleck 認為，「加害者」應有自覺與勇氣，看看過去的錯誤如何給自己帶來萬劫不復的悲

劇以及重大傷亡，以至於成為自己錯誤行為下的「受害者」。在這方面，德國應該把轉型正義過程中一直避談的德國傷亡問題，從「噤聲」的記憶轉化為可以公共化的記憶。[54]

　　換言之，在走過轉型正義的政治與司法程序後，留存在社會各層面的心理創傷如何邁向復健，更需要大家持續不斷關注。如何在具有普世價值覺知的基礎上，讓各種「噤聲」的記憶走向公開化，讓不敢說出來的說出來，讓過去不敢好好討論的，能有機會被好好討論，這些是經歷過轉型正義後的社會需要透過不斷自我學習、不斷自我提升，往更願意讓各種社會傷痕都能得到照見、療癒，因此也能獲得醫治的方向邁進。

　　過去發生的悲劇無法被改變，但是可以因為後人在轉型正義以及歷史記憶上的妥善處理，在日後的歷史詮釋上獲得不一樣的回顧視野。過去的錯誤如果能在現今透過深度的反省得到糾正與彌補，轉型正義所連結到的歷史記憶未必會一直停留在對某些社群過往錯誤的「負面記憶」。反而可能因為後人願意反省、和解，而開啟難得的歷史契機，讓大家有機會一起開創整個社會更能積極擁抱的、正面的、新的歷史記憶。

　　面對世代交迭，面對歷史悲劇當事人逐漸從歷史舞台消逝，如何將與轉型正義相關的歷史從「記憶傷痛」的負面記憶，透過歷史反省轉化到「超越負面記憶」的傷痕平復記憶，

端賴大家在此刻當下是否願意真心體認到：檢視傷口，是為了醫治傷痕。因為不論對加害者還是受害者而言，受傷的心走不遠。

　　未來會長什麼樣沒有人知道。我們唯一可以做的，是在此刻當下，願意在歷史的創傷上點亮一盞燈。在照見過去的同時，也以誠實的愛與悲憫的公義為未來的傷口復原預備道路。

圖片來源

第1章

6. Photo credit:

   CC BY-SA 3.0, https://commons.wikimedia.org/w/index.php?curid=258737.

7. Photo credit: Gyxmz (Own work) /CC BY-SA 3.0/ Wikimedia Commons (Taut Wilskistrasse Berlin. jpeg|Taut Wilskistrasse Berlin).

8. Photo credit: Bundesarchiv, Bild 102-00892 / Georg Pahl / CC-BY-SA 3.0.

9. Photo credit: Waldemar Titzenthaler [Public domain]/ Wikimedia Commons.

10. Photo credit: Frits Wiarda (Own work) / CC BY-SA 3.0 / Wikimedia Commons.

13. Photo credit: Bundesarchiv, Bild 146-1972-062-01 / CC-BY-SA 3.0.

17. Photo credit: Bundesarchiv, Bild 146III-373 / CC-BY-SA 3.0.

19. Photo credit: Bundesarchiv, Bild 183-V01057-3 / CC-BY-SA 3.0.

20. Photo credit: Bundesarchiv, Bild 183-R77767 / CC-BY-SA 3.0.

25. Photo credit: Barry Plane/ CC BY-SA 3.0/ Wikimedia Common.

27. Photo credit: No 5 Army Film & Photographic Unit. Hewitt (Sgt) Post-Work: User:W.wolny/ Wikimedia Commons.

第2章

2. Photo credit: user:Leipnizkeks - Own wor/ A small law book published by the Hessian Government, Public Domain (https://commons.wikimedia.org/w/index.php?curid=163430).

3. Photo credit: Michael Rose (Own work) [GFDL (http://www.gnu.org/copyleft/fdl.html)/ CC-BY-SA-3.0 / Wikimedia Commons.

4. Photo credit: CC BY-SA 3.0, https://commons.wikimedia.org/w/index.php?curid=287361.

6. Photo credit: [Public domain]/ Wikimedia Commons (https://commons.wikimedia.org/wiki/File%3ADenazification-street.jpg).

7. Photo credit: Bundesarchiv, Bild 183-1985-0531-314 / Connon, Jack / CC-BY-SA.

8. Photo credit: Pfc. William E. Poulson - U.S. National Archives and Records Administration, Pictures of World War II, image #121 (111-SC-205228).

   https://commons.wikimedia.org/wiki/File:ElbeDay1945_(NARA_ww2-121).jpg#/media/

File:ElbeDay1945_(NARA_ww2-121).jpg.

10. Photo credit: Dontworry/CC BY-SA 3.0/Wikimedia Commons (https://commons.wikimedia.org/w/index.php?curid=12183187).

附錄1

1. Photo credit: Hewitt (Sgt), No 5 Army Film & Photographic Unit [Public domain]/ Wikimedia Commons.

2. Photo credit: Arnold Plesse, CC BY-SA 3.0, https://commons.wikimedia.org/w/index.php?curid=17664246.

3. Photo credit: Hardy, Bert, No 5 Army Film & Photographic Unit [Public domain]/ Wikimedia Commons.

第3章

1. Photo credit: Andreas Praefcke/ CC BY 3.0/
Commons (https://commons.wikimedia.org/w/index.php?curid=98628).

3. Photo credit: Anton-kurt - Own work/ Public Domain (https://commons.wikimedia.org/w/index.php?curid=3493883).

7. Photo credit: Bundesarchiv, Bild 102-14598 / CC-BY-SA 3.0.

8. Photo credit: Bundesarchiv, Bild 183-B0527-0001-776 / CC-BY-SA 3.0.

9. Photo credit: Bundesarchiv, Bild 102-14597 / Georg Pahl / CC-BY-SA 3.0.

10. Photo credit: Daniel Neugebauer (nick: Energiequant) / CC BY-SA 2.5/ Wikimedia Commons.

15. Photo credit: Bupleurum [Public domain]/ Wikimedia Commons.

16. Photo credit: OTFW, Berlin / CC BY-SA 3.0/ Wikimedia Commons (http://creativecommons.org/licenses/by-sa/3.0).

第4章

1. Photo credit: Daniel Ullrich, Threedots [GFDL (http://www.gnu.org/copyleft/fdl.html)/ CC BY-SA 3.0/ Wikimedia Commons.

6. Photo credit: Lienhard Schulz/CC BY-SA 3.0/ Wikimedia Commons (https://commons.wikimedia. org/wiki/File:Denkzeichen_Georg_Elser_Berlin_02.jpg.

7. Photo credit: OTFW, Berlin (Own work) [GFDL (http://www.gnu.org/copyleft/fdl.html)/ CC BY-SA 3.0 /Wikimedia Commons.

9. Photo credit: Gryffindor [Public domain]/ Wikimedia Commons (https://commons.wikimedia.org/ wiki/File:Scholl-Denkmal,_München.jpg).

10. Photo credit: OTFW, Berlin (Own work) [GFDL (http://www.gnu.org/copyleft/fdl.html)/ CC BY-SA 3.0/ Wikimedia Commons.

11. 花亦芬翻拍自「德國反抗運動紀念園區」(Gedenkstätte deutscher Widerstand, Berlin) 展覽資料。

第5章

2. Photo credit: Bundesarchiv, Bild 183-R97512 / CC-BY-SA 3.0.

4. Photo credit:：Jensens [Public domain]/ Wikimedia Commons (https://commons.wikimedia.org/ wiki/File:Martin-Gropius-Bau_Berlin.jpg).

第6章

1. Photo credit: Bundesarchiv, Bild 183-86686-0008 / CC-BY-SA 3.0.

2. Photo credit: Bundesarchiv, Bild 183-2004-0312-504 / CC-BY-SA 3.0

3. 花亦芬翻拍自「恐怖政治地形館」（Topographie des Terrors, Berllin）展覽資料。

4. 花亦芬翻拍自「恐怖政治地形館」（Topographie des Terrors, Berlin）展覽資料。

5. Photo credit: Bundesarchiv Bild 133-075, Worms, Antisemitische Presse, "Stürmerkasten".jpg.

第7章

4. Photo credit: Bundesarchiv, R 49 Bild-0131 / Wilhelm Holtfreter / CC-BY-SA 3.0.

6. Photo credit: Bundesarchiv, Bild 146-1985-021-09 / Unbekannt / CC-BY-SA 3.0.

第8章

4. Photo credit: self [Public domain]/ Wikimedia Commons
   (https://commons.wikimedia.org/wiki/File:Het_treurende_ouderpaar_-_Käthe_Kolwitz.JPG).

第9章

3. Photo credit: USHMM, courtesy of National Archives and Records Administration, College Park/
   Wikimedia Commons (https://en.wikipedia.org/wiki/File:Germans_walk_by_a_Jewish_business_
   destroyed_on_Kristallnacht.jpg).
5. 花亦芬翻拍自 2016/1/27 台北舉行「國際大屠殺紀念日」紀念活動上播放聯合國介紹
   International Holocaust Memorial Day 影片。
6. 花亦芬翻拍自「恐怖政治地形館」（Topographie des Terrors, Berlin）展覽資料。
10. 花亦芬翻拍自「恐怖政治地形館」（Topographie des Terrors, Berlin）展覽資料。

第10章

1. Photo credit: Bundesarchiv, B 145 Bild-P017073 / Frankl, A. / CC-BY-SA 3.0.

2. Photo credit: Bundesarchiv, Bild 183-G00825 / Stempka / CC-BY-SA 3.0.

4. Map of the Holocaust in Europe during World War II, 1939-1945. Photo credit: I, Dennis Nilsson/
   CC BY 3.0, https://commons.wikimedia.org/w/index.php?curid=2941930.

5. Photo credit: Bundesarchiv, Bild 152-11-12 / CC-BY-SA 3.0.

12. Photo credit: Bundesarchiv, Bild 183-A0706-0018-020 / CC-BY-SA.

13. Photo credit: Bundesarchiv, Bild 183-K0901-014 / CC-BY-SA 3.0.

14. 花亦芬翻拍自 Memorial and Museum Sachsenhausen 展覽史料。

15. Bundesarchiv, Bild 183-78612-0003 / CC-BY-SA.

16. Photo credit: Denis Apel /CC BY-SA 3.0 /Wikimedia Commons, https://commons.wikimedia.org/
    w/index.php?curid=31368627.

17. 花亦芬翻拍自 Memorial and Museum Sachsenhausen 展覽史料 。

18. Source: http://de.evangelischer-widerstand.de/html/view.php?type=dokument&id=91.

19. 花亦芬翻拍自 Memorial and Museum Sachsenhausen 展覽史料。

20. 花亦芬翻拍自 Memorial and Museum Sachsenhausen 展覽史料。

21. Photo credit: M9laje9600/CC BY-SA 3.0/ Wikimedia.

22. Photo credit: Bundesarchiv, Bild 183-1982-0530-007.

第11章

1. Photo credit: Norbert Radtke/ (Photographer / self) (Privatarchiv Norbert Radtke) [GFDL (http://www.gnu.org/copyleft/fdl.html) / CC-BY-SA-3.0 / Wikimedia Commons (https://commons.wikimedia.org/wiki/File:Ravensbrück_Müttergruppe.jpg).

2. Photo credit: Bundesarchiv, Bild 183-1985-0417-15 / CC-BY-SA 3.0.

3. Photo credit: Bundesarchiv, Bild 183-66475-0004 / CC-BY-SA 3.0.

5. Photo credit: Dr. Karl-Heinz Hochhaus/ CC BY 3.0/ Wikimedia Commons.

6. Photo credit: Yann Caradec from Paris, France/ CC BY-SA 2.0 / Wikimedia Commons.

7. Photo credit: Bundesarchiv, Bild 183-H25217 / CC-BY-SA 3.0.

附錄2

1. Photo credit: Bundesarchiv, Bild 101II-MW-1019-07 / Dietrich / CC-BY-SA 3.0.

第12章

1. Photo credit: Raimond Spekking / CC BY-SA 4.0/ Wikimedia Commons, https://commons.wikimedia.org/wiki/File%3ASowjetisches_Ehrenmal_(Berlin-Tiergarten)_Totale.jpg.

第13章

1. 花亦芬翻拍自柏林「恐怖政治地形館」（Topographie des Terrors, Berlin）展覽資料。

3. Photo credit: MalteF/CC BY-SA 3.0 de/ Wikimedia Commons (https://commons.wikimedia.org/wiki/File:Dresdner_Elblforenz_bei_Dämmerung,_2008.jpg).

5. Photo credit: http://www.nationalarchives.gov.uk/education/heroesvillains/g1/ (accessed 12 Nov. 2015)

6. Source: Wikimedia commons. https://commons.wikimedia.org/wiki/File:1942G03701.jpg

7. Photo credit: Dowd J (Fg Off), Royal Air Force official photographer [Public domain]/ Wikimedia Commons.

8. Photo credit: Bundesarchiv, Bild 183-2008-0603-500 / CC-BY-SA 3.0.

10. 花亦芬翻拍自柏林「恐怖政治地形館」（Topographie des Terrors, Berlin）展覽資料。

第14章

1. Source: Bernardo Bellotto/ Wikimedia Commons. https://commons.wikimedia.org/wiki/File:Canaletto_Dresden_unterh_Augustusbruecke.JPG (accessed 08 July, 2016) .

2. Photo credit: Bundesarchiv, Bild 183-J07186 / CC-BY-SA 3.0.

5. Photo credit: Bundesarchiv, Bild 183-Z0309-310 / G. Beyer / CC-BY-SA 3.0

第16章

1. Source: http://www.archive.org/details/KurtVonnegut1945LetterToFamily (accessed 08 July, 2016).

第17章

4. Photo credit: Deutsche Fotothek/CC BY-SA 3.0 de /Wikimedia Commons.

6. Photo credit: Deutsche Fotothek/ CC BY-SA 3.0 de /Wikimedia Commons.

8. Sourrce: Niels-Christian Fritsche, Matthias Neutzner und Karl-Siegbert Rehberg et al., (ed), Erinnerung, Gewalt, Verdrängung – Dresden und der 13. Februar (exh. cat. of Sächsischen Landesbibliothek – Staats- und Universitätsbibliothek Dresden und der Technischen Universität Dresden, 2011), p. 16.

9. Photo credit: 德國秘密警察檔案館 (BStU) 官網資料 http://www.bstu.bund.de/DE/InDerRegion/ Dresden/Regionalgeschichten/friedensforen-in-dresden/dokumente/friedensforen_quelle-01/_tabelle. html?nn=1802414 (accessed 08 July, 2016).

第18章

1. Photo credit: Bundesarchiv, Bild 183-1990-0115-034 / CC-BY-SA 3.0.

2. Photo credit: Bundesarchiv, Bild 183-1990-0116-013 / CC-BY-SA 3.0.

3. Photo credit: Bundesarchiv, Bild 183-1990-0928-019 / Grimm, Peer / CC-BY-SA 3.0.

4. Photo credit: 德國秘密警察檔案館 ((BStU) 官網擷圖： http://www.bstu.bund.de/DE/Home/home_node.html (accessed 08 July, 2016).

第19章

1. Photo credit: 德國秘密警察檔案館 ((BStU) 官網擷圖：

http://www.bstu.bund.de/DE/Akteneinsicht/ForschungUndMedien/ForschungUndMedien_node.html#doc1751652bodyText6 (accessed 08 July, 2016).

第21章

1. Photo credit: Blaues Sofa from Berlin, Deutschland/ CC BY 2.0/ Wikimedia Commons. https://commons.wikimedia.org/wiki/File:Günter_Grass_auf_dem_Blauen_Sofa.jpg (accessed 08 July, 2016).

2. Photo credit: SPIEGEL Online tagged the photograph with the source information "marco-urban.de". [Public domain]/ Wikimedia Commons.

https://commons.wikimedia.org/wiki/File:Günter_Grass_POW_record.jpg (accessed 08 July, 2016).

第23章

1. Photo credit: Orderinchaos/ CC BY-SA 4.0/ Wikimedia Commons. https://commons.wikimedia.org/wiki/File:Wannsee_Haus_der_Wannsee-Konferenz.jpg (accessed 08 July, 2016).

2. Photo credit: Dr. Minx at the German language Wikipedia [GFDL (http://www.gnu.org/copyleft/fdl.html/ CC-BY-SA-3.0/ Wikimedia Commons.

https://commons.wikimedia.org/wiki/File:Max-Liebermann-Villa.jpg (accessed 08 July, 2016).

3. Photo credit: Drrcs15 (Own work) /CC BY-SA 4.0/ Wikimedia Commons.

https://commons.wikimedia.org/wiki/File%3AEichmann's_office_IVB4.JPG (accessed 08 July, 2016).

4. Source: Public Domain, https://commons.wikimedia.org/w/index.php?curid=4107295 (accessed 08 July, 2016).

第24章

第25章

注釋
緒論　賦予歷史記憶真正有尊嚴的框架

1. Michel de Montaigne, *Essai*. 3rd book.

2. 本文部分內容發表於：花亦芬，〈一起打造正向的歷史記憶〉，《台大校友雙月刊》106 期。

3. Alexander and Margarete Mitscherlich, *Die Unfähigkeit zu trauern* (Munich: R. Piper Verlag, 1967).

4. 花亦芬，〈公民社會如何讓教科書政策走向「去國家化」？〉《歷史學柑仔店》 (May 12, 2014), http://kam-a-tiam.typepad.com/blog/2014/05/ 公民社會如何讓教科書政策走向去國家化 .html. (accessed March 2016).

5. Joachim Gauck, "Gerechtigkeit, Versöhnung und Strafe als gesellschaftliche und politische Herausforderungen," *Versöhnung, Strafe und Gerechtigkeit. Das schwere Erbe von Unrechts-Staaten*, Ed. Michael Bongardt , Ralf K. Wüstenberg (Göttingen: Ruprecht, 2010), 17-28, here 19.

6. Peter Graf von Kielmansegg, *Nach der Katastrophe. Eine Geschichte des geteilten Deutschland* (Berlin: Siedler Verlag, 2000), 10-11.

7. Heinrich August Winkler, *Der Lange Weg nach Western*, vol. 1, 7th edition (München: Verlag C. H. Beck, 2010), 3.

8. 引自：林蔚昀譯，《給我的詩。辛波絲卡詩選 1957-2012》（台北市：黑眼睛文化，2013 年），頁 50-51。

9. Joachim Gauck, "Speech at Tongji University in China," (March 23, 2016), http://www.bundespraesident.de/SharedDocs/Reden/EN/JoachimGauck/Reden/2016/160323-Speech-Tongji-China.html (accessed April 2016).

10. Fritz Stern, *Five Germanys I Have Known* (New York: Farrar, Straus and Giroux, 2007), 4.

11. Marcel Fürstenau, "Stasi-Akten: Mehr als eine Behörde," *Deutsche Welle* (April 11, 2016), http://www.dw.com/de/stasi-akten-mehr-als-eine-behörde/a-19178536 (accessed April 2016).

12. 參考匈牙利與波蘭近年來的政治發展隱憂："Illiberal central Europe: Big, bad Visegrad, " *The Economist* (Jan. 30, 2016), http://www.economist.com/news/europe/21689629-migration-crisis-has-given-unsettling-new-direction-old-alliance-big-bad-visegrad?zid=309&ah=80dcf288b8561b012f603b9fd9577f0e (accessed April 2016); Tomasz Kurianowicz, "Przemek Wojcieszek im Gespräch: Politische Satire hat es auch in Polen schwer," Frankfurter Allgemeine Zeitung (April 26, 2016), http://www.faz.net/aktuell/feuilleton/debatten/przemek-wojcieszek-ueber-politische-satire-in-polen-14187707.html (accessed April 2016).

第一篇　在記憶傷口上重生：柏林

1. Heinrich August Winkler, *Der lange Weg nach Westen*, vol.1: *Deutsche Geschichte vom Ende des Alten Reiches bis zum Untergang der Weimar Republik*, 7th edition (München: C. H. Beck, 2010), 29.

2. Eric D. Weitz, *Weimar Germany. Promise and Tragedy* (Princeton, N. J.: Princeton University Press, 2007), 82.

3. Eric D. Weitz, *Weimar Germany. Promise and Tragedy* (Princeton, N. J.: Princeton University Press, 2007), 79.

4. Heinrich August Winkler, *Der lange Weg nach Westen, vol.1: Deutsche Geschichte vom Ende des Alten Reiches bis zum Untergang der Weimar Republik*, 22-31.

5. Kurt Tucholsky, "Berlin und die Provinz," *Die Weltbühne* 24 (March 13, 1928): 405- 408.

6. 例如 Wilhelm Stapel, "Der Geistige und sein Volk. Eine Parole," *Deutsches Volkstum* 12 (1930): 1-8.

7. 參見他在 1941 年 10 月底的談話，英譯見：H. R. Trevor-Roper, *Hitler's Table Talk 1941-1944: Secret Conversations*, 63-65.

8. "Don't make us Führer," *The Economist* (April 13, 2013), URL: http://www.economist.com/news/europe/21576142-germans-are-losing-patience-being-cast-euro-zones-scapegoats-dont-make-us-führer (accessed Jan. 2016).

9. Timothy Garton Ash, "The New German Question," *The New York Review of Books* (Aug. 15, 2013), http://www.nybooks.com/articles/2013/08/15/new-german-question/ (accessed Jan. 2016).

10. Peter Schneider 著，莊仲黎譯，《柏林。歐洲灰姑娘的分裂與蛻變、叛逆與創新》（台北市：麥田出版社，2015 年）。

11. "Im Grund bleibt dieser 8. Mai die tragischste und fragwürdigste Paradoxie der Geschichte für jeden von uns. Warum? Weil wir erlöst und vernichtet in einem gewesen sind."

12. Erhard H. M. Lange, "Theodor Heuss (FDP)," http://www.bpb.de/geschichte/deutsche-geschichte/grundgesetz-und-parlamentarischer-rat/39076/theodor-heuss-fdp (accessed Jan. 2016).

13. Horst Möller, "Feldzüge gegen das Vergessen," F.A.Z.-E-Paper (2 Jan. 2016). http://www.faz.net/aktuell/politik/politische-buecher/peter-merseburger-theodor-heuss-feldzuege-gegen-das-vergessen-12056190.html (accessed Jan. 2016).

14. 全文見：http://www.zeit.de/reden/die_historische_rede/heuss_holocaust_200201 (accessed on 2 Jan. 2016). 相關研究見：Christian Meier, *Das Gebot zu vergessen und die Unabweisbarkeit des Erinnerns: Vom öffentlichen Umgang mit schlimmer Vergangenheit* (Berlin: Siedler Verlag, 2010),

81.

15. Peter Reichel, *Vergangenheitsbewältigung in Deutschland. Die Auseinandersetzung mit der NS-Diktatur in Politik und Justiz* (München: C. H. Beck, 2007), 30-41.

16. Jeffrey Herf, *Divided Memory: The Nazi Past in the Two Germanys* (Cambridge, M.A.: Harvard University Press, 1997), 217.

17. 參見：Karl Jaspers, *Philosophische Autobiographie*, 2nd edition (München:Piper Verlag, 1977).

18. Dennis Meyer, "Entnazifizierung," *Lexikon der Vergangenheitsbewältigung in Deutschland. Debatten-und Diskursgeschichte des Nationalsozialismus nach 1945*, eds. Torben Fischer / Matthias N. Lorenz (Bielefeld: transcript Verlag, 2007),18-19.

19. Rainer Blasius, "Bonn und der 8. Mai," F.A.Z.-E-Paper (May 18, 2015). http://www.faz.net/aktuell/ politik/die-gegenwart/70-jahre-kriegsende-bonn-und-der-8-mai-13585461.html (accessed Jan. 2016).

20. http://www.bundesarchiv.de/cocoon/barch/x/k/k1955k/kap1_2/kap2_19/para3_16.html. (accessed Jan. 2016).

21. "War das ein guter Griff?" *Der Spiegel* 20/1955 (May 11, 1955), 10.

22. 同上，頁 9-11.

23. Norbert Frei, *1945 und Wir. Das Dritte Reich im Bewußtseinder Deutschen* (München: Deutscher Taschenbuch Verlag, 2009), 168-169.

24. Ronen Steinke, *Fritz Bauer: oder Auschwitz vor Gericht* (München: Piper Taschenbuch Verlag, 2015).

25. Gerd Appenzeller, "Die Deutschen wissen heute wohl⋯," *Der Tagesspiegel* (May 8, 2005). http:// www.tagesspiegel.de/politik/die-deutschen-wissen-heute-wohl/606844.html (accessed Jan. 2016).

26. Rainer Blasius, "Bonn und der 8. Mai," F.A.Z.-E-Paper (May 18, 2015).

27. Hanns Jürgen Küsters, "Von der beschränkten zur vollen Souveränität Deutschlands," *Aus Politik und Zeitgeschichte* 17/ 2005 (April 22, 2005). http://www.bpb.de/apuz/29084/von-der- beschraenkten-zur-vollen-souveraenitaet-deutschlands?p=all (accessed Jan. 2016).

28. Lily Gardner Feldmann, *Germany's Foreign Policy of Reconciliation: From Enmity to Amity* (Lanham: Rowman & Littlefield Publishers, 2012).

29. Walter Scheel, "30 Jahren nach dem Krieg. – Rede in der Schlosskirche zu Bonn am 6. Mai 1975," in Walter Scheel, *Vom Recht des Anderen. Gedanken zur Freiheit* (Düsseldorf-Vienna: E. A. Econ, 1977), 27-40.

30. Mathias Rensing, *Geschichte und Politik in den Reden der deutschen Bundespräsidenten 1949-1984*

(Münster /New York: Waxmann Verlag, 1996), 115-133.

31. "Erinnerungen an einen Tag im Mai," *Deutsche Welle* (8 May 2015). http://www.dw.com/de/ erinnerungen-an-einen-tag-im-mai/a-18416664 (accessed on 1 Jan. 2016).

32. "Erinnerungen an einen Tag im Mai," *Deutsche Welle* (8 May 2015). http://www.dw.com/de/ erinnerungen-an-einen-tag-im-mai/a-18416664 (retrieved on 1 Jan. 2016).

33. 全文見：Richard von Weizäcker, "Gedenkveranstaltung im Plenarsaal des Deutschen Bundestages zum 40. Jahrestag des Endes des Zweiten Weltkrieges in Europa". http://www.bundespraesident. de/SharedDocs/Reden/DE/Richard-von-Weizsaecker/Reden/1985/05/19850508_Rede. html?nn=1892504

　　官方英譯版：http://www.bundespraesident.de/SharedDocs/Downloads/DE/ Reden/2015/02/150202-RvW-Rede-8-Mai-1985-englisch.pdf;jsessionid=367547E2C06580171E8F 1F40ED247280.2_cid293?__blob=publicationFile.

34. Rainer Blasius, "Bonn und der 8. Mai," F.A.Z.-E-Paper (May 18, 2015).

35. Hermann Rudolf, "Ein Ende, das ein Anfang war," *Der Tagesspiegel* (9 May 2010). http://www. tagesspiegel.de/meinung/8-mai-1945-ein-ende-das-ein-anfang-war/1817120.html (accessed Jan. 2016).

36. Antje Vollmer, "Trauerrede für Richard von Weizsäcker" (Feb. 11, 2015). http://www.antje-vollmer. de/trauerrede%20r.v.%20wei (accessed Jan. 2016).

37. 參考勃根 - 貝爾森集中營官網：http://bergen-belsen.stiftung-ng.de/de/geschichte.html?tx_ sng%5Bimg%5D=1.

38. Alexandra Eileen Wenck, *Zwischen Menschenhandel und "Endlösung": Das Konzentrationslager Bergen-Belsen* (Paderborn: Schöningh, 2000).

39. 參考勃根 - 貝爾森集中營官網：http://bergen-belsen.stiftung-ng.de/de/geschichte/ konzentrationslager.html.

40. Erika Prins and Gertjan Broek, "One day they simply weren't there any more⋯" http://www. annefrank.org/ImageVaultFiles/id_17535/cf_21/One_day_they_simply_weren.PDF.

41. Erika Prins and Gertjan Broek, "One day they simply weren't there any more⋯" http://www. annefrank.org/ImageVaultFiles/id_17535/cf_21/One_day_they_simply_weren.PDF; Dominique Schröder, "Bergen-Belsen-Prozess, " in: *Lexikon der Vergangenheitsbewältigung in Deutschland. Debatten-und Diskursgeschichte des Nationalsoyialismus nach 1945*, eds. Torben Fischer / Matthias N. Lorenz (Bielefeld: transcript Verlag, 2007), 25-26.

42. Theodor Heuss, "Ehrfurcht vor dem Tod". http://www.zeit.de/reden/die_historische_rede/heuss_

holocaust_200201 (accessed 7 Jan. 2016).

43. 引自：林蔚昀譯，《給我的詩。辛波絲卡詩選 1957-2012》（台北市：黑眼睛文化，2013年），頁 68。

44. Peter Reichel, *Erfundene Erinnerung – Weltkrieg und Judenmord in Film und Theater* (Frankfurt/M: Carl Hanser Verlag, 2007), 253.

45. Peter Reichel, *Erfundene Erinnerung – Weltkrieg und Judenmord in Film und Theater*, 261.

46. 參見德國公民政治教育資訊中心 (bpb) 提供的訊息：Gernot Jochheim, *27. Januar – Tag des Gedenkens an die Opfer des Nationalsozialismus*. Informationen zur politischen Bildung aktuell Nr. 23/ 2012, 2. http://www.bpb.de/shop/zeitschriften/info-aktuell/75752/27-januar-gedenktag-fuer-die-opfer-des-nationalsozialismus (accessed Jan. 2016).

47. Jan Friedmann, "Geschichtsunterricht: Deutsche Schulbücher sind beim Thema Holocaust unpräzise," *Spiegel online* (Jan. 27, 2014). http://www.spiegel.de/schulspiegel/wissen/holocaust-schulbuchkritik-falsche-darstellung-des-judenmords-a-945412.html (accessed Jan. 2016).

48. 關於納粹的焚書行動，參見：Volker Weidermann 著，宋淑明譯，《焚書之書》（台北市：允晨文化，2010 年）。

49. 詩的中文為筆者所譯；德文原文請見：http://quaerentes2.blogspot.tw/2012/06/sachs-o-die-schornsteine-1947.html.

50. 安妮。法蘭克 (Anne Frank) 著，呂玉嬋譯，《安妮日記》（台北市：皇冠文化出版公司，2013 年），頁 306-307。

51. 最早關於這段歷史所做的詳盡學術研究見：Nathan Stoltzfus, *Resistance of the Heart: Intermarriage and the Rosenstrasse Protest in Nazi Germany* (Rutgers University Press, 2001); 新近研究參見：Wolf Gruner, *Widerstand in der Rosenstraße. Die Fabrik-Aktion und die Verfolgung der "Mischehen" 1943* (Frankfurt/M: Fischer Verlag, 2005).

52. Helmut Vensky, "Auf der Rosenstraße schrien sie die Nazis an," Zeit online (Feb. 27, 2013), http://www.zeit.de/wissen/geschichte/2013-02/fabrikaktion-rosenstrasse-berlin-ns-protest-1943 (accessed Feb. 2016).

53. 相關問題的討論見：Klems von Klemperer, *German Resistance against Hitler. The Search for Allies Abroad, 1938-1945* (Oxford: Clarendon Press, 1992); Patrica Meehan, *The Unnecessary War: Whitehall and the German Resistance to Hitler* (London: Sinclair-Stevenson Ltd., 1992).

54. "Leben in Trümmern: Botschaft an 'Onkel Emil' ," *Spiegel online* (April 1, 2003), http://www.spiegel.de/spiegelspecial/a-290182.html (accessed Feb. 2016).

55. Ulrich Schlie, "Widerstand gegen Hitler: Die Briten und das Moltke-Dossier," *Der Tagesspiegel* (Jan.

4, 2009), http://www.tagesspiegel.de/politik/geschichte/widerstand-gegen-hitler-die-briten-und-das-moltke-dossier/1408570.html (accessed Feb. 2016).

56. Helmuth James und Freya von Moltke, *Abschiedsbriefe Gefängnis Tegel. September 1944 - Januar 1945* (München: C. H. Beck, 2011), 63-64.

57. 同上，頁 106。

58. 同上，頁 417.

59. Inge Scholl, *Die Weiße Rose*. (Frankfurt: S. Fischer Verlag, 1993), 70, 206.

60. Helmuth James und Freya von Moltke, *Abschiedsbriefe Gefängnis Tegel. September 1944 - Januar 1945.*

61. 同上，頁 537。

第二篇　紀念園區、紀念碑、與史料展

1. Hannah Arendt, "Some Questions of Moral Philisophy," in her *Responsibility and Judgment*, ed. Jerome Kohn (New York: Schocken Books, 2003), 95.

2. "Es ist das Maß der Täuschung, in der sie gelebt haben, das Riesenhafte ihrer Illusion, das Blindwütige ihres hoffnunglosen Glaubens, was einem keine Ruhe gibt." Quoted from Hanjo Kesting, *Ein Blatt vom Machandelbaum: deutsche Schriftsteller vor und nach 1945* (Göttingen: Wallstein, 2008), 86-87.

3. 安妮・法蘭克 (Anne Frank) 著，呂玉嬋譯，《安妮日記》（台北市：皇冠文化出版公司，2013 年），頁 226.

4. 相關爭議收錄於：*Deutsches Historisches Museum. Ideen- Kontroversen- Perspektiven*, ed. Christoph Stölzl (Frankfurt/M: Verlag Ullstein, 1988), 尤其是當時柏林文化部長 Volker Hassemer 於 1983 年 10 月 6 日在 *Frankfurt Allgemeine Zeitung* 上的投書（收錄於上引書頁 123-125）。

5. Peter Longerich, *Hitler. Biograohie* (München: Siedler Verlag, 2015).

6. Ian Kershaw, *Hitler 1889–1936: Hubris* (London: W. W. Norton & Company, 1998) & *Hitler 1936–1945: Nemesis*, (London: W. W. Norton & Company, 2000).

7. 參見台灣近幾年翻譯的幾本相關著作：David Owen, *In Sickness and in Power: Illness in Heads of Government During the Last 100 Years* (Praeger, 2008), 中譯：《疾病與權力：診斷百年來各國領袖的疾病、抑鬱與狂妄》（新北市：左岸文化，2011 年）；S. Nassir Ghaemi, *A First-rate Madness:Uncovering the Links between Leadership and Mental Illness* (Penguin Press, 2011), 中譯：《領導人都是瘋子：第一本解析領導特質與精神疾病關聯的機密報告》（台北市：三

采出版社，2012 年）。

8. Hans Mommsen, 'Nationalsozialismus,' in *Sowjetsystem und demokratische Gesellschaft*, ed. Claus D. Kernig, vol. IV (Freiburg i.Br., 1971).

9. 參見《明鏡週刊》對相關問題的報導：Björn Hengst, "Hitlers Hetzschrift: Kann man 'Mein Kampf' jetzt einfach kaufen?" *Spiegel online* (Dec. 28, 2015). http://www.spiegel.de/kultur/ gesellschaft/mein-kampf-kann-man-hitlers-hetzschrift-jetzt-einfach-kaufen-a-1068642.html (accessed Jan. 2016).

10. 例如：Nils Markwardt, "Wer hat Angst vor einem Buch?" *Zeit online* (Jan. 8, 2015), http:// www.zeit.de/kultur/literatur/2016-01/hitler-mein-kampf-kommentar (accessed Jan. 2016); "What the Führer means for Germans today? Seventy years after Adolf Hitler's death, how Germans see him is changing," *The Economist* (Dec. 19, 2015), http://www.economist.com/news/christmas-specials/21683971-seventy-years-after-adolf-hitlers-death-how-germans-see-him-changing-what (accessed Jan. 2016).

11. Mark Siemons, "Ist Hitler nun endlich erledigt?" *FAZ* (Jan.17, 2016), http://www.faz.net/aktuell/ feuilleton/neuauflage-von-hitlerbuch-mein-kampf-als-kommentierte-fassung-14005875.html (accessed Jan. 2016).

12. 參見慕尼黑的現代史研究所對發行此書的說明："Hitler, Mein Kampf. Eine kritische Edition," http://www.ifz-muenchen.de/aktuelles/themen/edition-mein-kampf/ (accessed Jan. 2016).

13. Heinrich August Winkler, *Der lange Weg nach Westen*, Bd.2: *Deutsche Geschichte vom 'Dritten Reich' bis zur Wiedervereinigung*, 4th edition (München: C. H. Beck, 2002), 50.

14. *Zwangsarbeit. Die Deutschen, die Zwangsarbeiter und der Krieg*, ed. Volkhard Knigge et al. (Essen: Klartext Verlag, 2012).

15. Hannah Arendt, "Some Questions of Moral Philisophy," in *Responsibility and Judgment*, ed. Jerome Kohn (New York: Schocken Books, 2003), 54.

16. Karl Jaspers, *Die Schuldfragen* (Heidelberg: Lambert Schneider, 1946).

17. Frauke Klaska, "Kollektivschuldthese," *Lexikon der Vergangenheitsbewältigung in Deutschland. Debatten-und Diskursgeschichte des Nationalsoyialismus nach 1945*, eds. Torben Fischer / Matthias N. Lorenz (Bielefeld: transcript Verlag, 2007), 43-44.

18. Daniel Goldhagen, *Hitler's Willing Executioners. Ordinary Germans and The Holocaust* (New York: Alfred A. Knopf, 1996).

19. Yehuda Bauer, *Rethinking the Holocaust* (New Haven: Yale University Press, 2000), 98–99.

20. Harald Welzer, *Täter. Wie aus ganz normalen Menschen Massenmörder werden* (Frankfurt/M: S.

Fischer, 2005).

21. Harald Welzer, "Wer waren die Täter? Anmerkungen zur Täterforschung aus sozialpsychologischer Sicht," in: Gerhard Paul (ed), *Die Täter der Shoah. Fanatische Nationalsozialisten oder ganz normale Deutsche?* (Göttingen: Wallstein Verlag, 2002), 237-253, here 238.

22. Harald Welzer, *Täter. Wie aus ganz normalen Menschen Massenmörder werden*, 73-74.

23. 同上, 頁 37, 63.

24. "Ohne Moral läßt sich kein Genozid durchführen," *Frankfurter Allgemeine Sonntagszeitung* (Sept. 04, 2005), 69.

25. Zygmunt Baumann, *Modernity and the Holocaust* (Ithaca: Cornell University Press, 2000).

26. Harald Welzer, "On the Rationality of Evil: An Interview with Zygmunt Bauman," *Tesis Eleven* 70,1 (2002): 100-112.

27. Aleida Assmann, *Auf dem Weg zu einer europäischen Gedächtniskultur?* (Wien: Picus Verlag, 2012).

28. Primo Levi, If This Is a Man (New York: The Onion Press, 1959), 103.

29. 可以參見當年快要通過時的新聞報導：Miriam, Lau "Lea Rosh ist am Ziel ihrer langen Belehrungsmission," *Die Welt* (Dec. 15, 2004).

30. "Spiegel Interview with Holocaust Monument Architect Peter Eisenmann: How Long does One Feel Guilty?" (May 9, 2005), URL: http://www.spiegel.de/international/spiegel-interview-with-holocaust-monument-architect-peter-eisenman-how-long-does-one-feel-guilty-a-355252.html (accessed Feb. 2016).

31. Primo Levi, *If This Is a Man* (New York: The Onion Press, 1959), 90.

32. Nicolai Ouroussoff, "A Forest of Pillars, Recalling the Umimaginable," The New York Times (May 9, 2005).

33. Jan-Holger Kirsch, *Nationaler Mythos oder historische Trauer? Der Streit um ein zentrales "Holocaust-Mahnmal" für die Berliner Republik* (Köln: Bölau Verlag, 2003).

34. Wolfgang Benz, *Dimension des Völkermords: Die Zahl der jüdischen Opfer des Nationalsozialismus* (München: Oldenbourg, 1991).

35. Adam Krzeminski, "Die schwierige deutsch-polnische Vergangenheitspolitik," *Aus Politik und Zeitgeschichte* 40-41/ 2003 (29 Sep. 2003), 3-5, here 3.

36. Mathias Brodkorb (ed), *Singuläres Auschwitz? Ernst Nolte, Jürgen Habermas und 25 Jahre „Historikerstreit,"* (Banzkow: Adebor Verlag, 2011).

37. Christian Meier, "Zum deutschen gedenkwesen," in: Norbert Lammert (ed), *Erinnerungskultur* (Konrad-Adenauer-Stiftung 2004), 21-42, here 36.

38. 同上，頁 40。

39. Adam Krzeminski, "Wo Geschichte europäisch wird," Zeit online (Dec. 31, 2002), http://www.zeit. de/2002/26/Wo_Geschichte_europaeisch_wird (accessed March 2016).

40. 關於 Breslau 的歷史參見：Norman Davies and Roger Moorhouse, *Microcosm: A Portrait of a Central European City* (Pimlico, 2003).

41. Reinhart Kosselleck, "Wer darf vergessen werden? Das Holocaust-Mahnmal hierarchisiert die Opfer. Die falsche Ungeduld," *Zeit online* (March 19, 1998). http://www.zeit.de/1998/13/holocaust. txt.19980319.xml (accessed March 2016).

42. http://magazin.spiegel.de/EpubDelivery/spiegel/pdf/13679872 (accessed March 2016).

43. Resolution adopted by the General Assembly on the Holocaust Remembrance (A/RES/60/7, 1 November 2005). URL: http://www.un.org/en/holocaustremembrance/docs/res607.shtml (accessed on 8 Jan. 2016).

44. 本文部分內容發表於：花亦芬，〈以轉型正義的普世公義價值與國際社會接軌〉，《台大校友雙月刊》104 期（2016 年 3 月），頁 20-23。

45. Angelika Schoder, "Die Globalisierung des Holocaust-Gedenkens. Die UN-Resolution 60/7 (2005)". http://www.europa.clio-online.de/site/lang__de/ItemID__553/mid__11428/40208214/default.aspx (accessed Jan. 2016).

46. Gernot Jochheim, *27. Januar – Tag des Gedenkens an die Opfer des Nationalsozialismus*. Informationen zur politischen Bildung aktuell Nr. 23/ 2012. http://www.bpb.de/shop/zeitschriften/ info-aktuell/75752/27-januar-gedenktag-fuer-die-opfer-des-nationalsozialismus (accessed Jan. 2016).

47. Harald Schmid, "Novemberpogrom und Befreiung von Auschwitz. Die politische Bedeutung zweier Gedenktage im Vergleich," in: *Jahrbuch der juristischen Zeitgeschichte* 5/2003-04: 341-350.

48. "Declaration of the Stockholm International Forum on the Holocaust," https://www. holocaustremembrance.com/about-us/stockholm-declaration (accessed Jan. 2016).

49. Harald Schmid, "Novemberpogrom und Befreiung von Auschwitz. Die politische Bedeutung zweier Gedenktage im Vergleich," 3-7; 有關波蘭法律學家 Raphael Lemkin 用 "Genozid" 這個概念來指稱對各種特定族群的屠殺，對聯合國人權宣言及其後的相關決議造成的深遠影響，參見：Special issue of *Journal of Genocide Research*, 7, 4 (Dec. 2005), *Raphael Lemkin: the 'founder of the genocide convention' as a historian of mass violence*.

50. 最新重要的研究參見：Wolfgang Benz, *Sinti und Roma: Die unerwünschte Minderheit. Über das Vorurteil Antiziganismus* (Berlin: Metropol Verlag, 2014).

51. Chris Cottrell, "Memorial to Roma Holocaust Victims Opens in Berlin," *The New York Times* (Oct.

24, 2012).

52. Primo Levi, *If This Is a Man* (New York: The Onion Press, 1959), 98.

53. 有關這個主題主要參考：Wolfgang Sofsky, *Die Ordnung des Terrors. Das Konzentrationslager* (Frankfurt/M: Fischer Taschenbuch Verlag, 1993). Günter Morsch, *Sachsenhausen. Das "Konzentrationslager bei der Reichshauptstadt". Gründung und Ausbau* (Berlin: Metropol Verlag, 2014).

54. Peter Longerich, *Heinrich Himmler. Biographie* (Munich: Siedler, 2008). 英譯參見：Peter Longerich, *Heinrich Himmler* (Oxford: Oxford University Press, 2012).

55. Klaus Wiegrefe, "Das Dunkle im Menschen," *Der Spiegel* 45/2008: 54-66.

56. Stefanie Endlich, *Die äußere Gestalt des Terrors. Zu Städtebau und Architektur der Konzentrationslager*, in: *Der Ort des Terrors. Geschichte der nationalsozialistischen Konzentrationslager*, eds. Wolfgang Benz & Barbara Distel, 9 vols. (Munich: C. H. Beck, 2005-2009), vol. 1, 214f.

57. Kurt Scharf. *Ein Leben für Gerechtigkeit und Frieden* (Berlin: Aktion Sühnezeichen Friedensdienste, 2003), 123.

58. 有關 Niemöller 牧師受難的經過可參見 Martin-Niemöller-Haus 和平教育中心所做的線上展覽《邁向成熟自主的教會》(*Unterwegs zur mündigen Gemeinde*. 網址：http://www.niemoeller-haus-ausstellung.de/tafel_niemoeller.html)，尤其是其中的 Tafel 20 與 Tafel 21.

59. 相關資料參見網站《反抗！？－新教基督徒與納粹政權下的基督徒》：http://de.evangelischer-widerstand.de/html/view.php?type=dokument&id=91

60. 本節主要資料來源："The Soviet special camp No.7 / No. 1945 – 1950" (http://www.stiftung-bg.de/gums/en/).

61. 相關網站可見：*Gedenkstätte Todesmarsch im Belower Wald* (http://www.stiftung-bg.de/below/).

62. 相關報導參見："Warum ein Nazi-Masenmörder rehabilitiert wurde," *Spiegel Online* (Aug. 24, 2004), http://www.spiegel.de/panorama/wissenschaftlicher-kollateralschaden-warum-ein-nazi-massenmoerder-rehabilitiert-wurde-a-314049.html (accessed March 2016).

63. "Sachsenhausen national memorial/ The one-sided historical perspective," http://www.stiftung-bg.de/gums/en/index.htm (accessed March 2016).

64. "For me, resistance consists of saying "no". But to say no is already an affirmation. It is very positive, the movement of saying no to an assassination, to a crime. Nothing is more creative, more life-affirming than saying no to an assassination, to cruelty, to the death penalty. One cannot say no to something one knows nothing about. You must have put your hands in something you hate to

be able to catch it and throw it in the air." Quoted from Alison Rose, "Déchiffrer le silence": A Conversation with Germaine Tillion," *Research in African Literatures* 35,1 (2004): 162-179, here 174.

65. 本文部分內容曾以〈納粹時期女性集中營裡的法國人類學家〉發表於《歷史學柑仔店》 (April 8, 2016), http://kam-a-tiam.typepad.com/blog/2016/04/ 納粹時期女性集中營裡的法國人 類學家 .html .

66. 關於這個集中營最新的研究見：Sarah Helm, *If This Is A Woman: Inside Ravensbruck: Hitler's Concentration Camp for Women* (London: Little, Brown Book Group, 2015).

67. 參見：Margaret Buber-Neumann, *Kafkas Freundin Milena* (Munich: G. Müller, 1963).

68. Bernhard Strebel, *Das KZ Ravensbrück* (Paderborn: Ferdinand Schöningh, 2003), 402.

69. 相關資料參見以下網站：Ravensbrück: 74 Cases of Medical Experiments Conducted on the Polish Political Prisoners in Women's Concentration Camp, http://individual.utoronto.ca/jarekg/ Ravensbruck/index.html (accessed March 2016).

70. Robert Gildea, *Fighters in the Shadows: A New History of the French Resistance* (Cambridge MA.: The Belknap Press, 2015), 66-69, 165, 499.

71. Germaine Tillion, *Ravensbrück* (Neuchâtel: Cahiers du Rhône,1972), "Introduction".

72. Germaine Tillion, *Ravensbrück* (Neuchâtel: Cahiers du Rhône,1946).

73. Germaine Tillion, *Ravensbrück* (Neuchâtel: Cahiers du Rhône,1972), "Introduction".

74. Germaine Tillion, *Le Verfügbar aux Enfers: Une opérette à Ravensbrück* (Paris: La Martinière, 2005).

75. Henry Samuel, "Diary of Nazi survivor turned into an opera," *The Telegraph* (June 2, 2007), http:// www.telegraph.co.uk/news/worldnews/1553410/Diary-of-Nazi-survivor-turned-into-an-opera.html (accessed Jan. 2016).

76. Alison Rose, "Déchiffrer le silence": A Conversation with Germaine Tillion," *Research in African Literatures* 35,1 (2004): 166.

77. 送去奧許維茨意謂著送去猶太人滅絕營 。引自：Alison Rose, "Déchiffrer le silence": A Conversation with Germaine Tillion," *Research in African Literatures* 35,1 (2004): 167.

78. 英譯轉引自：Donald Reid, "Germaine Tillion and Resistance to the Vichy Syndrome," *History & Memory* 15, 2 (Fall 2003): 36-63, here 38.

79. Donald Reid, "Germaine Tillion and Resistance to the Vichy Syndrome," *History & Memory* 15, 2 (Fall 2003), 47-48.

80. Germaine Tillion, *Ravensbrück* (Neuchâtel: Cahiers du Rhône,1946).

81. Tzvetan Todorov (ed), *Le Siècle de Germaine Tillion* (Paris: Seuil, 2007), 357; Donald Reid,

"Germaine Tillion and Resistance to the Vichy Syndrome," *History & Memory* 15, 2 (Fall 2003): 36-63, here 167-169.

82. Tzvetan Todorov, *Facing the Extreme: Moral Life in the Concentration Camp* (New York: Henry Holt and Company, 1996), 37.

83. Tzvetan Todorov, *Facing the Extreme: Moral Life in the Concentration Camp* (New York: Henry Holt and Company, 1996), 36, 77, 126.

84. 參見：Henry Rousso, *The Haunting Past. History, Memory, and Justice in Contemporary France* (Philadelphia: University of Pennsylvania Press, 2002).

85. Geneviève de Gaulle, "La condition des enfants au camp de Ravensbrück," *Revue d'histoire de la Deuxième Guerre mondiale, 12e année*, no. 45 (1962): 71-84, here 82.

86. Henry Rousso, *Vichy Syndrome. History and Memory in France since 1944*, revised edition (Cambridge, Mass.: Harvard University Press, 1994).

87. Donald Reid, "Germaine Tillion and Resistance to the Vichy Syndrome," *History & Memory* 15, 2 (Fall 2003): 43-47.

88. Tzvetan Todorov, "Germaine Tillion oder die leidenschaft des Versehen-Wollens," in: *Germaine Tillion: Die gestohlene Unschuld. Ein Leben zwischen Résistance und Ethnologie*, ed. Mechthild Gilzmer (Berlin: AvivA Verlag, 2015), 276-303, here 289-290.

89. Tzvetan Todorov, *Facing the Extreme: Moral Life in the Concentration Camp*, 126.

90. Germaine Tillion, *Ravensbrück* (Neuchâtel: Cahiers du Rhône, 1973), 213.

91. Germaine Tillion, *Combats de guerre et de paix* (Paris: Seuil, 2007), 81.

92. Robert O. Paxton, "The Truth About the Resistance," *The New York Review of Books* (Feb. 25, 2016), http://www.nybooks.com/articles/2016/02/25/truth-about-french-resistance/ (accessed April. 2016).

93. Robert Sommer, *Das KZ-Bordell. Sexuelle Zwangsarbeit in nationalsozialistischen Konzentrationslagern* (Paderborn: Schöningh, 2009).

94. Baris Alakus, Katharina Kniefacz, Robert Vorberg (ed), *Sex-Zwangsarbeit in nationalsozialistischen Konzentrationslagern* (Vienna: Mandelbaum Verlag, 2007).

95. Christl Wickert, "Tabu Lagerbordell. Vom Umgang mit der Zwangsprostitution nach 1945," in: Insa Eschebach, Sigrid Jacobeit, Silke Wenk (ed.), *Gedächtnis und Geschlecht. Deutungsmuster in Darstellungen des nationalsozialistischen Genozids* (Frankfurt/m: Campus, 2002), 41-58.

96. 引自：林蔚昀譯，《給我的詩。辛波絲卡詩選 1957-2012》（台北市：黑眼睛文化，2013年），頁 122。

97. 有關德國官方對此的研究成果參見「波茲坦軍事史研究局」(Potsdamer Militärgeschichtliche Forschungsamt) 相關出版品。

98. Wolfgang Benz, *Die 101 wichtigsten Fragen. Das Dritte Reich*, 2nd edition (München: Verlag C. H. Beck, 2008), 117.

99. 同上，頁 117-118。

100. 同上，頁 119。

101. 同上，頁 120-121。

102. Lena Knäpple, "Wehrmachtsaustellung," *Lexikon der Vergangenheitsbewältigung in Deutschland. Debatten-und Diskursgeschichte des Nationalsoyialismus nach 1945*, eds. Torben Fischer / Matthias N. Lorenz (Bielefeld: transcript Verlag, 2007), 288-290.

103. Thomas Vogel, "Widerstand gegen den Nationalismus," (Sept. 8, 2015), http://www.bpb.de/geschichte/deutsche-geschichte/199412/widerstand-gegen-den-nationalsozialismus (accessed Feb. 2016).

104. Wolfgang Benz, *Die 101 wichtigsten Fragen. Das Dritte Reich*, 2nd edition, 121.

第三篇　錯誤歷史記憶的困局：德勒斯登

1. Erich Kästner, *Als ich ein kleiner Junge war*, in: *Kästner für Erwachsene. Ausgewählte Schriften*, vol. 4 (Zurich: Atrium Verlag, 1983), 37.

2. 這樣的說法都還可見於生還者於德國第二公共電視台 2015 年播出的紀錄片 *Die Wahrheit über Dresden* 所做的陳述。

3. Norbert Frei, 1945. *Ikonen eines Jahres* (München: Schirmer Verlag, 2015), p. 57.

4. Frederick Taylor. *Dresden. Thursday 13 February 1945* (London: Bloomsbury Publishing, 2004) , pp. 432f.

5. Gorch Pieken, "The Benchmark: Dreseden, 13. Februar 1945. Vom Umgang einer Stadt mit ihrer Geschichte," *APuZ 5-7/ 2016* (Jan. 29, 2016), http://www.bpb.de/apuz/219405/dresden-13-februar-1945?p=all (accessed Feb. 2016).

6. http://www.nationalarchives.gov.uk/education/heroesvillains/g1/ (accessed Feb. 2016).

7. Frederick Taylor. *Dresden. Thursday 13 February 1945*, p. 430.

8. 同上，頁 432-433。

9. 同上，頁 428。

10. Tony Joel, *Dresden Firebombing. Memory and the Politics of Commenorating Destruction* (London: I. B. Tauris, 2013), 4.

11. Olaf B. Rader, *Kleine Geschichte Dresden* (Munich: C. H. Beck, 2005), 137-138.

12. Donald Bloxham, "Dresden as a War Crime," in: *Firestorm: The Bombing of Dresden, 1945*, ed. Paul Addison and Jeremy A. Crang (Chicago: Iven R. Dee Publisher, 2006), 180-208.

13. Frederick Taylor. *Dresden. Thursday 13 February 1945* (London: Bloomsbury Publishing, 2004).

14. *Die Zerstörung Dresdens 13. Bis 15.Februar 1945. Gutachten und Ergebnisse der Dresdner Historikerkommission zur Ermittlung der Opferzahlen*, ed. Rolf-Dieter Müller et al. (Göttingen: V&R unipress, 2010).

15. 同上，頁 36, 44-45, 48-49.

16. Frederick Taylor. *Dresden. Thursday 13 February 1945*, 404-405.

17. *Die Zerstörung Dresdens 13. bis 15. Februar 1945*, ed. Rolf-Dieter Müller, Nicole Schönherr, Thomas Widera (Göttingen: V & R unipress, 2010), p.5.

18. 最新研究指出，美聯社 (AP) 在 1933 至 1941 年間積極配合納粹德國的新聞政策，不僅在新聞報導時，屈從納粹的黨意，甚至提供圖像資料幫助納粹進行種族主義文宣。見：Harriet Scharnberg, "Das A und P der Propaganda. Associated Press und die nationalsozialistische Bildpublizistik," in: *Zeithistorische Forschungen/ Studies in Contemporary History*, 13,1 (2016): 11-37.

19. Frederick Taylor. *Dresden. Thursday 13 February 1945*，頁 422-424.

20. 同上，頁 426.

21. Luiselotte Enderle, *Vier Stationen*, reprinted in: *Kästner für Erwachsene. Ausgewählte Schriften*, vol. 4 (Zurich: Atrium Verlag, 1983), 336.

22. Erich Kästner, *Notabend 45. Ein Tagebuch* (1st edition: Zurich: Atrium Verlag, 1961; this edition: Munich: Deutscher Taschenbuch Verlag, 2015), 33.

23. 同上，頁 34-36.

24. 同上，頁 37.

25. 同上，頁 37-39.

26. 同上，頁 40.

27. 同上，頁 131-132.

28. Viktor Klemperer, *Ich will Zeugnis ablegen bis zum letzten* (Berlin: Aufbau Verlag, 1996).

29. 1945 年 2 月 15 日日記。

30. 1945 年 2 月 19 日日記。

31. 中譯本見：馮內果 (Kurt Vonnegut) 著，洛夫譯，《第五號屠宰場》（台北市：麥田出版有限公司，1994 年）。

32. Ray E. Boomhower, "Slaughterhouse-Five: Kurt Vonnegut Jr." *Traces of Indiana and Midwestern History* 11 (1999) (Indiana Historical Society)，參見：http://www.indianahistory.org/our-collections/reference/notable-hoosiers/kurt-vonnegut#.VmpyGjaA2u5 (accessed Dec. 2015).

33. 收錄於 Kurt Vonnegut, *Armageddon in Retrospect* (Berkley, 2009)，此信亦以 "Kurt Vonnegut on His Time as a POW" 為題轉載於 *Newsweek* (June 28, 2008)，見：http://www.newsweek.com/kurt-vonnegut-his-time-pow-91061 (accessed Dec. 2015).

34. 馮內果 (Kurt Vonnegut) 著，《第五號屠宰場》，頁 32。

35. 同上，頁 49。

36. 同上，頁 45。

37. Ray E. Boomhower, "Slaughterhouse-Five: Kurt Vonnegut Jr." in: *Traces of Indiana and Midwestern History* 11 (1999).

38. 馮內果 (Kurt Vonnegut) 著，洛夫譯，《第五號屠宰場》，頁 205-206 。

39. "Kurt Vonnegut on His Time as a POW".

40. 馮內果 (Kurt Vonnegut) 著，洛夫譯，《第五號屠宰場》，頁 238-239。

41. 引自：林蔚昀譯，《給我的詩．辛波絲卡詩選 1957-2012》（台北市：黑眼睛文化，2013 年），頁 56。

42 歌詞與〈耶利米哀歌〉完全吻合處，依照新修訂和合本中譯。

43. *Erinnerung, Gewalt, Verdrängung – Dresden und der 13. Februar*, p. 13.

44. Hans Vorländer, "Zerrissene Stadt: Kulturkampf in Dresden, " *APuZ 5-7/* 2016 (Jan. 20, 2016), http://www.bpb.de/apuz/219407/zerrissene-stadt-kulturkampf-in-dresden?p=all (accessed Feb. 2016).

45. *Erinnerung, Gewalt, Verdrängung – Dresden und der 13. Februar*, p. 41.

46. Claudia Jerzak, "Abolish Commemoration. Critique of the Discourse Relating to the Bombing of Dresden in 1945," http://www.abolishcommemoration.org/jerzak.html (accessed Dec. 2015).

47. "Dresden und die Gruppe Wolfspelz," ed. Bundeszentrale für politische Bildung und Robert-Havemann-Gesellschaft e.V., URL: www.jugendopposition.de/index.php?id=637 (accessed Dec. 2015).

48. http://www.spiegel.de/spiegel/print/d-14356828.html (accessed Dec. 2015).

49. Franziska Gerstenberg, "Mein Dresden – Essay," *APuZ 5-7/* 2016 (Jan. 29, 2016), http://www.bpb.de/apuz/219400/mein-dresden?p=all (accessed Feb. 2016).

50. Mathias Neutzner, "Dresden als Erinnerungsort," https://13februar.dresden.de/de/historie/erinnerungsort.php (accessed Dec. 2015).

第四篇　開放東德秘密警察檔案

1. Joachim Gauck, *Winter im Somme-Frühling im Herbst. Erinnerungen* (1st edition, Munich: Siedler Verlag; 2nd edition, Pantheon, 2011), 207, 221, 237-238. 此外亦可參見他比較早期的相關著作：Joachim Gauck, *Die Stasi-Akten. Das unheimliche Erbe der DDR* (Reinbeck bei Hamburg: Rowohlt Taschenbuch Verlag, 1991).

2. Joachim Gauck, *Winter im Somme—Frühling im Herbst. Erinnerungen*, 239-240.

3. 同上，頁 242.

4. 同上，頁 243.

5. 同上，頁 244.

6. 同上，頁 257.

7. 同上，頁 261.

8. 同上，頁 264.

9. 有關德國歷史學界對開放東德秘密警察檔案的爭辯參見 1992 年第 39 屆德國歷史學會年會的紀錄：*Wann bricht schon mal ein Staat zusammen! Die Debatte über die Stasi-Akten auf dem 39. Historikertag 1992*, ed. Klaus-Dietmar Henke (München: Deutscher Taschenbuch Verlag, 1993).

10. Joachim Gauck, *Winter im Somme—Frühling im Herbst. Erinnerungen*, 273.

11. 同上，頁 278-330.

12. 同上，頁 280.

13. 同上，頁 284.

14. Peter Wensierski, "Akte aus dem Sack," *Spiegel online* (9 May 2005), URL: http://www.spiegel.de/spiegel/print/d-40325357.html (accessed Feb. 2016); "Heinrich Finks Stasi-Akte rekonstruiert," *Der Tagesspiegel* (May 10, 2005), http://www.tagesspiegel.de/weltspiegel/gesundheit/heinrich-finks-stasi-akte-rekonstruiert/607158.html (accessed Feb. 2016).

15. Stefan Berger, "Pack und Gesindel," *Der Spiegel* 36/2000: 54-56; "Diestel punktet gegen Gauck," *Die Welt* (Sep. 23, 2000), http://www.welt.de/print-welt/article534933/Diestel-punktet-gegen-Gauck.html (accessed Feb. 2016); Joachim Gauck, *Winter im Somme—Frühling im Herbst. Erinnerungen*, 297.

16. Joachim Gauck, *Winter im Somme—Frühling im Herbst. Erinnerungen*, 306.

17. 同上，頁 309.

18. 同上，頁 311.

19. 同上，頁 312.

20. Joachim Gauck, *Winter im Somme—Frühling im Herbst. Erinnerungen* (1st edition, Munich: Siedler Verlag; 2nd edition, Pantheon, 2011), 322.

21. *Bericht der Bundesregierung zum Stand der Aufarbeitung der SED-Diktatur*, URL: http://www.bundesregierung.de/Content/DE/_Anlagen/BKM/2013-01-08-bericht-aufarbeitung-sed-diktatur.pdf?__blob=publicationFile (accessed Feb. 2016).

22. *Bericht der Bundesregierung zum Stand der Aufarbeitung der SED-Diktatur*, 23, 69-70.

23. Timothy Garton Ash, *The File. A Personal History* (London: Atlantic Books, 1st edition: 1997; revised edition: 2009). 根據原書第一版翻譯的中譯本：《檔案羅密歐》（台北市：時報出版，2000 年），頁 45。

24. Timothy Garton Ash, *The File. A Personal History*, 108. 中譯為筆者所譯。

25. 英國國會相關正式紀錄：Mrs Margaret Thatcher, The Prime Minister (15 November 1979). "Security (Written Answers)". Parliamentary Debates (Hansard). House of Commons. col. 679W–681W; Mrs Margaret Thatcher, The Prime Minister (21 November 1979). "Mr. Anthony Blunt". Parliamentary Debates (Hansard). House of Commons. col. 402–520.

26. Timothy Garton Ash, *The File. A Personal History*, 103. 中譯為筆者所譯。

27. 同上，頁 105. 中譯為筆者所譯。

28. 同上，頁 106-107. 中譯為筆者所譯。

29. 同上，頁 114-115.

30. 同上，頁 117.

31. 同上，頁 118-119.

32. 同上，頁 119.

33. 同上，頁 121.

34. 同上，頁 121-122.

35. 同上，頁 252.

36. 同上，頁 252-256.

37. 同上，頁 222.

38. Günter Grass, *Beim Häuten der Zwiebel* (Göttingen: Steidl Verlag, 2009).

39. Kai Schlüter, *Günter Grass im Visier. Die Stasi-Akten. Eine Dokumentation mit Kommentaren von*

Günter Grass und Zeitzeugen (Berlin: Ch. Links Verlag, 2010).

40. 同上，頁 329-334.

41. 同上，頁 9-10.

42. 同上，頁 10.

43. Cristof Siemes, "Leisetreter gab es genug," *Zeit online* (March 4, 2010), http://www.zeit.de/2010/10/ Interview-Grass/komplettansicht (accessed Feb. 2016).

44. Kai Schlüter, *Günter Grass im Visier. Die Stasi-Akten*, 220.

45. Cristof Siemes, "Leisetreter gab es genug," *Zeit online* (March 4, 2010).

46. 同上。

第五篇　收拾善後，轉換悲情

1. Primo Levi, *If This Is a Man* (New York: The Onion Press, 1959), 65.

2. Tony Judt, "The Courage of the Elementary," *New York Book Reviews* (May 20, 1999), http://www.nybooks.com/articles/1999/05/20/the-courage-of-the-elementary/ (accessed Feb. 2016); Tony Judt, *Post War: A History of Europe since 1945* (New York : Penguin Press, 2005), 807. 另可參見 International Primo Levi Studies Center (Centro Internazionale di Studi Primo Levi) 對《如果這算是人》各國譯本出版情況的介紹，例如希伯來文版：http://www.primolevi.it/Web/English/ Contents/Works/130_Translations/160_Hebrew (accessed Feb. 2016).

3. Tony Judt, "The Courage of the Elementary," *New York Book Reviews* (May 20, 1999).

4. 同上。

5. 吳叡人，《沒有寬恕就沒有未來：彩虹之國的和解與重建之路》新版序言（新北市：左岸出版社，2013 年）。

6. Primo Levi, *If This Is a Man*, 98.

7. 同上，頁 91.

8. 同上，頁 21-22.

9. Primo Levi, *The Complete Works of Primo Levi*, ed. Ann Goldstein, 3 vols. (New York : Liveright Publishing Corporation, 2015).

10. Primo Levi, *The Drowned and the Saved* (London: Michael Joseph, 1988), 8.

11. 同上，頁 9.

12. 同上，頁 6.

13. 同上，頁 9.

14. 同上，頁 63-64.

15. Daniel L. Schacter, *The Seven Sins of Memory: How the Mind Forgets and Remembers*（Boston: Houghton Mifflin Company, 2002）.

16. Moroslav Volf, *The End of Memory: Remembering Rightly in a Violent World* (Michigan: Wm. B. Eerdmans Publishing Co., 2002), Ch. 2 "Memory: Shield and Sword".

17. "Carlo Ginzburg talked to Trygve Riiser Gundersen: On the dark side of history," *Eurozine* (July 11, 2003). http://www.eurozine.com/articles/2003-07-11-ginzburg-en.html (accessed Feb. 2016).

18. 本文初稿曾發表於：花亦芬，〈如何撫平大屠殺留下來的世代傷痛？〉，《台大校友雙月刊》105 期，頁 25-29。

19. "Begegnung mit Shoah-Überlebenden," *Deutsche Welle* (Aug. 7, 2013), http://www.dw.com/de/begegnungen-mit-schoah-überlebenden/a-16974011 (accessed Jan. 2016).

20. Joseph Wulf & Léon Poliakov, *Das Dritte Reich und die Juden. Dokumente und Aufsätze* (Köln: Arani, 1955).

21. Joseph Wulf & Léon Poliakov, *Das Dritte Reich und seine Diener* (Köln: Arani, 1956).

22. Joseph Wulf & Léon Poliakov, *Das Dritte Reich und seine Denker. Dokumente* (Köln: Arani, 1959).

23. Joseph Wulf & Léon Poliakov, *Die bildenden Künste im Dritten Reich* (Gütersloh: Sigbert Mohn, 1963).

24. 轉引自：Klaus Kempter, *Joseph Wulf: Ein Historikerschicksal in Deutschland* (Göttingen: Vandenhoeck & Ruprecht, 2013), 384.

25. Nicolas Berg, *Der Holocaust und die westdeutschen Historiker: Erforschung und Erinnerung* (Wallstein Verlag, 2003), 341.

26. Martin Broszat, "Probleme zeitgeschichtlicher Dokumentationen," *Neue Politische Literatur* 2 (1957): 298-304.

27. Nicolas Berg, *Der Holocaust und die westdeutschen Historiker*, 343.

28. 同上，頁 415.

29. 同上，頁 568-576.

30. Nadine Wojcik, "Eine persönliche Reise," Deutsche Welle (June 11, 2012), http://www.dw.com/de/eine-persönliche-reise/a-16013664 (accessed Jan. 2016).

31. Geoffrey Hartman, *The Longest Shadow: In the Aftermath of the Holocaust* (Bloomington and Indianapolis: Indiana University Press, 1996), 50.

32. 安妮。法蘭克 (Anne Frank) 著，呂玉嬋譯，《安妮日記》（台北市：皇冠文化出版公司，

2013 年），頁 287。

33. Alexander and Margarete Mitscherlich, *Die Unfähigkeit zu trauern* (Munich: R. Piper Verlag, 1967).

34. "Dir ist was Schreckliches passiert," *Der Spiegel* 17/2005: 172-176.

35. Hartmut Radebold, *Abwesende Väter. Folgen der Kriegskindheit in Pszchoanalysen* (Göttingen: Vandenhoeck und Ruprecht Verlag, 2000).

36. Hartmut Radebold, *Abwesende Väter und Kriegskindheit: Alte Verletzungen bewältigen* (Stuttgart: Klett-Cotta, 2010).

37. "Dir ist was Schreckliches passiert," *Der Spiegel* 17/2005: 172-176; "Das Leid der Kinder spielte damals keine Rolle. Ein Interview mit Prof. Hartmut Radebold," in: *Kriegskinder, special issue of Die BAGSO Nachrichten* (Das Magazine der Bundesarbeitsgemeinschaft der Senioren-Organisationen) 04/2012: 3-6.

38. Peter Kohl & Dona Kujacinski, *Hannelore Kohl: Ihr Leben* (Köln: Droemer Knaur, 2002).

39. Sabine Bode, Kriegsenkel. *Die Erben der vergessenen Generation* (Stuttgart: Klett-Cotta, 2009).

40. Sabine Bode, Kriegsenkel. *Die Erben der vergessenen Generation* (Stuttgart: Klett-Cotta, 2015), 12.

41. Hartmut Radebold, *Spurensuche eines Kriegskindes* (Stuttgart: Klett-Cotta, 2015)。

42. Gedenkstätte Plötzensee 官網：http://www.gedenkstaette-ploetzensee.de/01_dt.html (accessed Feb. 2016).

43. Julia Reuschenbach, " 'Tempel des Antifaschismus'? - Die Nationalen Mahn- und Gedenkstätten der DDR," (Jan. 26, 2015), http://www.bpb.de/geschichte/zeitgeschichte/deutschlandarchiv/199442/tempel-des-antifaschismus-die-nationalen-mahn-und-gedenkstaetten-der-ddr (accessed Feb. 2016).

44. Jan Philipp Reemtsma, "Wozu Gedenkenstätten?" in *Zukunft der Erinnerung, Aus Politik und Zeitgeschichte* 25-26/2010, 5-6, http://www.bpb.de/apuz/32663/wozu-gedenkstaetten?p=all (accessed March 2016).

45. Volkhard Knigge, "Zur Zukunft der Erinnerung," in *Zukunft der Erinnerung, Aus Politik und Zeitgeschichte* 25-26/2010, 10-23.

46. Volkhard Knigge, "Zur Zukunft der Erinnerung," in *Zukunft der Erinnerung, Aus Politik und Zeitgeschichte* 25-26/2010, 11.

47. Moroslav Volf, *The End of Memory: Remembering Rightly in a Violent World* (Michigan: Wm. B. Eerdmans Publishing Co., 2002), Ch. 1 "Memory of Interrogations".

48. Harald Welzer, Sabine Moller, Karoline Tschuggnall, »*Opa war kein Nazi*« *Nationalsozialismus und Holocaust im Familiengedächtnis* (Frankfurt/M: Fischer Taschenbuch Verlag, 2002).

49. 同上，頁 11。

50. 同上，頁 54。

51. 同上，頁 200。

52. 同上，頁 207.

53. Christian Staas, "Was geht mich das noch an?" *Zeit online* (Nov. 4, 2010), http://www.zeit.de/2010/45/Erinnern-NS-Zeit-Jugendliche (accessed April 2016).

54. Reinhart Koselleck, "Formen und Traditionendes negative Gedächtnisses," in: Volkhard Knigge & Norbert Frei (eds), *Verbrechen Erinnern: Die Auseinandersetzung mit Holocaust und Völkermord* (München: C. H. Beck, 2002), 21-32, here 29 .

引用書目與文獻

（A）外文部分

Alakus, Baris & Katharina Kniefacz, Robert Vorberg (ed). *Sex-Zwangsarbeit in nationalsozialistischen Konzentrationslagern*. Vienna: Mandelbaum Verlag, 2007.

Appenzeller, Gerd. "Die Deutschen wissen heute wohl⋯," *Der Tagesspiegel* (May 8, 2005). http://www.tagesspiegel.de/politik/die-deutschen-wissen-heute-wohl/606844.html (accessed Jan. 2016).

Arendt, Hannah. "Some Questions of Moral Philisophy." In her *Responsibility and Judgment*, ed. Jerome Kohn (New York: Schocken Books, 2003), 49-146.

Ash, Timothy Garton. The File. *A Personal History*. London: Atlantic Books, 1st edition: 1997; revised edition: 2009. 根據原書第一版翻譯的中譯本：《檔案羅密歐》（台北市：時報出版，2000年）。

-----. "The New German Question." *The New York Review of Books* (Aug. 15, 2013). http://www.nybooks.com/articles/2013/08/15/new-german-question/

Assmann, Aleida. *Auf dem Weg zu einer europäischen Gedächtniskultur?* Wien: Picus Verlag, 2012.

Bauer, Yehuda. *Rethinking the Holocaust*. New Haven: Yale University Press, 2000.

Baumann, Zygmunt. *Modernity and the Holocaust*. Ithaca: Cornell University Press, 2000.

"Begegnung mit Shoah-Überlebenden." *Deutsche Welle* (Aug. 7, 2013). http://www.dw.com/de/begegnungen-mit-schoah-überlebenden/a-16974011 (accessed Jan. 2016).

Benz, Wolfgang. *Dimension des Völkermords: Die Zahl der jüdischen Opfer des Nationalsozialismus*. München: Oldenbourg, 1991.

-----. *Die 101 wichtigsten Fragen. Das Dritte Reich*, 2nd edition. München: Verlag C. H. Beck, 2008.

-----. Sinti und Roma: *Die unerwünschte Minderheit. Über das Vorurteil Antiziganismus*. Berlin: Metropol Verlag, 2014.

Berg, Nicolas. *Der Holocaust und die westdeutschen Historiker: Erforschung und Erinnerung*. Göttingen: Wallstein Verlag, 2003.

Berger, Stefan. "Pack und Gesindel," *Der Spiegel* 36/2000: 54-56.

Bericht der Bundesregierung zum Stand der Aufarbeitung der SED-Diktatur. http://www.bundesregierung.de/Content/DE/_Anlagen/BKM/2013-01-08-bericht-aufarbeitung-sed-diktatur.pdf?__blob=publicationFile (accessed Feb. 2016).

Blasius, Rainer. "Bonn und der 8. Mai," F.A.Z.-E-Paper (May 18, 2015). http://www.faz.net/aktuell/

politik/die-gegenwart/70-jahre-kriegsende-bonn-und-der-8-mai-13585461.html (accessed Jan. 2016).

Bloxham, Donald. "Dresden as a War Crime." In: *Firestorm: The Bombing of Dresden*, 1945, ed. Paul Addison and Jeremy A. Crang (Chicago: Iven R. Dee Publisher, 2006), 180-208.

Bode, Sabine. Kriegsenkel. *Die Erben der vergessenen Generation*. Stuttgart: Klett-Cotta, 1st edition 2009; revised edition 2015.

Boomhower, Ray E. "Slaughterhouse-Five: Kurt Vonnegut Jr." *Traces of Indiana and Midwestern History* 11 (1999) (Indiana Historical Society). 參見：http://www.indianahistory.org/our-collections/ reference/notable-hoosiers/kurt-vonnegut#.VmpyGjaA2u5 (accessed Dec. 2015).

Brodkorb, Mathias (ed). *Singuläres Auschwitz? Ernst Nolte, Jürgen Habermas und 25 Jahre „Historikerstreit."* Banzkow: Adebor Verlag, 2011.

Broek, Erika Prins and Gertjan. "One day they simply weren＇t there any more⋯" http://www. annefrank.org/ImageVaultFiles/id_17535/cf_21/One_day_they_simply_weren.PDF.

Broszat, Martin. "Probleme zeitgeschichtlicher Dokumentationen." *Neue Politische Literatur 2* (1957): 298-304.

Buber-Neumann, Margaret. *Kafkas Freundin Milena*. Munich: G. Müller, 1963.

"Carlo Ginzburg talked to Trygve Riiser Gundersen: On the dark side of history." *Eurozine* (July 11, 2003). http://www.eurozine.com/articles/2003-07-11-ginzburg-en.html (accessed Feb. 2016).

Cottrell, Chris. "Memorial to Roma Holocaust Victims Opens in Berlin." *The New York Times* (Oct. 24, 2012).

"Das Leid der Kinder spielte damals keine Rolle. Ein Interview mit Prof. Hartmut Radebold." In: *Kriegskinder*, special issue of Die BAGSO Nachrichten (Das Magazine der Bundesarbeitsgemeinschaft der Senioren-Organisationen) 04/2012: 3-6.

Davies, Norman and Roger Moorhouse. Microcosm: *A Portrait of a Central European City*. London: Pimlico, 2003.

"Declaration of the Stockholm International Forum on the Holocaust." https://www. holocaustremembrance.com/about-us/stockholm-declaration (accessed Jan. 2016).

"Diestel punktet gegen Gauck." *Die Welt* (Sep. 23, 2000). http://www.welt.de/print-welt/article534933/ Diestel-punktet-gegen-Gauck.html (accessed Feb. 2016).

"Dir ist was Schreckliches passiert." *Der Spiegel* 17/2005: 172-176.

"Don't make us Führer." *The Economist* (April 13, 2013). http://www.economist.com/news/ europe/21576142-germans-are-losing-patience-being-cast-euro-zones-scapegoats-dont-make-us-führer (accessed Jan. 2016).

"Dresden und die Gruppe Wolfspelz." Ed. Bundeszentrale für politische Bildung und Robert-Havemann-Gesellschaft e.V. www.jugendopposition.de/index.php?id=637 (accessed Dec. 2015).

Enderle, Luiselotte. *Vier Stationen*, reprinted in: *Kästner für Erwachsene. Ausgewählte Schriften*, vol. 4. Zurich: Atrium Verlag, 1983.

Deutsches Historisches Museum. Ideen- Kontroversen- Perspektiven. Ed. Christoph Stölzl. Frankfurt/M: Verlag Ullstein, 1988.

Endlich, Stefanie. *Die äußere Gestalt des Terrors. Zu Städtebau und Architektur der Konzentrationslager*. In: *Der Ort des Terrors. Geschichte der nationalsozialistischen Konzentrationslager*. Ed. Wolfgang Benz & Barbara Distel. 9 vols. Munich: C. H. Beck, 2005-2009. Vol. 1, 214f.

"Erinnerungen an einen Tag im Mai." *Deutsche Welle* (8 May 2015). http://www.dw.com/de/erinnerungen-an-einen-tag-im-mai/a-18416664 (accessed on 1 Jan. 2016).

Feldmann, Lily. *GardnerGermany's Foreign Policy of Reconciliation: From Enmity to Amity*. Lanham: Rowman & Littlefield Publishers, 2012.

Frei, Norbert. *1945 und Wir. Das Dritte Reich im Bewußtseinder Deutschen*. München: Deutscher Taschenbuch Verlag, 2009.

-----. 1945. *Ikonen eines Jahres*. München: Schirmer Verlag, 2015.

Friedmann, Jan. "Geschichtsunterricht: Deutsche Schulbücher sind beim Thema Holocaust unpräzise." *Spiegel online* (Jan. 27, 2014). http://www.spiegel.de/schulspiegel/wissen/holocaust-schulbuchkritik-falsche-darstellung-des-judenmords-a-945412.html (accessed Jan. 2016).

Fürstenau, Marcel. "Stasi-Akten: Mehr als eine Behörde." *Deutsche Welle* (April 11, 2016). http://www.dw.com/de/stasi-akten-mehr-als-eine-behörde/a-19178536 (accessed April 2016).

Gauck, Joachim. *Die Stasi-Akten. Das unheimliche Erbe der DDR*. Reinbeck bei Hamburg: Rowohlt Taschenbuch Verlag, 1991.

-----. "Gerechtigkeit, Versöhnung und Strafe als gesellschaftliche und politische Herausforderungen." In: *Versöhnung, Strafe und Gerechtigkeit. Das schwere Erbe von Unrechts-Staaten*. Ed. Michael Bongardt , Ralf K. Wüstenberg (Göttingen: Ruprecht, 2010), 17-28.

-----. *Winter im Somme—Frühling im Herbst. Erinnerungen*. 1st edition, Munich: Siedler Verlag; 2nd edition, Pantheon, 2011.

-----. "Speech at Tongji University in China." (March 23, 2016). http://www.bundespraesident.de/SharedDocs/Reden/EN/JoachimGauck/Reden/2016/160323-Speech-Tongji-China.html (accessed April 2016).

Gaulle, Geneviève de. "La condition des enfants au camp de Ravensbrück." *Revue d'histoire de la Deuxième Guerre mondiale, 12e année*, no. 45 (1962): 71-84.

Gerstenberg, Franziska. "Mein Dresden – Essay." APuZ 5-7/ 2016 (Jan. 29, 2016), http://www.bpb.de/apuz/219400/mein-dresden?p=all (accessed Feb. 2016).

Ghaemi, S. Nassir. *A First-rate Madness:Uncovering the Links between Leadership and Mental Illness.* London: Penguin Press, 2011. 中譯：《領導人都是瘋子：第一本解析領導特質與精神疾病關聯的機密報告》。台北市：三采出版社，2012 年。

Gildea, Robert. *Fighters in the Shadows: A New History of the Frech Resistance.* Cambridge MA.: The Belknap Press, 2015.

Goldhagen, Daniel. *Hitler's Willing Executioners. Ordinary Germans and The Holocaust.* New York: Alfred A. Knopf, 1996.

Grass, Günter. *Beim Häuten der Zwiebel.* Göttingen: Steidl Verlag, 2009.

Gruner, Wolf. *Widerstand in der Rosenstraße. Die Fabrik-Aktion und die Verfolgung der "Mischehen"* 1943. Frankfurt/M: Fischer Verlag, 2005.

Hartman, Geoffrey. *The Longest Shadow: In the Aftermath of the Holocaust.* Bloomington and Indianapolis: Indiana University Press, 1996.

"Heinrich Finks Stasi-Akte rekonstruiert." *Der Tagesspiegel* (May 10, 2005). http://www.tagesspiegel.de/weltspiegel/gesundheit/heinrich-finks-stasi-akte-rekonstruiert/607158.html (accessed Feb. 2016).

Helm, Sarah. *If This Is A Woman: Inside Ravensbruck: Hitler's Concentration Camp for Women.* London: Little, Brown Book Group, 2015.

Hengst, Björn. "Hitlers Hetzschrift: Kann man 'Mein Kampf' jetzt einfach kaufen?" *Spiegel online* (Dec. 28, 2015). http://www.spiegel.de/kultur/gesellschaft/mein-kampf-kann-man-hitlers-hetzschrift-jetzt-einfach-kaufen-a-1068642.html (accessed Jan. 2016).

Herf, Jeffrey. *Divided Memory: The Nazi Past in the Two Germanys.* Cambridge, M.A.: Harvard University Press, 1997.

Heuss, Theodor. "Ehrfurcht vor dem Tod." http://www.zeit.de/reden/die_historische_rede/heuss_holocaust_200201 (accessed 7 Jan. 2016).

"Illiberal central Europe: Big, bad Visegrad." *The Economist* (Jan. 30, 2016). http://www.economist.com/news/europe/21689629-migration-crisis-has-given-unsettling-new-direction-old-alliance-big-bad-visegrad?zid=309&ah=80dcf288b8561b012f603b9fd9577f0e (accessed April 2016).

Jaspers, Karl. *Die Schuldfragen.* Heidelberg: Lambert Schneider, 1946.

-----. *Philosophische Autobiographie.* 2nd edition. München:Piper Verlag, 1977.

Jerzak, Claudia. "Abolish Commemoration. Critique of the Discourse Relating to the Bombing of Dresden in 1945." http://www.abolishcommemoration.org/jerzak.html (accessed Dec. 2015).

Jochheim, Gernot. *27. Januar – Tag des Gedenkens an die Opfer des Nationalsozialismus*. Informationen zur politischen Bildung aktuell Nr. 23/ 2012, 2. http://www.bpb.de/shop/zeitschriften/info-aktuell/75752/27-januar-gedenktag-fuer-die-opfer-des-nationalsozialismus (accessed Jan. 2016).

Joel, Tony. *Dresden Firebombing. Memory and the Politics of Commenorating Destruction*. London: I. B. Tauris, 2013.

Judt, Tony. *Post War: A History of Europe since 1945*. New York : Penguin Press, 2005.

-----. "The Courage of the Elementary." *New York Book Reviews* (May 20, 1999). http://www.nybooks.com/articles/1999/05/20/the-courage-of-the-elementary/ (accessed Feb. 2016).

Kästner, Erich. *Als ich ein kleiner Junge war*. In: *Kästner für Erwachsene. Ausgewählte Schriften*, vol. 4. Zurich: Atrium Verlag, 1983.

-----. *Notabend 45. Ein Tagebuch*. 1st edition: Zurich: Atrium Verlag, 1961; Munich: Deutscher Taschenbuch Verlag, 2015.

Kempter, Klaus. *Joseph Wulf: Ein Historikerschicksal in Deutschland*. Göttingen: Vandenhoeck & Ruprecht, 2013.

Kershaw, Ian. *Hitler 1889–1936: Hubris*. London: W. W. Norton & Company, 1998.

-----. *Hitler 1936–1945: Nemesis*. London: W. W. Norton & Company, 2000.

Kesting, Hanjo. *Ein Blatt vom Machandelbaum: deutsche Schriftsteller vor und nach 1945*. Göttingen: Wallstein, 2008.

Klaska, Frauke. "Kollektivschuldthese." In: *Lexikon der Vergangenheitsbewältigung in Deutschland. Debatten-und Diskursgeschichte des Nationalsoyialismus nach 1945*. Ed. Torben Fischer / Matthias N. Lorenz (Bielefeld: transcript Verlag, 2007), 43-44.

Klemperer, Klems von. *German Resistance against Hitler. The Search for Allies Abroad, 1938-1945*. Oxford: Clarendon Press, 1992.

Klemperer, Viktor. *Ich will Zeugnis ablegen bis zum letzten*. Berlin: Aufbau Verlag, 1996.

Kohl, Peter & Dona Kujacinski. *Hannelore Kohl: Ihr Leben*. Köln: Droemer Knaur, 2002.

Kosselleck, Reinhart. "Wer darf vergessen werden? Das Holocaust-Mahnmal hierarchisiert die Opfer. Die falsche Ungeduld." *Zeit online* (March 19, 1998). http://www.zeit.de/1998/13/holocaust.txt.19980319.xml (accessed March 2016).

-----. " Formen und Traditionendes negative Gedächtnisses." In: Volkhard Knigge & Norbert Frei (eds), *Verbrechen Erinnern: Die Auseinandersetzung mit Holocaust und Völkermord* (München: C. H.

Beck, 2002), 21-32.

Knäpple, Lena. "Wehrmachtsaustellung," *Lexikon der Vergangenheitsbewältigung in Deutschland. Debatten-und Diskursgeschichte des Nationalsoyialismus nach 1945.* Ed. Torben Fischer / Matthias N. Lorenz (Bielefeld: transcript Verlag, 2007), 288-290.

Knigge, Volkhard. "Zur Zukunft der Erinnerung." In: *Zukunft der Erinnerung, Aus Politik und Zeitgeschichte* 25-26/2010, 10-23.

Knigge, Volkhard et al. (ed). *Zwangsarbeit. Die Deutschen, die Zwangsarbeiter und der Krieg.* Essen: Klartext Verlag, 2012.

Krzeminski, Adam. "Wo Geschichte europäisch wird." *Zeit online* (Dec. 31, 2002). http://www.zeit. de/2002/26/Wo_Geschichte_europaeisch_wird (accessed March 2016).

-----. "Die schwierige deutsch-polnische Vergangenheitspolitik." *Aus Politik und Zeitgeschichte* 40-41/ 2003 (29 Sep. 2003): 3-5.

Kurianowicz, Tomasz. "Przemek Wojcieszek im Gespräch: Politische Satire hat es auch in Polen schwer." *Frankfurter Allgemeine Zeitung* (April 26, 2016).

http://www.faz.net/aktuell/feuilleton/debatten/przemek-wojcieszek-ueber-politische-satire-in-polen-14187707.html (accessed April 2016).

Kielmansegg, Peter Graf von *Nach der Katastrophe.* Eine Geschichte des geteilten Deutschland. Berlin: Siedler Verlag, 2000.

Kirsch, Jan-Holger. Nationaler Mythos oder historische Trauer? Der Streit um ein zentrales "Holocaust-Mahnmal" für die Berliner Republik. Köln: Bölau Verlag, 2003.

Küsters, Hanns Jürgen. "Von der beschränkten zur vollen Souveränität Deutschlands." *Aus Politik und Zeitgeschichte* 17/ 2005 (April 22, 2005). http://www.bpb.de/apuz/29084/von-der-beschraenkten-zur-vollen-souveraenitaet-deutschlands?p=all (accessed Jan. 2016).

Lange, Erhard H. M. "Theodor Heuss (FDP)." http://www.bpb.de/geschichte/deutsche-geschichte/ grundgesetz-und-parlamentarischer-rat/39076/theodor-heuss-fdp (accessed Jan. 2016).

Lau, Miriam, "Lea Rosh ist am Ziel ihrer langen Belehrungsmission." *Die Welt* (Dec. 15, 2004).

"Leben in Trümmern: Botschaft an ‘Onkel Emil’ ." *Spiegel online* (April 1, 2003). http://www.spiegel. de/spiegelspecial/a-290182.html (accessed Feb. 2016).

Levi, Primo. *If This Is a Man*. New York: The Onion Press, 1959.

-----. *The Complete Works of Primo Levi*. Ed. Ann Goldstein, 3 vols. New York : Liveright Publishing Corporation, 2015.

Longerich, Peter. *Heinrich Himmler. Biographie*. Munich: Siedler, 2008. 英譯參見：Peter Longerich,

Heinrich Himmler. Oxford: Oxford University Press, 2012.

-----. *Hitler. Biograohie.* München: Siedler Verlag, 2015.

Markwardt, Nils. "Wer hat Angst vor einem Buch?" *Zeit online* (Jan. 8, 2015). http://www.zeit.de/kultur/literatur/2016-01/hitler-mein-kampf-kommentar (accessed Jan. 2016).

Meier, Christian. "Zum deutschen gedenkwesen." In: Norbert Lammert (ed), *Erinnerungskultur* (Konrad-Adenauer-Stiftung 2004), 21-42.

Meehan, Patricia. *The Unnecessary War: Whitehall and the German Resistance to Hitler.* London: Sinclair-Stevenson Ltd., 1992.

Meier, Christian. *Das Gebot zu vergessen und die Unabweisbarkeit des Erinnerns: Vom öffentlichen Umgang mit schlimmer Vergangenheit.* Berlin: Siedler Verlag, 2010.

Meyer, Dennis. "Entnazifizierung," *Lexikon der Vergangenheitsbewältigung in Deutschland. Debatten- und Diskursgeschichte des Nationalsoyialismus nach 1945.* Ed. Torben Fischer / Matthias N. Lorenz (Bielefeld: transcript Verlag, 2007),18-19.

Mitscherlich, Alexander and Margarete. *Die Unfähigkeit zu trauern.* Munich: R. Piper Verlag, 1967.

Möller, Horst. "Feldzüge gegen das Vergessen." F.A.Z.-E-Paper (2 Jan 2016). http://www.faz.net/aktuell/politik/politische-buecher/peter-merseburger-theodor-heuss-feldzuege-gegen-das-vergessen-12056190.html (accessed Jan. 2016).

Moltke, Helmuth James und Freya von. *Abschiedsbriefe Gefängnis Tegel. September 1944 - Januar 1945* (München: C. H. Beck, 2011), 63-64.

Mommsen, Hans. ʻNationalsozialismus.ʼ In: *Sowjetsystem und demokratische Gesellschaft*, ed. Claus D. Kernig, vol. IV (Freiburg i.Br. 1971), Sp. 623-695.

Morsch, Günter. Sachsenhausen. *Das "Konzentrationslager bei der Reichshauptstadt". Gründung und Ausbau.* Berlin: Metropol Verlag, 2014.

Müller, Rolf-Dieter & Nicole Schönherr, Thomas Widera (ed). *Die Zerstörung Dresdens 13. Bis 15.Februar 1945. Gutachten und Ergebnisse der Dresdner Historikerkommission zur Ermittlung der Opferzahlen.* Göttingen: V&R unipress, 2010.

Neutzner, Mathias "Dresden als Erinnerungsort." https://13februar.dresden.de/de/historie/erinnerungsort.php (accessed Dec. 2015).

"Ohne Moral läßt sich kein Genozid durchführen." *Frankfurter Allgemeine Sonntagszeitung* (Sept. 04, 2005), 69.

Ouroussoff, Nicolai. "A Forest of Pillars, Recalling the Umimaginable." *The New York Times* (May 9, 2005).

Owen, David. *In Sickness and in Power: Illness in Heads of Government During the Last 100 Years.* London: Praeger, 2008. 中譯:《疾病與權力:診斷百年來各國領袖的疾病、抑鬱與狂妄》(新北市:左岸文化,2011 年)。

Paxton, Robert O. "The Truth About the Resistance." *The New York Review of Books* (Feb. 25, 2016). http://www.nybooks.com/articles/2016/02/25/truth-about-french-resistance/ (accessed April. 2016).

Pieken, Gorch. "The Benchmark: Dreseden, 13. Februar 1945. Vom Umgang einer Stadt mit ihrer Geschichte." APuZ 5-7/ 2016 (Jan. 29, 2016). http://www.bpb.de/apuz/219405/dresden-13-februar-1945?p=all (accessed Feb. 2016).

Radebold, Hartmut. *Abwesende Väter. Folgen der Kriegskindheit in Pszchoanalysen.* Göttingen: Vandenhoeck und Ruprecht Verlag, 2000.

-----. *Abwesende Väter und Kriegskindheit: Alte Verletzungen bewältigen.* Stuttgart: Klett-Cotta, 2010.

-----. *Spurensuche eines Kriegskindes.* Stuttgart: Klett-Cotta, 2015.

Rader, Olaf B. *Kleine Geschichte Dresden.* Munich: C. H. Beck, 2005.

Reemtsma, Jan Philipp. "Wozu Gedenkenstätten?" In: *Zukunft der Erinnerung, Aus Politik und Zeitgeschichte* 25-26/2010, 5-6. http://www.bpb.de/apuz/32663/wozu-gedenkstaetten?p=all (accessed March 2016).

Reichel, Peter. *Vergangenheitsbewältigung in Deutschland. Die Auseinandersetzung mit der NS-Diktatur in Politik und Justiz* (München: C. H. Beck, 2007), 30-41.

-----. *Erfundene Erinnerung – Weltkrieg und Judenmord in Film und Theater.* Frankfurt/M: Carl Hanser Verlag, 2007.

Reid, Donald. "Germaine Tillion and Resistance to the Vichy Syndrome." *History & Memory* 15, 2 (Fall 2003): 36-63.

Rensing, Mathias. *Geschichte und Politik in den Reden der deutschen Bundespräsidenten 1949-1984* (Münster /New York: Waxmann Verlag, 1996), 115-133.

Resolution adopted by the General Assembly on the Holocaust Remembrance (A/RES/60/7, 1 November 2005). http://www.un.org/en/holocaustremembrance/docs/res607.shtml (accessed on Jan. 8, 2016).

Reuschenbach, Julia. " 'Tempel des Antifaschismus' ? - Die Nationalen Mahn- und Gedenkstätten der DDR." (Jan. 26, 2015). http://www.bpb.de/geschichte/zeitgeschichte/deutschlandarchiv/199442/tempel-des-antifaschismus-die-nationalen-mahn-und-gedenkstaetten-der-ddr (accessed Feb. 2016).

Rose, Alison. "Déchiffrer le silence": A Conversation with Germaine Tillion." *Research in African Literatures* 35,1 (2004): 162-179.

Rousso, Henry. *Vichy Syndrome. History and Memory in France since 1944*, revised edition. Cambridge, Mass.: Harvard University Press, 1994.

-----. *The Haunting Past. History, Memory, and Justice in Contemporary France*. Philadelphia: University of Pennsylvania Press, 2002.

Rudolf, Hermann. "Ein Ende, das ein Anfang war." *Der Tagesspiegel* (May 9, 2010). http://www. tagesspiegel.de/meinung/8-mai-1945-ein-ende-das-ein-anfang-war/1817120.html (accessed Jan. 2016).

"Sachsenhausen national memorial/ The one-sided historical perspective." http://www.stiftung-bg.de/ gums/en/index.htm (accessed March 2016).

Samuel, Henry. "Diary of Nazi survivor turned into an opera." *The Telegraph* (June 2, 2007). http:// www.telegraph.co.uk/news/worldnews/1553410/Diary-of-Nazi-survivor-turned-into-an-opera.html (accessed Jan. 2016).

Schacter, Daniel L. *The Seven Sins of Memory: How the Mind Forgets and Remembers*. Boston: Houghton Mifflin Company, 2002.

Scharf, Kurt. *Ein Leben für Gerechtigkeit und Frieden*. Berlin: Aktion Sühnezeichen Friedensdienste, 2003.

Scharnberg, Harriet. "Das A und P der Propaganda. Associated Press und die nationalsozialistische Bildpublizistik." *Zeithistorische Forschungen/ Studies in Contemporary History*, 13,1 (2016): 11-37.

Scheel, Walter. "30 Jahren nach dem Krieg. – Rede in der Schlosskirche zu Bonn am 6. Mai 1975." In: Walter Scheel, *Vom Recht des Anderen. Gedanken zur Freiheit* (Düsseldorf-Vienna: E. A. Econ, 1977), 27-40.

Schlie, Ulrich. "Widerstand gegen Hitler: Die Briten und das Moltke-Dossier." *Der Tagesspeigel* (Jan. 4, 2009). http://www.tagesspiegel.de/politik/geschichte/widerstand-gegen-hitler-die-briten-und-das-moltke-dossier/1408570.html (accessed Feb. 2016).

Schröder, Dominique. "Bergen-Belsen-Prozess." In: *Lexikon der Vergangenheitsbewältigung in Deutschland. Debatten-und Diskursgeschichte des Nationalsoyialismus nach 1945*. Ed. Torben Fischer / Matthias N. Lorenz (Bielefeld: transcript Verlag, 2007), 25-26.

Schlüter, Kai. *Günter Grass im Visier. Die Stasi-Akten. Eine Dokumentation mit Kommentaren von Günter Grass und Zeitzeugen*. Berlin: Ch. Links Verlag, 2010.

Schmid, Harald. "Novemberpogrom und Befreiung von Auschwitz. Die politische Bedeutung zweier Gedenktage im Vergleich." *Jahrbuch der juristischen Zeitgeschichte* 5/2003-04: 341-350.

Schoder, Angelika. "Die Globalisierung des Holocaust-Gedenkens. Die UN-Resolution 60/7 (2005)". http://www.europa.clio-online.de/site/lang__de/ItemID__553/mid__11428/40208214/default.aspx (accessed Jan. 2016).

Siemes, Cristof. "Leisetreter gab es genug." Zeit online (March 4, 2010). http://www.zeit.de/2010/10/ Interview-Grass/komplettansicht (accessed Feb. 2016).

Scholl, Inge. *Die Weiße Rose*. Frankfurt/M: S. Fischer Verlag, 1993.

Siemons, Mark. "Ist Hitler nun endlich erledigt?" FAZ (Jan.17, 2016). http://www.faz.net/aktuell/ feuilleton/neuauflage-von-hitlerbuch-mein-kampf-als-kommentierte-fassung-14005875.html (accessed Jan. 2016).

Sofsky, Wolfgang. *Die Ordnung des Terrors. Das Konzentrationslager*. Frankfurt/M: Fischer Taschenbuch Verlag, 1993.

Sommer, Robert. *Das KZ-Bordell. Sexuelle Zwangsarbeit in nationalsozialistischen Konzentrationslagern*. Paderborn: Schöningh, 2009.

"Spiegel Interview with Holocaust Monument Architect Peter Eisenmann: How Long does One Feel Guilty?" (May 9, 2005). http://www.spiegel.de/international/spiegel-interview-with-holocaust-monument-architect-peter-eisenman-how-long-does-one-feel-guilty-a-355252.html (accessed Feb. 2016).

Staas, Christian. "Was geht mich das noch an?" *Zeit online* (Nov. 4, 2010), http://www.zeit.de/2010/45/ Erinnern-NS-Zeit-Jugendliche (accessed April 2016).

Stapel, Wilhelm. "Der Geistige und sein Volk. Eine Parole." *Deutsches Volkstum* 12 (1930): 1-8.

Steinke, Ronen. *Fritz Bauer: oder Auschwitz vor Gericht*. München: Piper Taschenbuch Verlag, 2015.

Stern, Fritz. *Five Germanys I Have Known*. New York: Farrar, Straus and Giroux, 2007.

Stoltzfus, Nathan. *Resistance of the Heart: Intermarriage and the Rosenstrasse Protest in Nazi Germany*. New Brunswick: Rutgers University Press, 2001.

Strebel, Bernhard. *Das KZ Ravensbrück*. Paderborn: Ferdinand Schöningh, 2003.

Taylor, Frederick. *Dresden. Thursday 13 February 1945*. London: Bloomsbury Publishing, 2004.

Thatcher, Mrs Margaret. The Prime Minister (15 November 1979). "Security (Written Answers)". *Parliamentary Debates (Hansard)*. House of Commons. col. 679W–681W.

-----. The Prime Minister (21 November 1979). "Mr. Anthony Blunt". *Parliamentary Debates (Hansard)*. House of Commons. col. 402–520.

Tillion, Germaine. *Ravensbrück*. Neuchâtel: Cahiers du Rhône, 1st edition 1946; revised edition 1972.

Tillion, Germaine. *Le Verfügbar aux Enfers: Une opérette à Ravensbrück*. Paris: La Martinière, 2005.

Tillion, Germaine. *Combats de guerre et de paix*. Paris: Seuil, 2007.

Todorov, Tzvetan. *Facing the Extreme: Moral Life in the Concentration Camp*. New York: Henry Holt and Company, 1996.

Todorov, Tzvetan (ed). *Le Siècle de Germaine Tillion*. Paris: Seuil, 2007.

Todorov, Tzvetan. "Germaine Tillion oder die leidenschaft des Versehen-Wollens." In: *Germaine Tillion: Die gestohlene Unschuld. Ein Leben zwischen Résistance und Ethnologie*, ed. Mechthild Gilzmer (Berlin: AvivA Verlag, 2015), 276-303.

Trevor-Roper, H. R. *Hitler's Table Talk 1941-1944: Secret Conversations*. New York City : Enigma Books, 2000.

Tucholsky, Kurt. "Berlin und die Provinz." *Die Weltbühne* 24 (March 13, 1928): 405- 408.

Vensky, Helmut. "Auf der Rosenstraße schrien sie die Nazis an." *Zeit online* (Feb. 27, 2013). http://www.zeit.de/wissen/geschichte/2013-02/fabrikaktion-rosenstrasse-berlin-ns-protest-1943 (accessed Feb. 2016).

Vogel, Thomas. "Widerstand gegen den Nationalismus." (Sept. 8, 2015). http://www.bpb.de/geschichte/deutsche-geschichte/199412/widerstand-gegen-den-nationalsozialismus (accessed Feb. 2016).

Volf, Moroslav. *The End of Memory: Remembering Rightly in a Violent World*. Michigan: Wm. B. Eerdmans Publishing Co., 2002.

Vollmer, Antje. "Trauerrede für Richard von Weizsäcker" (Feb. 11, 2015). http://www.antje-vollmer.de/trauerrede%20r.v.%20wei (accessed Jan. 2016).

Vonnegut, Kurt. *Armageddon in retrospect: and other new and unpublished writings on war and peace*. New York: G.P. Putnam's Sons, 2008.

Vorländer, Hans. "Zerrissene Stadt: Kulturkampf in Dresden." APuZ 5-7/ 2016 (Jan. 20, 2016). http://www.bpb.de/apuz/219407/zerrissene-stadt-kulturkampf-in-dresden?p=all (accessed Feb. 2016).

Wann bricht schon mal ein Staat zusammen! Die Debatte über die Stasi-Akten auf dem 39. Historikertag 1992. Ed. Klaus-Dietmar Henke. München: Deutscher Taschenbuch Verlag, 1993.

"War das ein guter Griff?" *Der Spiegel* 20/1955 (May 11, 1955), 10.

"Warum ein Nazi-Masenmörder rehabilitiert wurde." *Spiegel Online* (Aug. 24, 2004). http://www.spiegel.de/panorama/wissenschaftlicher-kollateralschaden-warum-ein-nazi-massenmoerder-rehabilitiert-wurde-a-314049.html (accessed March 2016).

Wensierski, Peter. "Akte aus dem Sack." *Spiegel online* (9 May 2005). http://www.spiegel.de/spiegel/print/d-40325357.html (accessed Feb. 2016).

Weitz, Eric D. *Weimar Germany. Promise and Tragedy*. Princeton, N. J.: Princeton University Press,

2007.

Weizäcker, Richard von. "Gedenkveranstaltung im Plenarsaal des Deutschen Bundestages zum 40. Jahrestag des Endes des Zweiten Weltkrieges in Europa." http://www.bundespraesident. de/SharedDocs/Reden/DE/Richard-von-Weizsaecker/Reden/1985/05/19850508_Rede. html?nn=1892504. 官方英譯版：http://www.bundespraesident.de/SharedDocs/Downloads/DE/ Reden/2015/02/150202-RvW-Rede-8-Mai-1985-englisch.pdf;jsessionid=367547E2C06580171E8F 1F40ED247280.2_cid293?__blob=publicationFile.

Welzer, Harald & Sabine Moller, Karoline Tschuggnall, »Opa war kein Nazi« Nationalsozialismus und Holocaust im Familiengedächtnis. Frankfurt/M: Fischer Taschenbuch Verlag, 2002.

Welzer, Harald. "Wer waren die Täter? Anmerkungen zur Täterforschung aus sozialpsychologischer Sicht." In: Gerhard Paul (ed). Die Täter der Shoah. Fanatische Nationalsozialisten oder ganz normale Deutsche? (Göttingen: Wallstein Verlag, 2002), 237-253.

-----. "On the Rationality of Evil: An Interview with Zygmunt Bauman." Thesis Eleven 70,1 (2002): 100-112.

-----. Täter. Wie aus ganz normalen Menschen Massenmörder werden. Frankfurt/M: S. Fischer, 2005.

Wenck, Alexandra Eileen. Zwischen Menschenhandel und "Endlösung": Das Konzentrationslager Bergen-Belsen. Paderborn: Schöningh, 2000.

"What the Führer means for Germans today? Seventy years after Adolf Hitler's death, how Germans see him is changing," The Economist (Dec. 19, 2015). http://www.economist.com/news/christmas-specials/21683971-seventy-years-after-adolf-hitlers-death-how-germans-see-him-changing-what (accessed Jan. 2016).

Wickert, Christl. "Tabu Lagerbordell. Vom Umgang mit der Zwangsprostitution nach 1945." In: Insa Eschebach, Sigrid Jacobeit, Silke Wenk (ed.), Gedächtnis und Geschlecht. Deutungsmuster in Darstellungen des nationalsozialistischen Genozids (Frankfurt/m: Campus, 2002), 41-58.

Wiegrefe, Klaus. "Das Dunkle im Menschen." Der Spiegel 45/2008: 54-66.

Winkler, Heinrich August. Der Lange Weg nach Western, vol. 1. 7th edition. München: Verlag C. H. Beck, 2010.

Wojcik, Nadine. "Eine persönliche Reise." Deutsche Welle (June 11, 2012). http://www.dw.com/de/ eine-persönliche-reise/a-16013664 (accessed Jan. 2016).

Wulf, Joseph & Léon Poliakov. Das Dritte Reich und die Juden. Dokumente und Aufsätze. Köln: Arani, 1955.

-----. Das Dritte Reich und seine Diener. Köln: Arani, 1956.

-----. *Das Dritte Reich und seine Denker. Dokumente*. Köln: Arani, 1959.

-----. *Die bildenden Künste im Dritten Reich*. Gütersloh: Sigbert Mohn, 1963.

（B）中文部分

花亦芬。〈公民社會如何讓教科書政策走向「去國家化」？〉《歷史學柑仔店》 (May 12, 2014). http://kam-a-tiam.typepad.com/blog/2014/05/ 公民社會如何讓教科書政策走向去國家化 .html. (accessed March 2016).

吳叡人。《沒有寬恕就沒有未來：彩虹之國的和解與重建之路》新版序言。新北市：左岸出版社，2013 年。

安妮・法蘭克 (Anne Frank) 著，呂玉嬋譯。《安妮日記》。台北市：皇冠文化出版公司，2013 年。

Peter Schneider 著，莊仲黎譯。《柏林。歐洲灰姑娘的分裂與蛻變、叛逆與創新》。台北市：麥田出版社，2015 年。

馮內果 (Kurt Vonnegut) 著，洛夫譯。《第五號屠宰場》。台北市：麥田出版有限公司，1994 年。

Volker Weidermann 著，宋淑明譯。《焚書之書》（台北市：允晨文化，2010 年）。

Woslawa Szymborska 著，林蔚昀譯。《給我的詩。辛波絲卡詩選 1957-2012》。台北市：黑眼睛文化，2013 年。

中外譯名對照表

六八學運	68er-Bewegung
巴特，卡爾・	Barth, Karl
日內瓦公約	Geneva Conventions
戈貝爾	Goebbel, Joseph
戈林，赫曼・	Göring, Hermann
巴勒維國王（伊朗）	Schah Mohammad Reza Pahlavi
包爾，弗利茨・	Bauer, Fritz
布朗特爵士	Blunt, Sir Anthony
布蘭登堡門	Brandenburger Tor

柏林	Berlin
柏林圍牆	Berlin Wall
科隆	Köln
紅鬍子行動	Unternehmen Barbarossa
威瑪共和	Weimar Republic
高克	Gauck, Joachim
海涅曼	Heinemann, Gustav
海澤	Heinze, Hans
庫拉斯	Kurras, Karl-Heinz
納粹—蘇維埃互不侵犯條約	Nazi-Soviet Non-Aggression Pact
娥摩拉行動	Operation Gomorrah
納粹武裝黨衛軍	Waffen SS
清理過往（轉型正義）	Aufarbeitung der Vergangenheit
處理達豪集中營受難事務國際委員會	Comité International de Dachau
康德	Kant, Immanuel
曼，托馬斯·	Mann, Thomas
國會大廈	Reichstag
賀荷，漢娜·	Höch, Hannah
猶太之星	Judenstern
凱斯特內，艾瑞希·	Kästner, Erich
集體罪責	Kollektivschuld
創傷後壓力症候群	PTSD
提利希	Tillich, Ernst
馮內果	Vonnegut, Kurt
超克過去（轉型正義）	Vergangenheitsbewältigung
萬湖會議	Wannseekonferenz
萬湖會議之屋紀念園區	Gedenkstätte Haus der Wannseekonferenz
新女性	the new woman
資訊自主權	Recht auf informationelle Selbstbestimmung

索引

國家圖書館出版品預行編目資料

在歷史的傷口上重生：德國走過的轉型正義之路（Reborn from the Wounds
of History: Transitional Justice in Germany after 1945 and after 1990）／花亦芬
（Yih-Fen Hua）著. -- 初版. -- 臺北市：先覺, 2016.08
480 面；17×23公分 --（人文思潮；121）

ISBN 978-986-134-281-8（平裝）
1. 德國史 2.政治轉型
743.26   105010741

www.booklife.com.tw   reader@mail.eurasian.com.tw

 121

在歷史的傷口上重生：德國走過的轉型正義之路

Reborn from the Wounds of History: Transitional Justice in Germany after 1945 and
after 1990

作　　者／花亦芬
發 行 人／簡志忠
出 版 者／先覺出版股份有限公司
地　　址／台北市南京東路四段50號6樓之1
電　　話／（02）2579-6600 · 2579-8800 · 2570-3939
傳　　真／（02）2579-0338 · 2577-3220 · 2570-3636
總 編 輯／陳秋月
主　　編／莊淑涵
專案企劃／賴真真
責任編輯／鍾旻錦
校　　對／鍾旻錦 · 莊淑涵
美術編輯／林雅鈴
行銷企畫／吳幸芳 · 詹怡慧
印務統籌／劉鳳剛 · 高榮祥
監　　印／高榮祥
排　　版／莊寶鈴
經 銷 商／叩應股份有限公司
郵撥帳號／18707239
法律顧問／圓神出版事業機構法律顧問　蕭雄淋律師
印　　刷／龍岡數位文化股份有限公司
2016年8月　初版
2018年3月　4刷

定價 550 元　　　　　　　ISBN 978-986-134-281-8